高校思想政治理论课实践实训教程

（中国近现代史纲要、马克思主义基本原理概论）

主　编　李维波
副主编　卢政隽　王　君
主　审　彭立学

北京大学出版社
PEKING UNIVERSITY PRESS

内容简介

本书是为了贯彻落实国家教育部关于加强高校思想政治理论课实践教学的相关要求，力求增强学生理论与实践相结合的能力而编写的辅助教材。本书按课程特点分为“中国近现代史纲要”和“马克思主义基本原理概论”两个部分，其内容涵盖这两门课程的所有知识点并加以拓展延伸，每个部分按照课堂理论教学的章节顺序编排，依次为“知识提要”“重点搜索”“深度阅读”“案例解析”和“实践项目”5个板块。

本书适用于普通高校思想政治相关专业学生使用，也可作为相关专业人员的参考用书。

图书在版编目(CIP)数据

高校思想政治理论课实践实训教程/李维波主编. —北京：北京大学出版社，2013.9
ISBN 978-7-301-23138-8

Ⅰ.①高…　Ⅱ.①李…　Ⅲ.①思想政治教育－高等学校－教材　Ⅳ.①G641

中国版本图书馆 CIP 数据核字(2013)第 205587 号

书　　　名：高校思想政治理论课实践实训教程(中国近现代史纲要、马克思主义基本原理概论)
著作责任者：李维波　主编
责 任 编 辑：陈斌惠
标 准 书 号：ISBN 978-7-301-23138-8/A・0047
出 版 发 行：北京大学出版社
地　　　址：北京市海淀区成府路 205 号　100871
网　　　址：http://www.pup.cn　　新浪官方微博：@北京大学出版社
电 子 信 箱：zyjy@pup.cn
电　　　话：邮购部 62752015　发行部 62750672　编辑部 62756923　出版部 62754962
印　刷　者：北京鑫海金澳胶印有限公司
经　销　者：新华书店
　　　　　　889 毫米×1194 毫米　16 开本　14.5 印张　340 千字
　　　　　　2013 年 9 月第 1 版　2015 年 7 月第 4 次印刷
定　　　价：30.00 元

前　言

为贯彻落实教育部关于加强高校思想政治理论课实践教学的相关要求，充分发挥思想政治理论课在培养中国特色社会主义事业的建设者和接班人方面的主渠道作用，帮助广大青年学生养成乐于并善于实践的优秀品质，锻炼和提高社会实践的能力，我们编写了本书。

本书按课程特点编排为“中国近现代史纲要”和“马克思主义基本原理概论”两个部分，分别按照两门课程的教学大纲来编写，其内容涵盖“中国近现代史纲要”和“马克思主义基本原理”课程的所有知识点并加以拓展延伸。每个部分按照课堂理论教学的章节顺序编排，依次为“知识提要”“重点搜索”“深度阅读”“案例解析”和“实践项目”5 个板块。这两个部分既各具特色、相对独立，又共同组成一个不可分割的有机整体。全书内容规范、结构合理、实践性强。

本书的编写，是针对目前高校中一定程度上存在的课堂理论教学较强而课外实践教学相对较弱的状况，力求使学生增强理论与实践相结合的能力。在各个板块中，围绕“增强实践教学效果、提高学生实践能力”这个中心，编制了内容充实、形式多样、操作性强的实践项目，一些项目还兼有地方特色。学生完成这些项目，对于提高学习理论并运用理论解决实际问题的能力，对于引导学生走向社会、了解社会进而服务社会，对于激励学生奋发有为、投身中国特色社会主义建设的伟大事业，会起到重要的促进作用。

本书编者都是长期从事思想政治理论课教学的高校教师，在优选、加工大量最新资料的基础上，融入多年教学实践的成果和经验，精心打造出这样一本与课堂理论教学相辅相成的实践教材。我们诚挚地希望这本书会受到高校思想政治理论课教师和在校大学生的欢迎，成为他们的好朋友。

本书由李维波主编，卢政隽、王君为副主编，由彭立学审定。具体编写分工：上篇，中国近现代史纲要：第一章，陈娆；第二章，王君；第三章，贝丽静；第四章，林艳；第五章，马伟；第六章，张春波；第七章，杨淑玉。下篇，马克思主义基本原理概论：第一章，刘洋；第二章，王春刚；第三章，刘洋；第四章，卢政隽、李维波、宋琦；第五章，王春刚；第六章，侯淑芳、周文翠；第七章，王春刚。

由于水平有限，书中的疏漏和不当之处在所难免。我们衷心希望广大读者能关心、支持本书，并希望读者朋友能不吝赐教，把您对本书的宝贵意见和建议告诉我们，以便我们及时修改、提高，使其日臻完善。

编　者

2013 年 7 月

目　　录

上篇　中国近代史纲要

下篇　马克思主义基本原理概论

上 篇

中国近代史纲要

第一章　反对外国侵略的斗争

一、知识提要

通过了解外国资本-帝国主义入侵中国及其与中国封建势力相结合给中华民族带来的深重灾难，认识造成近代中国落后、贫困的根本原因；了解近代中国人民抵御外国侵略斗争的历史，充分认识反侵略斗争的意义；了解近代中国历次反侵略战争失败的根本原因，认识社会制度腐败必然导致战争失败的深刻历史教训；懂得只有首先争取民族独立，才能为实现国家富强创造条件；继承、发扬以爱国主义为核心的民族精神，认识正是严重的民族危机激发了中华民族的觉醒，促使中国人民去努力探索救亡图存、振兴中华的道路。

二、重点搜索

重点 1：外国资本-帝国主义入侵给中华民族造成的深重灾难

从 1840 年开始，资本-帝国主义国家相继对中国发动侵略战争，迫使中国的反动统治者屈服，使中国逐渐变成一个表面独立而实际受列强全面控制的半殖民地半封建国家，给中华民族造成深重灾难。

1）军事侵略

第一，发动侵略战争，屠杀中国人民。在历次侵华战争中，西方列强都大肆屠杀中国人民，制造了许多骇人听闻的惨案。例如，中日甲午战争中，日军攻陷旅顺后，4 天内屠杀中国居民 2 万余人。1900 年八国联军进攻天津，日军将大炮放置城门上，对准城内最稠密的居民区猛轰。攻入北京后，有一队侵略军将居民赶往一个死胡同，用机枪扫射，“直到不留一个人而后已”。俄国除参加八国联军侵华外，还单独出兵中国东北，先后制造了海兰泡和江东六十四屯两起惨案，将中国居民赶往黑龙江边，用机枪扫射，“伤重者毙岸，伤轻者死江，未受伤者投水溺亡”。

第二，侵占中国领土，划分势力范围。西方列强通过战争及武力威胁、讹诈等手段，强迫中国政府签订不平等条约，割占中国土地，致使香港、九龙、台湾等一块块国土被割裂。最为严重的是，第二次鸦片战争中，沙俄利用英法攻打北京的机会趁火打劫，1858 年胁迫中国签订《瑷珲条约》，割占中国黑龙江以北 60 万平方公里的土地；1860 年胁迫中国签订《北京条约》，进一步割占乌苏里江以东 40 万平方公里的土地。1864 年沙俄又胁迫中国签订《勘分西北界约记》，割去中国西北 44 万平方公里的土地；1881 年《伊犁条约》割去中国西北 7 万平方公里的土地。沙俄前后共割占中国 150 多万平方公里的土地，其数量之大，在世界历史上都是罕见的。恩格斯写道：“俄国从冰天雪地的西伯利亚进入了温带。”19 世纪末，资本-帝国主义又掀起瓜分中国的狂潮，中国被瓜分殆尽。除此之外，列强还在中国通商口岸设立完全由他们直接统治的租界，1845—1911 年，共设立了 30 多个租界。租界号称“国中之国”，是列强侵略中国的据点和武装干涉中国革命的大本营。

第三，勒索赔款，抢夺财富。西方列强发动侵略战争，屠杀中国人民，却要中国人民加倍承担其战争费用。他们向中国勒索巨额赔款，造成中国严重的财政危机，直接阻碍中国经济的发展。中英《南京条约》规定中国赔款 2 100 万银元，开了赔款先例。以后历次战争失败都有赔款。中日甲午战争失败，中国赔给日本共 2.3 亿两白银。日本用这些钱扩充军备，发展军事工业，军国主义势力迅速膨胀起来。《辛丑条约》规定中国支付赔款 4.5 亿两白银，分 39 年还清，本息合计 10 亿两之巨。除此之外，侵略者还大肆抢劫中国财富，肆意破坏中国的文物和古迹。在第二次鸦片战争中，英法联军闯入圆明园。圆明园是中国园林艺术的典范，是世界最壮观的博物馆和艺术馆，内有精美建筑 200 余座，收藏大量的珍贵文物、图书字画和金银珠宝。侵略者把凡能搬动的都搬走，搬不动的则捣毁，最后为掩盖其抢劫丑行，放火烧毁了圆明园。八国联军攻入北京后，允许士兵公开抢劫。这次抢劫使中国“自元明以来之积蓄，上至典章文物，下至国宝奇珍，扫地逐尽”。

2）政治控制

第一，控制中国的内政、外交。西方列强对中国政治上的控制是逐步实现的。在第二次鸦片战争中，列强采取又打又拉的手段，强迫清政府签订《天津条约》，允许外国公使常驻北京。这些外国公使不是普通的外交官，而是中国政府的“太上皇”。他们经常教训清政府的大臣，什么事要做，什么事一定不许做。这就是说，外国公使可以在北京直接向中国政府发号施令。第二次鸦片战争后外国侵略势力逐渐直接插手中国的内政和外交，1868 年清政府派出的第一个出访欧美各国的外交使团——蒲安臣使团就是典型的例子。中国政府的外交使团竟然聘请刚卸任的美国驻华公使蒲安臣为团长，给予“大清国皇帝特派钦差办理各国中外交涉事务大臣”的头衔和大权。为了维持列强之间的平衡，又聘请英国驻华使馆翻译柏卓安和海关法籍职员德善为“左、右协理”。再加上记名海关道志刚和礼部郎中孙家谷这两名作为点缀的中国使臣，拼凑成一个不伦不类的外交使团，表现了清政府外交上浓厚的半殖民地色彩。除此之外，西方列强在中国还享有领事裁判权。1843 年中英《五口通商章程》规定，在通商口岸，中国人如与英侨“遇有交涉诉讼”，英国领事有“查察”、“听诉”之权，“其英人如何科罪，由英国议定章程、法律，发给管事官照办”。从此，外国人可以在中国横行不法，而中国政府却无权处理。西方列强还通过把持中国海关来控制中国的政治、经济和外交。近代中国海关的职权范围，除了征收进出口关税外，还管理港口，主办邮政，甚至涉及与外国人交涉的各种事务。它的高级职员竟然全部由外国人充任。海关总税务司俨然成了清朝中央政府的最高顾问，而各通商口岸的海关税务司则成了各地方政府的高级顾问。由于他们任期长、熟悉中国情况，因而往往比外交官所起的作用还要大。

第二，镇压中国人民反抗。西方列强勾结中国反动政府，残暴地镇压中国人民的反抗斗争。在庆祝《北京条约》签订的宴会上，法国、英国、俄国的公使就表示要帮助清政府镇压太平天国。列强不但向清政府提供军火、船只，而且派外国军官组织并指挥“洋枪队”，甚至直接动用陆海军参与镇压。当中国人民掀起反对外国教会侵略的斗争，即发生所谓“教案”时，列强更是指使清政府屠杀中国人民，惩办对人民镇压不力的官员。特别在 1901 年签订的

《辛丑条约》中,列强还强迫清政府作出永远禁止中国人成立或加入任何反帝组织的承诺,并以此作为中国地方官员嘉奖或罢免的条件。列强还获得在北京使馆区的驻兵特权,随时可以用武力干涉清政府和镇压中国革命。

第三,扶植、收买代理人。为把中国变成驯服的工具,西方列强特别注意在中国扶植、收买代理人。第二次鸦片战争之后,奕䜣、文祥等满族贵族掌握了负责对外交涉的总理各国事务衙门,得到列强的支持。在中外联合镇压太平天国的过程中,他们又扶持了曾国藩、李鸿章等,帮助他们制造枪炮,举办军事工业。清政府崩溃时又看中握有军权的袁世凯、段祺瑞等,支持他们篡夺辛亥革命果实,建立北洋军阀的独裁卖国政权。清政府的最高统治者慈禧太后对西方列强的扶植"感激涕零",表示要"量中华之物力,结与国之欢心"。

3）经济掠夺

第一,剥夺中国的关税自主权。关税自主权是国家重要的经济主权。中英《南京条约》规定协定关税,使中国丧失了关税自主权。1843 年在协定"海关"税则中把中国进出口货物的税率压制到"值百抽五"。外国商品依仗侵略特权,在中国市场上大量倾销,排挤中国的民族经济。

第二,控制中国开放通商口岸。鸦片战争前,清政府实行闭关政策,只允许广州一地进行对外贸易。1842 年《南京条约》规定开放五个通商口岸,以后历次战争失败都新增开放口岸。这些通商口岸大多成了西方列强在中国进行经济侵略的基地。

第三,操纵中国的经济命脉。西方资本-帝国主义大肆地进行商品倾销和资本输出,并不是为了推动中国经济的发展,而是为了控制中国的经济命脉,为其获得最大限度的利润。在中国近代工业中,1913 年,外国资本占中国机械采煤投资总额的 79.6%,并且控制了 41.2%的纱锭和 49.6%的布机,控制了中国铁路里程的 93.1%。日本的《朝日新闻》中提到"铁路所布,即权利所及。凡其他之权,商权、矿权、交通权,左之右之,存之亡之,操纵于铁路两轨",因此西方列强争相把铁路投资作为一块肥肉进行宰割。除此之外,资本-帝国主义还在中国开设银行,利用存款汇款、投资、贷款、发行纸币、操纵汇价,逐步控制中国的财政和金融。西方列强就是凭借强大的经济控制,使中国民族企业无力与之相抗衡,许多民族工业逃避不了破产或被兼并的命运。例如,1931 年日本在天津尚无 1 家纱厂,到 1936 年已收购华商纱厂 4 家,控制天津纱厂纱锭的 71.72%、布机的 76.34%。中国棉纺织业资本家发出呼号:"究竟中国纱厂的致命伤是什么?"他们自己回答道:"痛痛快快地说,中国纱厂的唯一致命伤,在于帝国主义对中国的压迫。"

4）文化渗透

第一,披着宗教外衣,进行侵略活动。在西方列强对中国进行侵略过程中,有一部分西方传教士积极参与对中国的侵略活动。他们搜集军事情报,充当翻译,甚至起草谈判的文本。美国驻华公使田贝非常赞赏传教士的"侵华"功劳,他说:"开放整个中国的更大工作,是辛勤的传教士之功。"除此之外,不法传教士还霸占土地,建造教堂,剥削佃户,出租房产。有的还包揽诉讼,私设武装,甚至公开干预中国内政,以致激起了中国人民的义愤和反抗。19 世纪 60—90 年代,各地群众反对外国教会侵略的斗争此起彼伏,连绵不断,并不是偶然的。

第二,为侵略中国制造舆论。西方列强污蔑中国人是愚昧落后的"劣等民族",应该接受

"优等民族"白种人的开导和奴役。19世纪末他们还炮制了所谓"黄祸论",宣传中国人等黄种人对白种人的威胁。

综上所述,外国资本-帝国主义的入侵没有给中国带来近现代化,而是中断了中国独立走资本主义道路的进程,造成了中国综合国力的下降,拉大了中国与西方国家实力的距离,给中华民族造成深重的灾难。外国资本-帝国主义入侵是近代中国贫穷落后和一切灾难的根源所在。

重点2:近代中国人民反侵略战争屡遭失败的原因

1840—1919年的80年间,中国的广大群众和爱国官兵在反抗外来侵略中进行了英勇的斗争,但为什么每一次都以失败而告终呢?影响战争胜负的因素有很多,涉及时代、国情和国内、国际及主观、客观等多方面,如果着重从中国内部来分析,主要有以下两方面的原因。

(1) 社会制度的腐败。这是根本的原因。1840年前后的清王朝,从皇帝到权贵,大都昏庸愚昧,不了解世界大势,不懂得御敌之策。例如,道光皇帝不知英国在什么地方,版图有多大,不知英国人是从陆上来还是从海上来,甚至不知道自己所统治的国家版图有多大。当英国政府向中国提出割让香港岛时,道光皇帝问群臣:香港在什么地方,有多大?大臣们或沉默不语或信口开河。咸丰皇帝及后来的慈禧太后在外敌入侵时,根本不作抵抗准备,只知外逃。至于其他各级官吏,更是爱钱惜命,只想高官厚禄、吃喝玩乐,在战争中指挥无能,惊慌失措,节节败退。鸦片战争中,在虎门炮台,提督关天培率兵英勇抵抗,但钦差大臣琦善不发援兵,致使关天培战死。在吴淞口,江南提督陈化成驻守西炮台,两江总督牛鉴率重兵守东炮台。牛鉴一见敌人来攻,首先率军逃走,致使英军在东炮台登陆,水陆夹攻西炮台,陈化成势孤援绝,壮烈牺牲。第二次鸦片战争中,英法军舰闯入白河口,炮轰大沽炮台。直隶总督谭廷襄正在海神庙抽大烟,率众仓皇出逃,致使大沽炮台失守。甲午战争期间,在平壤战役中,清军统帅叶志超率部仓皇逃出平壤,"一路狂奔五百里",退入中国境内。黄海战役中,"济远"舰管带方伯谦率舰仓皇出逃,慌乱中撞沉了"扬威"舰。在威海卫战役中,驻守陆地的清军闻风溃败,造成北洋水师腹背受敌,全军覆没。更为戏剧性的是,中法战争中,由于中国爱国官兵的英勇奋战,取得了镇南关大捷,扭转了整个战局,使法国处于内外交困的境地,内阁倒台。但中国政府却在胜利有望的时候,向战败者求和,使法国在战败的情况下,达到了发动战争的目的。这也进一步暴露了清政府的腐败。

在反抗外来侵略的过程中,除少数爱国官兵英勇抵抗外,请政府不仅不依靠人民,反而站在人民的对立面,极端惧怕和仇视人民群众,因而失去了战胜外来侵略者的强大后盾。能否得到人民群众的支持是战争胜负的极重要因素。清政府为维护其反动统治,在军事、政治上执行"患不在外而在内"、"防民甚于防寇"的反动方针。在鸦片战争中,琦善为讨好英军,主动撤防,解散林则徐招募的水勇。奕山则诬蔑百姓为汉奸、贼党,对各省调来的绿营军也不放心,"将各省之兵互相分配,各离营伍,兵将皆不相习,溃走则互相推诿"。在三元里人民抗英取胜之时,奕山派广州知府余保纯出城去分化、瓦解抗英队伍,致使英军逃脱重围。在义和团反帝斗争中,清政府非但不支持义和团,反而派人向各国使馆送去蔬菜、水果、酒、粮食等表示慰问。在仓皇逃离北京时,慈禧太后发布镇压义和团的上谕,命令清军对义和团要

“严行查办，务净根株”，公开与八国联军勾结，一同屠杀义和团。这样的政府及军队必然失去人民这一最有力的后盾，因而战争的失败是无疑的。虽然统治阶级中的林则徐、邓廷祯等坚信“民心可用”，但由于他们没有实权，力量微弱，虽在一定程度上依靠群众，反对侵略，但起不了决定性作用。

(2) 经济技术的落后。这是战争失败的重要原因。鸦片战争前，中国同西方处于两种完全不同的社会制度：一种是腐朽没落的封建制度，另一种是迅速上升的资本主义制度。这两种不同社会制度的差异，在战场上主要表现为武器装备上的差距。在鸦片战争中，多数清军还在使用刀、矛、弓箭等冷兵器，火器也不过是用火绳点放的鸟枪、抬枪，而英军则普遍使用步枪、大炮。中国水师的战船都是木船，吨位小；而英国水师多为帆船，吨位大，还拥有少量蒸汽动力的轮船。可以说，在鸦片战争中，中国是用血肉之躯对抗西方的坚船利炮。军队的素质和战斗力也相差悬殊。清军素质差，文化水平低，操练废弛，军纪败坏。许多官兵抽鸦片，聚赌嫖娼，抢劫斗殴，勒索民财。军官不通兵法，更不懂近代军事指挥，作战时各军缺乏配合，军事运输手段落后，效率低下。相比之下，英军训练有素，指挥统一，各兵种协同作战，后勤供应及时。“武器是战争的重要的因素，但不是决定因素。决定因素是人不是物”。中国当时经济的确很落后，但如果当时的政府能够制定正确的方针、政策，能够发动人民、依靠人民，中国是有可能取得一定胜利的。

重点 3：近代中国人民反侵略战争的伟大意义

1840—1919 年的 80 年间，中国人民进行了一次又一次的反侵略战争，但都失败了，可以说屡战屡败。但这并不意味着这些斗争都是徒劳的，它们有着伟大的意义。

(1) 粉碎了资本-帝国主义瓜分中国的阴谋。帝国主义侵略中国的最终目的，并不限于把它变成半殖民地，而是要瓜分中国、灭亡中国。

19 世纪 70 年代开始，西方主要资本主义国家先后由自由资本主义阶段向垄断资本主义(即帝国主义)阶段过渡。在这一过渡过程中，他们对世界的掠夺更加疯狂。此时，非洲已基本被瓜分完毕；在亚洲，名义上还独立的半殖民地国家——中国，成了他们争夺的主要目标，为此，19 世纪 70—80 年代，帝国主义列强从侵占中国周边邻国发展到蚕食中国边疆地区，使中国陷入“边疆危机”。列强蚕食中国边疆的目的，是在进一步侵略或瓜分中国的争夺中占据有利地位。

资本-帝国主义对中国的争夺和瓜分的图谋，在 1894 年甲午战争爆发后达到高潮。在《马关条约》签订前半个月，日本驻德公使与德国外交部参事会谈时，提出将南满给日本，北满归俄国，舟山预定给英国，“而德国完全有权在东南要求一省”的瓜分方案。《马关条约》规定把台湾、辽东半岛、澎湖列岛割让给日本，极大地刺激了资本-帝国主义瓜分中国的野心，于是他们在 1898—1899 年掀起了瓜分中国的狂潮。列强先后强租中国港湾和划分势力范围，并在 1900 年借口义和团反帝运动，开始公开谋求瓜分中国，将其变成殖民地。

但资本-帝国主义列强最终没有瓜分中国，其原因有以下两点。

一是列强在瓜分中国问题上的矛盾和互相制约。例如《马关条约》规定把台湾、澎湖列岛和辽东半岛割让给日本，俄国极力反对，认为日本割占辽东半岛损害了俄国在中国的利益，于是联合德国、法国干涉日本，迫使其放弃辽东半岛（日本勒索中国 3 000 万两白银作为

“赎辽费”），俄、德、法因“功”租借中国港湾作为补偿。在瓜分中国的过程中，列强反复争吵、协商，无法达成共识，因此保全清政府作其继续统治中国的工具。

二是中华民族不屈不挠的反侵略斗争。这是粉碎列强瓜分中国阴谋的根本原因。由于义和团的英勇抵抗，致使八国联军从天津到北京，每前进一步都要付出血的代价。八国联军统帅瓦德西得出结论：“无论欧、美、日本各国，皆无此脑力与兵力，可以统治此天下生灵四分之一。”“故瓜分一事，实为下策。”中国海关总税务司英国人赫德也说：“如瓜分，西方将处于被动地步。”孙中山赞扬说，义和团“用大刀、肉体和联军相博，虽然被联军打死了几万人，伤亡枕藉，还是前仆后继，其勇锐之气殊不可当，真是令人惊奇佩服。所以经过那次血战之后，外国人才知道中国还有民族思想，这种民族是不可消灭的”。正因为中国人民不屈不挠、英勇顽强的反侵略斗争，才使中国屡遭侵略而不亡。

(2) 民族意识的觉醒。帝国主义的侵略给中华民族带来了巨大的历史灾难，但是正如恩格斯所指出的：“没有哪一次巨大的历史灾难不是以历史的进步为补偿的。”历次反侵略战争的失败，极大地激发了中国人的觉悟和奋起。鸦片战争特别是甲午战争后中国人民族意识的觉醒，就是有力的证明。

鸦片战争像晴空霹雳，惊破了中国封建统治者“天朝上国”的迷梦。鸦片战争失败、丧权辱国的结局，说明了对世界愚昧无知的可悲。受到鸦片战争失败的强烈刺激，中国官僚和知识分子中间的一批爱国开明之士，开始睁开眼睛看世界，了解国际形势，研究外国史地，总结失败教训，寻找救国的道路和御敌的方法。

林则徐是近代中国“睁眼看世界”的第一人。他在广东领导查禁鸦片和抗英斗争时，就组织人翻译各种西方书刊。1841 年，他组织翻译了英国人慕瑞的《地理大全》，并亲自加以修改润色，编成《四洲志》一书。书中叙述了世界五大洲三十多个国家的地理、历史，是中国近代第一部比较系统介绍世界地理的书籍。1843 年魏源在《四洲志》的基础上编写了《海国图志》，这是当时东亚国家关于世界知识最丰富的一部巨著。《海国图志》冲破了“天朝上国”等传统旧观念，树立了中国并非世界中心而只是世界一员、应向外国的长处学习的新世界观念。书中强调“以夷人谈夷地”，利用外国资料，力图介绍世界各国的真实情况及各种近代自然科学知识。更可贵的是，魏源在《海国图志》中提出了“师夷长技以制夷”的思想，主张了解世界形势，学习外国先进的军事和科学技术，实现富国强兵以抵御外国侵略。这开创了中国近代向西方学习、探索近代化道路的时代新风，对以后的洋务运动、维新运动都具有重要的思想启蒙意义。

19 世纪 70 年代以后，王韬、薛福成、马建忠、郑观应等人不仅主张吸收西方的科学技术，同时也要求吸纳西方的政治、经济学说。他们的共同特点，就是具有比较强烈的反对外国侵略、希望中国独立富强的爱国思想，以及具有一定程度的反对封建专制的民主思想。例如郑观应在所著《盛世危言》中指出，大力发展民族工商业，同西方国家进行“商战”，设立议院，实行“君民共主”制度。这些早期维新主张，具有重要的思想启蒙意义。

鸦片战争后少数精英产生的朦胧的民族意识，到了甲午战争后，因中华民族面临生死存亡的危机关头，发展为全民族普遍的民族意识的觉醒。中日甲午战争的失败对中国人的刺激实在太大了。参加过辛亥革命的吴玉章回忆当时的思想经历时，说：“从前我国还只是被西方大国打败过，现在竟被东方的小国打败了，而且失败得那样惨，条约又订得那样苛，这是多么大的耻辱啊!”梁启超认为:“吾国四千余年大梦之唤醒,实自甲午战败割台湾偿二百兆以后始也。”接踵而来的列强争夺租借地和势力范围引发的瓜分危机,更使中华民族的各阶级、各阶层普遍产生了亡国灭种的危机感和难以立足世界民族之林的耻辱感,并形成了中华民族整体利益休戚与共、命运相连的民族认同感。于是有了康有为、梁启超的资产阶级维新思想和孙中山的资产阶级民主革命思想。

近代中国的志士仁人正是怀着强烈的危机感和民族意识,历经千辛万苦,不怕流血牺牲,去探索挽救中华民族危亡的思想和道路的。甲午战争以后的戊戌维新、辛亥革命及五四运动,都是在救亡图存、振兴中华这面爱国主义大旗下发生的。正是这些斗争和探索,使中华民族看到了新的出路,点燃新的希望,标志着中华民族进一步的觉醒。

三、深度阅读

《不列颠在印度的统治》与《不列颠在印度统治的未来结果》

写作背景

1853 年 6 月和 7 月,马克思先后写下两篇论文,即《不列颠在印度的统治》和《不列颠在印度统治的未来结果》。在这两篇著作中,马克思在揭露英国殖民侵略罪行的同时,指出了殖民者担负的“破坏”与“建设”的“双重的使命”;指出,殖民地人民只有打碎侵略者殖民奴役的枷锁,才能获得解放,才能使物质文明成果为广大人民所共享。

马克思的两篇著作虽是针对英国殖民地即印度所写,但其基本思想对半殖民地的近代中国来说,也是适用的。

原著节选

……印度失掉了他的旧世界而没有获得一个新世界,这就使它的居民现在所遭受的灾难具有了一种特殊的悲惨的色彩,……

……从遥远的古代直到十九世纪最初十年,无论印度的政治变化多么大,可是它的社会状况却始终没有改变。……不列颠侵略者打碎了印度的手织机,毁掉了它的手纺车。英国起先是把印度的棉织品挤出了欧洲市场,然后是向印度斯坦输入棉纱,最后就使这个棉织品的祖国充满了英国的棉织品。……

的确,英国在印度斯坦造成社会革命完全是被极卑鄙的利益驱使的,在谋取这些利益的方式上也很愚钝。……英国不管是干出了多大的罪行,它在造成这个革命的时候毕竟是充当了历史的不自觉的工具。

——《不列颠在印度的统治》

英国在印度要完成双重的使命:一个是破坏性的使命,即消灭旧的亚洲式的社会;另一个是建设性的使命,即在亚洲为西方式的社会奠定物质基础。……

英国资产阶级看来将被迫在印度实行的一切,既不会给人民群众带来自由,也不会根本改善他们的社会状况,因为这两者都不仅仅决定于生产力的发展,而且还决定于生产力是否归人民所有。但是,为这两个任务创造物质前提则是英国资产阶级一定要做的事情。难道资产阶级做过更多的事情吗?难道它不使个人和整个民族遭受流血与污秽、穷困与屈辱就达到过什么进步吗？

——《不列颠在印度统治的未来结果》

原著解析

认真研读马克思的著作，全面准确地领会和理解马克思著作中的基本内容和精神，学习马克思主义分析历史问题的立场、观点和方法，结合中国近代以来的历史正确理解马克思关于殖民主义具有“双重使命”的论断。

首先，从主观动机与客观结果的角度看。英国侵略印度的目的是把印度变成其殖民地，而英国发动鸦片战争和其他资本-帝国主义列强侵略中国的主观动机是一样的，就是要掠夺、压迫中国，企图把中国变成其殖民地或半殖民地，这完全是由他们“极卑鄙的利益驱使的”，而决不是为了给中国带来“近代文明”，帮助中国变成独立、富强的现代化国家。但是同时，我们也应该承认列强在实现其利益和目的的过程中所带来的客观结果，如瓦解中国的封建自然经济，把中国卷入世界市场和世界资本主义经济体系，传播西方资本主义生产方式和物质文明，并客观上为中国资本主义的产生与发展及中国资产阶级、无产阶级、新型知识分子的产生“创造物质前提”。这就是马克思所说的殖民主义“充当了历史的不自觉的工具”，具有“破坏性”和“建设性”的“双重的使命”。

其次，从正义和非正义、是非善恶等道德判断的角度看。英国发动鸦片战争及资本-帝国主义列强接连侵略中国是非正义的。它们向中国走私鸦片、贩卖人口乃至发动战争，运用各种手段掠夺、屠杀、压迫、剥削中国人民，这些都是极其野蛮的、可耻的、不道德的。马克思在著作中愤怒揭露和谴责了殖民主义的这些侵略罪行。因此，决不能因其客观结果而替资本-帝国主义侵略进行辩护、美化，评功摆好。

再次，从生产力和生产关系的角度看。虽然资本-帝国主义势力侵入中国，为中国资本主义的产生创造了物质基础，但这也使中国人民付出了极大的牺牲和痛苦的代价，使中华民族遭受了“流血与污秽”，蒙受了“穷困与屈辱”。资本-帝国主义的侵略，是近代中国落后贫穷的根源，也是中国独立、民主、富强和现代化的最大障碍。资本-帝国主义为了其自身利益，在把西方资本主义生产方式传入中国的同时，又有意保留中国的落后生产关系，扶植中国封建势力，阻碍中国民族资本主义的发展，并使中国走上半殖民地经济的畸形发展道路。更重要的是，中国的资本主义生产方式及其带来的物质文明，绝大多数中国人民是享受不到的。正如马克思指出的，因为这“不仅仅决定于生产力的发展，而且还决定于生产力是否归人民所有”。因此，中国人民必须首先通过革命来推翻帝国主义和封建主义的统治，争取民族独立和人民解放，否则是不可能真正实现中国的富强和现代化的。

四、案例解析

林则徐与虎门销烟

与邓廷桢不同，林则徐在近代中国威名之盛，无与伦比。在170多年里，他被无数的人所歌颂，他被誉为近代以来最重要的民族英雄。有些时候，他甚至被神化得过了头。

他是福建人，父亲是一位教师，家里生活还过得去。26岁那年，他考中了进士，而且名列二榜第四名，也就是全国第七名，之后仕途便一帆风顺。他曾经先后被几位大名鼎鼎的人物看中，这些人都间接帮助了他。例如名臣张师诚，道光前期的首辅曹振镛，当然还有名满天下的陶澍。

与其他的官员相比，林则徐在官场上，没有深厚的背景，也没有复杂的人际关系。这一点反倒成了他的优势，更加衬托出他清正廉明、公正无私、事必躬亲、忠君爱民的品格。他与其他官员最大的不同，就是雷厉风行，不像其他官员那么颟顸。现在他成为了钦差大臣，全权负责广州的禁烟运动。

他是整个中国唯一一个认为鸦片可以导致亡国的大臣，这可不是危言耸听，而是非常准确的前瞻。他认为严禁鸦片本身就是富国强兵。但是林则徐也有致命的缺点，就是好大喜功，做事容易冒进冲动，而且奏折写得不够真实，甚至到了胡编乱造的程度。他的这个缺点最后导致道光皇帝的决策失误。他是禁烟的大英雄，但他也是鸦片战争的导火索。现在，他要来广州禁烟了。

实际在离开北京的那一天，他就已经想好了禁烟的办法。他的办法比任何一个官员所想的都要严厉得多，这个办法叫三管齐下。

首先，他要严惩广州参与鸦片走私的官员，通过深入的反腐败，彻底拔掉走私的保护伞；其次，他要将禁烟深入到百姓当中，不但实行五户连保，而且用最大的力度掀起一场禁烟的全民风暴；最后，他要把矛头指向鸦片的根源——那些从事走私的洋人，他要以整个中国的对外贸易为代价，彻底铲除鸦片走私活动，让所有的洋人再也不敢、再也不能贩卖鸦片。

这就是林则徐的真实想法，他要把所有接触鸦片的人都逼入绝境，特别是那些贩运鸦片的洋人，他要在中华大地上彻底杜绝鸦片。林则徐的决心非常大，他深信自己可以办到。

在经历了61天的跋涉之后，1839年3月10日，林则徐抵达了广州。

……

林大人发动的这场声势浩大的人民禁烟战争，不敢说收效甚微，至少也是成效不大。他把禁烟的主角放在了老百姓身上，效果比起邓大人把目光放在走私犯身上，自然效果不大。何况邓大人自己就是烟贩子，比林则徐更了解烟贩子的运作情况。而且，林则徐如此大规模地扰民，也已经传到了道光皇帝的耳中。

……

林则徐在广州禁烟，不敢说民不聊生吧，至少没有达到实际效果，这一点从收缴鸦片烟的数量上可以看出，他收缴的鸦片，还不到邓大人收缴的1/3，相比同期鸦片每年进口4万箱，实在是少之又少。一箱鸦片大约重100多斤(有100斤一箱的，也有120斤一箱的)，而林大人总共只收缴了不到20万两，大约1万多斤，比起虎门销烟时收缴的20 283箱，240多万斤，那实在是太少了。

不过，林则徐并不会就此罢休，现在整个广州几乎都没有鸦片了，除了伶仃洋上的英国趸船，但是大清的水师力量有限，无法收缴这些鸦片。接下来，林则徐要把矛头对准商馆里的洋人了。

(资料来源：马谧挺. 微历史：鸦片战争的正面与侧面[M]. 北京：团结出版社，2011.)

案例点评

19世纪初,英国已经基本上完成工业革命,成为世界最强大的资本主义国家。19世纪中叶,这个只占世界人口2%的岛国生产的工业品约占世界工业总产量的45%,并占有世界商船舰队数量的1/3,拥有全世界国际贸易总量的1/5。为了对外扩张、掠夺殖民地、扩大商品市场,英国先后挫败了西班牙、荷兰、法国,成为"海上霸主",在美洲、非洲、亚洲、大洋洲建立了号称"日不落"的殖民大帝国。在亚洲,英国占领了印度,并入侵阿富汗、新加坡和缅甸等国家和地区,它的下一个侵略目标就是中国。

英国对华贸易长期处于入超状态,英国工业品遭到中国自然经济和闭关政策的顽强抵抗,销量不大,而英国商人却需要用大量银元购买中国的茶叶、生丝等商品。于是,英国殖民者以走私毒品鸦片作为牟取暴利及改变贸易逆差的手段,强迫其殖民地印度种植鸦片,再由英国东印度公司垄断收购、加工,然后走私到中国贩卖。据不完全统计,鸦片战争前40年间,英国走私到中国的鸦片约有40万箱,从中国掠走了3亿～4亿银元。鸦片走私不仅使英国鸦片贩子和英国东印度公司获得惊人的暴利,而且英印殖民政府通过征收鸦片税,英国工商业资产阶级通过中、印、英三角贸易,英国政府通过征收进出口税,都获得了巨额利润。

鸦片的大量输入,给中国带来严重危害。一方面,随着鸦片大量输入,吸食者日众,不但严重伤害中国人的身心健康,也加重了中国老百姓的负担,严重阻碍着整个国民经济的发展;另一方面,鸦片大量输入还直接造成清朝统治的严重危机。烟贩的贿赂,使清政府官吏形成了一个庞大的保护鸦片走私的受贿集团,从而腐蚀了整个统治机构;大批官僚嗜食成瘾,甚至军队官兵也吸食成风,军队战斗力完全丧失;而大量白银外流,又必然造成清政府国库空虚、财政陷入严重危机。所以,当时林则徐在给道光皇帝的奏折中指出,如果听任鸦片烟害泛滥下去,"是使数十年后,中原几无可以御敌之兵,且无可以充饷之银"。

清政府自嘉庆元年(1796年)以后曾多次下令禁烟,但都因各级官吏贪污受贿,营私舞弊,包庇纵容鸦片走私而有名无实。后来,统治集团中又出现严禁与弛禁的分歧。弛禁派竭力阻挠对鸦片走私的查禁。直到1838年年底,面对鸦片所造成的"兵弱银涸"的严重形势,以道光皇帝为首的清朝统治者为自身利害考虑,不得不倾向严禁派的主张,并决定派林则徐为钦差大臣到广东查禁鸦片。

林则徐(1785—1850年),福建侯官(今福州)人,是当时清政府中极少见的有见地、有作为、主张对黑暗的现实政治有所改革的高级官员。他曾先后在各地任清政府的地方官,比较了解民情;道光十二年(1833年)任江苏巡抚,受任钦差大臣前为湖广总督。1839年3月林则徐到达广州,经过周密的调查,确定禁烟方针"先以断绝鸦片为首务"。他责令外国鸦片贩子必须将所存鸦片全部交出,并具结保证"嗣后来船,永不敢夹带鸦片,如有带来,一经查出,货尽没官,人即正法,情甘服罪"。林则徐还严正宣布"若鸦片一日未绝,本大臣一日不回,誓与此事相始终,断无中止之理",表示了禁绝鸦片的决心。在广大人民群众的协助下,林则徐以严厉而果断的措施,迫使英商在四五月间陆续交出鸦片2万余箱共237万多斤。从1839年6月3日起,连续20天,在虎门海滩将这些鸦片当众销毁。

虎门销烟是林则徐广州禁烟的一个重大胜利,它向全世界表明了中国人民维护民族尊严和反对外国侵略的坚强意志与决心,沉重地打击了英国资产阶级。林则徐广州禁烟的消息于1839年8月传到伦敦，英国资产阶级纷纷发出侵华叫嚣。英国资产阶级及其政府对中国发动武装侵略蓄谋已久。1832年，东印度公司派林德赛（化名胡夏米）由澳门乘船北上，刺探中国沿海港湾及搜集情报。1835年，林德赛致函英国外交大臣巴麦斯顿子爵，建议对中国发动战争，而且提出了具体的作战方案和所需的兵力及时间、路线等。在华鸦片贩子、伦敦东印度和中国协会、曼切斯特商会和利物浦印度协会等，都曾经上书英国政府，要求动用武力打开中国市场。1825年和1837年英国发生了两次资本主义经济危机，商品滞销，工厂倒闭，银行破产，工人失业，人民不满。正如列宁指出的："资本主义如果不经常扩大其统治范围，如果不开发新的地方并把非资本主义的古老国家卷入世界经济旋涡之中，它就不能存在与发展。"为了摆脱危机和转移国内人民的视线，为了开拓更为广阔的殖民地市场，英国资产阶级正在寻找适当的借口，打开古老中国的大门。

虎门销烟的消息传到英国后，英国资产阶级纷纷叫嚷绝对不轻易放过这样一个战争的机会。外交大臣巴麦斯顿公然煽动说：对待中国的唯一办法，"就是先揍他一顿然后再说道理"，并提出要乘战胜之余威，提出条件强迫中国接受。1839年10月，英国政府决定出兵中国，并于1840年2月正式任命乔治·懿律为侵华军总司令和谈判全权代表，查理·义律为谈判副代表。1840年6月，由48艘舰船、540门大炮、4 000名士兵组成的侵华军——"东方远征军"抵达中国广东海域，鸦片战争正式爆发。

鸦片战争的爆发，并不是林则徐禁烟行为过激、举措失当造成的。虎门销烟只不过是英国发动侵略战争的借口而已。近几年来，新出现了一些"历史家"、"文学家"，他们在"还原真实历史"的旗号下，进行了大量的重新描述中国近现代史的活动。在他们笔下，历史人物的形象完全变了样，英雄人物变得浑身污渍，汉奸反动派变得光彩照人。难道这就是"真实的历史"吗?！难道他们笔下的林则徐就是"真实"的林则徐，而过去人们心目中的林则徐就是"虚假"的林则徐吗？以上所引案例，恐怕有为汉奸卖国贼鸣冤叫屈、为外国侵略者涂脂抹粉之嫌，未必就是"真实的历史"。

五、实践项目

项目1

文献研读心得

篇目

(1) 马克思：《英人在华的残暴行动》(1857年3月)。

(2) 列宁：《对华战争》(1900年9—10月)。

(3) 毛泽东：《把我国建设成为社会主义的现代化强国(一)》(1963年9月)。

(4) 孙中山：《檀香山兴中会章程(节选)》(1894年11月24日)。

流程

(1) 教师向学生提供阅读文献信息：可从图书馆借阅的参考书目，可供下载的比较可靠的网络地址，电子版的可阅读文献需设置并发送到公共邮箱供学生下载。

(2) 教师在课堂上对阅读文献作简单讲解,提出撰写读书心得的具体要求。

(3) 学生阅读文献,撰写并按时提交读书心得报告。成果可以 PPT、经过整理的资料片、学术论文等形式呈现。

(4) 教师评定成绩并进行简要小结、反馈。

评价

考核指标	考核结果			
	优	良	中	差
学习态度				
自主学习能力				
合作学习能力				
知识运用能力				
学习效果				
总体评价				

项目 2

观看音像资料

资料

《林则徐》

19 世纪上半叶,英国资产阶级将大量鸦片走私到中国,中国百姓深受其害。清道光皇帝任命林则徐为钦差大臣去广州禁烟;反对派头目穆彰阿和琦善暗中将此事告知英国大鸦片贩子颠地。

林则徐到广州后,立刻采取行动,联合两广总督,加强海防,并通知外国商人在 3 天内将所存鸦片全部上缴,同时扣留可疑的英国商船,收缴大量鸦片。随后,林则徐亲自监督,将收缴的 2 万余箱鸦片在虎门海滩当众销毁。

虎门销烟的举动严重触动了英国资产阶级在华的利益。他们于 1840 年 6 月悍然发动鸦片战争,一路挥军北上打到天津,震慑北京。

道光帝昏庸无能,为讨好英国,以林则徐禁烟不力为名将其革职,另派琦善前往广州,商量向英国投降。后道光帝又将林则徐发配到新疆,但英国资产阶级并不满足,将侵华的战火由沿海烧到内地。面对敌人的侵略,广州三元里人民展开了一场英勇的抗英斗争。

《火烧圆明园》

第二次鸦片战争期间,1856 年 10 月,英、法组成联军发动侵华战争。咸丰十年(1860 年)8 月,英法联军攻入北京,10 月 6 日,占领圆明园。从第二天开始,军官和士兵就疯狂地进行抢劫和破坏。为了迫使清政府尽快接受议和条件,英国公使额尔金、英军统帅格兰特以清政府曾将英法被俘人员囚禁在圆明园为借口,命令米启尔中将于 10 月 18 日率领侵略军 3 500余人直奔圆明园,在大肆抢掠之后,放火将其烧毁。英、法侵略者“就这样以最野蛮的方式摧毁了世界上最宝贵的财富”。

流程

(1) 教师提供音像资料来源，提出撰写观后感的评审标准和要求。

(2) 学生在观看影视资料的基础上撰写观后感。观后感可有多种形式，包括学术论文、PPT、经过整理的资料片等。

(3) 学生提交观后感并进行交流。

(4) 教师根据学生完成情况评定成绩并计入平时成绩。

第二章 对国家出路的早期探索

一、知识提要

1851—1864 年的太平天国农民战争、19 世纪 60—90 年代前期清朝部分统治者推行的洋务运动及 19 世纪 90 年代后期资产阶级的戊戌维新，都是中国近代以来不同阶级及其代表人物对国家出路的探索。在了解太平天国农民战争、洋务运动和戊戌维新运动等史实的基础上，掌握太平天国农民战争、洋务运动和戊戌维新这三场运动斗争的历史地位及其失败原因，知道农民阶级、地主阶级洋务派、资产阶级维新派，由于其自身的阶级局限性，不可能为中国的独立和富强找到真正的出路。

二、重点搜索

重点 1：太平天国的历史意义、失败原因及其教训

1）历史功绩与历史意义

太平天国起义虽然失败了，但它具有不可磨灭的历史功绩和重大的历史意义。

（1）太平天国是中国近代民主革命准备时期的重要事件。从近代中国的主要矛盾和历史任务来看，太平天国农民战争反抗西方资本主义国家的侵略，沉重打击了封建统治阶级，强烈撼动了清政府的统治根基，加速了清王朝的衰败过程。因此，太平天国的打击目标与日后的反帝反封建的资产阶级民主革命任务是一致的，它是中国近代民主革命准备时期的重要事件。

太平天国消灭了百万清军，沉重地打击了清王朝中央集权君主专制统治秩序，冲击了封建思想文化。这场起义之后，清王朝不得不授予镇压太平天国的湘军、淮军头目越来越大的权力，军权、财权、人事行政权下移，地方督抚权力大增，清政府对地方控制的能力减弱。几十年后辛亥革命爆发，各地纷纷响应，清王朝迅速土崩瓦解，很大程度是因为太平天国以后形成的这种政治格局。太平天国在其统治区对地主阶级的打击，使不少地主家族死亡殆尽，大量田册地契被焚毁，太平天国虽然没有实施《天朝田亩制度》关于土地分配的方案，但在一些地区实行“着佃交粮”的政策，实际上承认了佃农对所耕土地的所有权。起义失败后，清朝虽实行“田归原主”的政策，但很多土地已经无法归还原来的地主，于是，部分耕作这些土地的农民成为土地的新主人，这就使长江中下游地区出现了一批新自耕农，这在经济上有利于资本主义生产关系的产生。

太平天国拒绝承认不平等条约，要求外国不得干涉中国的内政，并要求他们遵守太平天国的法律，严禁鸦片贸易。当外国侵略者扬言，如果太平天国触犯他们的侵略利益，外国将

会以武力对待时，太平天国并没有在威胁下屈服。据李秀成说，外国侵略者曾经向洪秀全提出以“平分”中国为条件联合反对清朝，被洪秀全严词拒绝。当中外反动派勾结起来向太平军举起屠刀时，太平天国起义者毫不犹豫地同英、法军队以及由外国军官组织和指挥的“常胜军”、“常捷军”进行斗争，表现出大无畏的英雄气概。1862 年 4 月，太平军在上海郊区与英、法、俄军队激战，打伤英国海军司令何伯；5 月，击毙法国海军司令卜罗德；6 月，俘虏“常胜军”副统领法尔思德；9 月，“常胜军”头目华尔被太平军打伤毙命。太平军在同外国侵略者作战时的表现远远优于清军。

（2）太平天国是中国旧式农民战争的最高峰。太平天国历时 14 年，转战 18 省，建立了与清王朝对峙的政权。列宁说过：“历次革命的一般进程表明了这一点，在这些革命中，往往有过短时间的、暂时得到农村支持的劳动者专政，但是却没有过劳动者的巩固政权。”列宁的这段话对理解太平天国政权的性质有很大的帮助。尽管农民建立的政权只能模仿封建王朝的君主制度，但因为太平天国打击的是官绅地主，给贫苦农民带来了利益与希望，所以得到广大农民的支持、拥护。数以百万计的农民参加了起义，起义初期，太平天国连老弱妇孺在内不足万人，两年以后迅速壮大为数十万人的队伍；太平天国北伐军出发时不足两万人，但沿途贫苦农民不断加入，转战期间队伍曾不断壮大。如果不代表农民利益，这是不可能做到的。

太平天国把千百年来农民对拥有土地的渴望在《天朝田亩制度》中比较完整地表述出来。《资政新篇》则是中国近代历史上第一个比较系统的发展资本主义的方案，这反映了太平天国某些领导人在后期试图通过向外国学习来寻求出路的一种努力。因此，太平天国起义具有不同于以往农民战争的新的历史特点。从中国的农民战争史看，太平天国起义是中国旧式农民战争的最高峰。

（3）太平天国对日后的反帝反封建斗争的启迪和鼓舞。作为一场空前的农民战争，太平天国播下的反抗火种仍然在延续。孙中山早年就听过太平天国的故事，这是他青年时代决心走上反清革命道路的重要动因。辛亥革命时期，孙中山和他的同志们更是以太平天国的后继者自居，革命党人在自己的报刊中赞扬和宣传太平天国的斗争精神。在新民主主义革命时期，中国共产党人也十分注意吸取太平天国的经验和教训。所以说，太平天国对日后的反帝反封建斗争有很大的启迪、鼓舞作用。

2）失败的原因

（1）太平天国之所以最终失败，从客观方面来看，是因为在当时太平天国面对的敌人不只是清王朝，还有外国侵略者。在第二次鸦片战争结束后，清朝公开宣布实行“借师助剿”的政策，与西方国家联合起来镇压太平天国，而西方国家也认定维护清王朝更符合他们的利益，于是以各种办法支持清王朝，西方国家的军队甚至直接同太平军作战。外国资本主义和中国封建主义联合起来的政治、军事、经济、文化等方面的总体实力，远远超过太平天国。因为双方力量对比悬殊，太平天国的失败是难以避免的。

（2）从主观方面来看，太平天国是一场农民战争，农民阶级的局限性，也不可避免地影响了起义的进程和归宿。

首先，太平天国用拜上帝教的教义来发动农民是有成效的，但这种宗教不是科学、先进的思想，它既有西方的色彩，又含有大量俚俗、粗鄙、迷信的内容（如“上帝附体”之类），不容易取得有文化的士大夫的支持。太平天国是中国历史上规模最大的农民起义，但在吸收士大夫参加方面却不如其他规模小得多的农民起义。士大夫阶层的精英基本站在清王朝一边，这与太平天国的宗教、文化政策有很大关系。洪秀全在后期不仅没有对宗教进行必要的改造，反而强化了其迷信、鄙俗的一面，但对群众已经没有号召力，只有洪秀全本人依然沉迷于自己制造的虚幻神话之中。

其次，太平天国是一场农民起义，小生产者之自私、狭隘的一面，导致享乐主义、腐败、分裂甚至自相残杀。进入天京之后，太平天国领导人很快就抛弃了早期的艰苦奋斗作风，极力追求物质享受，并以物质享受激励官兵、群众。例如，洪秀全所作的《天理道情书》说："试问尔等，当凡情在家之时，或农或工或商贾，营谋衣食，朝夕不遑，手足胝胼，辛苦备尝。孰如我们今日顶天扶主，立志勤王，各受天恩、主恩及东王列王洪恩，畀及荣光，出则服御显扬，侍从罗列，乃马者有人，打扇者有人，前呼后拥，威风排场，可谓盖世。试思尔等在凡情时有如此之荣耀者乎？"太平天国诸王在建都后不久就大兴土木，建立豪华府邸。天王洪秀全、东王杨秀清及其他诸王"为繁华迷惑，养尊处优，专务于声色货利"；诸王与部将及广大士兵逐渐疏离，诸王之间更是"彼此睽隔，猜忌日生"。即使是比较清醒的李秀成，忠王府也修得十分壮丽，连李鸿章都叹为观止。太平天国的高层都有很多妻妾，如洪秀全有王娘 88 人，杨秀清有王娘 54 人。1856 年 9 月发生的天京事变，更是小生产者的自私、狭隘之恶性发作。这场流血大内讧，打破了洪秀全等人制造的神话，造成了信仰危机，拜上帝教也失去了早期的凝聚功能。

另外，在对内对外政策方面，太平天国也有很多失误。例如，太平天国不明世界大势，对外国侵略者虽有反抗，但缺乏深刻的认识，一方面有幻想，另一方面仍持"天朝上国"心态，不仅无法利用清政府与西方国家的矛盾，也无法阻止两者的联合，并不止一次受到侵略者的欺骗。在军事战略战术、经济政策等方面，太平天国也有很多失误。

3）教训

在半殖民地半封建的中国，农民虽有巨大的革命潜力，是反帝反封建的主力军，但农民阶级不是新生产方式的代表，它不可能彻底摧毁旧的封建制度，建立一个完全崭新的社会制度，因而农民自身不能担负起领导反帝反封建斗争取得胜利的重任。单纯的农民战争不可能为中国找到出路，不可能完成争取民族独立和人民解放的历史任务。

重点 2：洋务运动的性质与失败原因

1）洋务运动的性质

（1）洋务运动也是近代中国人探索国家出路的一次尝试。洋务运动是一场地主阶级的自救运动。近代中国地主阶级的一部分人即洋务派，希望通过学习西方，使中国走上富国强兵之路。洋务派搞洋务运动是为了挽救大清王朝。说洋务派搞军事工业、建新式海陆军主要是为了镇压人民反抗，这一判断是正确的，但是也应看到，洋务派这样做也是为了抵御外侮，因为镇压人民反抗不一定要购买 7 000 多吨位的军舰建成舰队，建设海军主要是为了保卫中国海防。对此应给予适当的肯定。

（2）洋务运动对中国资本主义的产生和发展具有双重性。近代以来中国人民面对两大历史任务：争取民族独立、人民解放和实现国家富强、人民富裕。洋务派所办的军用、民用企业是中国人举办的最早的一批使用机器的近代企业，这些企业引进了一些现代科技、管理方法，客观上对中国资本主义的产生和初步发展起了一定的示范和促进作用；办学堂、派留学生等在传播近代科技知识、培养科技人才方面也有积极作用，而且对封建思想文化也产生了冲击。

但是，对洋务运动也不能评价过高，它对中国资本主义的产生和发展的作用有两重性：既有促进的一面，也有阻碍的一面，而且到了后期，阻碍是主要的方面。在洋务运动中清政府兴办了一批企业，但这些企业带有浓厚的封建衙门色彩，成功的不多。这些企业除少数采取官办或官商合办方式外，多数都采取官督商办的方式。所谓官督商办，就是官府负责保护、扶植，派官员（多为亦官亦商者）监督管理，有时也借垫部分资金，而主要由商人投资入股，商务由商人管理（产、运、销），盈亏由商人负责。官督商办的做法早期有其合理性，因为中国封建顽固势力强大，一切新事物都会遭到反对，必须利用官府的权威才能减少阻力。如果没有大官僚李鸿章等人的提倡、支持和批准，新式企业无法取得合法地位，资金、用地的困难无法解决，遇到阻力、破坏更无法应付。当时商智未开，商力不足，商人没有官府的出面也不敢投资，因此，这个阶段，不能说“官督”没有一定的积极作用。但到了19世纪80年代特别是90年代以后，一方面，商智、商力已经有明显的发展，不必时时事事靠官府出面；而官府这一方面，提倡、扶持从来都不是无偿的，即使在早期，也大大加重了企业的负担，朝廷、地方官府、官员个人都要谋取利益，越来越多的官员把近代企业作为牟利的新途径，商人没有多少发言权，这样，“官督”的负面作用也就越来越明显。“官督商办”受到商人广泛的反对，就无法再推行下去了。

洋务运动的其他方面也是如此。洋务运动虽然办了一些新式学校，但30年间全国总共办了20多个，所培养的学生不过几千人，几乎都是技术型的人才。洋务运动最重要的标志是北洋水师，据说曾经在世界上排第八位、亚洲排第一位，但在中日甲午战争中全军覆没。通常以中国在甲午战争中的失败作为洋务运动破产的标志。

2）失败的原因

（1）洋务运动的封建性。毛泽东指出：“地主阶级是帝国主义统治中国的主要的社会基础，是用封建制度剥削和压迫农民的阶级，是在政治上、经济上、文化上阻碍中国社会前进而没有丝毫进步作用的阶级。”毛泽东这一论断是对近代中国整个地主阶级作出的，尽管这个阶级会出现个别有作为的人物，但他们也不能不受地主阶级本质的制约。洋务运动由地主阶级部分当权人物倡导，在对清王朝不作任何根本改革的前提下进行，洋务派主要人物的阶级性并没有发生转化，这个时期中国地主阶级也没有出现本质性的分化，洋务派和顽固派虽有矛盾和争论，但在维护清王朝统治这个根本问题上是一致的。因此，地主阶级的反动性和腐朽性便决定了洋务运动的过程和归宿，这不是少数有能力的洋务官僚就能改变的历史命运。

洋务运动封建性的一个非常重要的表现，是洋务派不敢、不愿对清王朝的政治制度进行任何真正意义上的改革。历史经验表明，所有现代化成功的国家，必须有一个能够主导现代化的中央政府，以及与此相适应的政治结构，这样才能利用政府的权威，全面推行经济、政治、文化、社会方面的改革，在改革过程中排除各种阻力。有的事情，表面看来是具体问题，但不实行政治改革是无法解决的。例如兴办近代企业、建立新式海陆军需要大量经费，但在没有政治改革的情况下，财政制度还是封建王朝的旧模式，经费就无法保证，甚至会被挪用。又如人才培养，科举制度若不废除，新式教育就不可能发展，但废科举本身是一项带政治性的改革。洋务派坚持所谓“中学为体，西学为用”，只是在器物、技能层次方面学习西方，在政治、经济、法律制度这个层次，则不进行任何改革。他们企图以吸取西方近代生产技术为手段，来达到维护和巩固中国封建统治的目的，这就决定了它必然失败的命运。因为新的生产力是同封建主义的生产关系及其上层建筑不相容的，是不可能在封建主义的桎梏下充分发展起来的。

清朝的政治制度不合世界潮流，洋务派并非毫无察觉。洋务派自身有其局限性。他们有一定抱负，洋务运动是他们理想、功业、实力、地位的保证，但他们自身的经济利益很少同现代企业相联系，相反，他们之中的多数人都是大官僚、大地主，政治改革将会损害他们本人、家庭及小集团的眼前利益。他们都忠于清王朝，清王朝最高统治者慈禧太后，也不会允许洋务派进行任何政治改革。洋务派多数人又是科举中人，思想上还保持着三纲五常那一套。支持洋务运动的人物，在整个官僚体制、整个士大夫阶层中，并不占优势。洋务派在政治、经济、文化等各方面同清王朝整个统治集团、同整个地主阶级是一致的，这是洋务派不敢、不愿对清王朝的政治制度进行任何真正改革的最根本原因。

(2) 洋务运动的依赖性。在洋务运动进行之时，清政府已与西方国家签订了一批不平等条约，西方列强正是依据种种特权，从政治、经济等各方面加紧对中国的侵略和控制，他们并不希望中国真正富强起来。洋务派不敢、也不能坚决维护国家主权，不敢、也不能坚决抵抗外国侵略，一味迷信所谓“国际公法”，希望用妥协来换取清朝统治的苟安。洋务派所办的企业、学堂、海陆军，在设备、装备、技术、管理、训练等方面都要依赖外国人。李鸿章可以说是洋务运动的核心人物，对清朝外交政策有着举足轻重的影响，他曾经幻想借助俄国的力量来抵御其他帝国主义国家对中国的侵略，结果却使中国失去了更多的权益。洋务运动搞了30年，中国半殖民地化反而加深了，使中国越来越弱、越来越贫。

(3) 洋务运动的腐朽性。从根本上来说，是由其封建性决定的。洋务派以不改变落后和腐朽的政治、经济制度为前提，开展洋务运动，腐朽是必然的产物。洋务企业除少数以外，管理仍是封建衙门式的，充斥着任人唯亲、营私舞弊、贪污受贿、挥霍浪费等官场恶习。督办、总办等大小官员既不懂生产技术又不懂经营管理，无法维持企业的正常运行。一些曾经办得不错的企业，最终也无法维持。洋务派创办的新式陆海军和军工企业，也有很多腐败的事例。洋务派所谓“自强、求富”只是一句空话。

重点 3：戊戌维新运动的历史意义

1) 戊戌维新运动是一场挽救国家危亡的政治运动

康有为等人希望通过这场运动使中国富强，免受外国欺凌，因此，这场运动带有反帝爱国性质。戊戌维新运动又是一场资产阶级政治改革运动，康有为等人要求对封建君主专制制度进行改革，在经济上要求发展民族资本主义，在思想文化领域则宣传近代科学和资产阶级文化。因此，它带有反封建的性质。

戊戌维新突破了洋务派所谓“中体西用”的樊篱，提出了变革清王朝政治制度的要求，而且付诸实践，维新派最终的主张，是用资产阶级的君主立宪制度取代封建主义的君主专制制度。所以说，戊戌维新是一场代表新兴的民族资产阶级利益的政治运动。维新运动虽然失败，但在政治、经济、文化等领域都冲击了封建主义。戊戌维新运动也是使清王朝“不能照旧统治下去”的重要政治事件，是中国资产阶级民主革命的重要酝酿阶段，它为资产阶级革命的发生，在政治上、思想上都作了必要的准备。

2）戊戌维新运动在思想文化领域产生了很大的影响

维新派在思想文化方面的影响超过了他们在政治、经济等方面的影响。戊戌维新运动是一场思想启蒙运动。在维新运动期间，维新派大力传播西方资产阶级的社会政治学说和自然科学知识，宣传自由平等、社会进化观念，批判封建君权和封建纲常伦理，有利于民主思想在中国的传播，有利于人们的思想解放，全面掀起了近代中国第一次思想解放运动的潮流，推动了中华民族的觉醒进程。在文化的其他领域，由于维新派的推动，“诗界革命”、“文体革命”、“小说界革命”、“戏剧改良”、“史学革命”等相继而起，梁启超、黄遵宪、谭嗣同、汪康年等人身体力行，掀起了广泛的文化革新运动。以维新运动为起点，资产阶级新文化开始打破封建文化独占文化阵地的局面。在教育方面，维新派主张采用西方近代教育制度，兴办新式学堂，这对中国近代教育的发展起了积极的推动作用。京师大学堂的创立，更成为中国近代国立高等教育的发端。维新派不仅在思想启蒙和文化教育方面开创了新的局面，而且在改革社会风气方面也提出了许多新的主张。例如要求革除吸食鸦片及妇女缠足等陋习，提出“剪辫易服”的主张，倡导讲文明、重卫生、反跪拜等。其移风易俗、开启社会新风的效用不可低估。

3）维新运动对资产阶级革命运动的促进

维新运动对日后的资产阶级革命运动产生了促进作用。尽管康有为、梁启超等人后来成为资产阶级革命运动的阻力，但他们在戊戌维新时期的启蒙工作，点燃了爱国、民主的火种，促使大批知识分子觉醒，其中不少人后来走上反清革命的道路。当然，这并非维新派的初衷，但却是客观事实。特别是在19世纪末到20世纪头两三年，虽然以孙中山为首的资产阶级革命派已经开始进行反清革命，但他们的宣传工作在全国的影响不大，因此，维新派的启蒙工作更显得重要。维新运动的失败也使大批爱国志士明白清王朝已无可救药，不能指望它进行和平改革，从而放弃改良的道路而转向革命。例如，章太炎曾加入康有为创办的强学会，参与梁启超创办的《时务报》的撰述，赞同康、梁的变法主张。但戊戌变法的失败激起了章太炎对政治改良的怀疑，不久，他就和维新派决裂，走上了反清革命的道路。

三、深度阅读

《论人民民主专政》

写作背景

1949年年初，辽沈、淮海、平津“三大战役”结束后，中国新民主主义革命在全国的胜利已成定局。中国共产党和各民主党派及无党派民主人士筹备建立民主联合政府。1949年6月30日，毛泽东发表了《论人民民主专政》一文，向全国人民公开阐明了中国共产党在建立新中国问题上的主张。毛泽东明确指出，资产阶级民主主义的思想不能救中国，资产阶级共和国的方案在中国行不通。在中国，只能建立工人阶级领导的、以工农联盟为基础的人民民主专政的国家政权。

原著节选

自从一八四零年鸦片战争失败那时起，先进的中国人，经过千辛万苦，向西方国家寻找真理。洪秀全、康有为、严复和孙中山，代表了在中国共产党出世以前向西方寻找真理的一派人物。那时，求进步的中国人，只要是西方的新道理，什么书也看。向日本、英国、美国、法国、德国派遣留学生之多，达到了惊人的程度。国内废科举，兴学校，好像雨后春笋，努力学习西方。我自己在青年时期，学的也是这些东西。这些是西方资产阶级民主主义的文化，即所谓新学，包括那时的社会学说和自然科学，和中国封建主义的文化即所谓旧学是对立的。学了这些新学的人们，在很长的时期内产生了一种信心，认为这些很可以救中国，除了旧学派，新学派自己表示怀疑的很少。要救国，只有维新，要维新，只有学外国。那时的外国只有西方资本主义国家是进步的，它们成功地建设了资产阶级的现代国家。日本人向西方学习有成效，中国人也想向日本人学。

原著解析

洪秀全发动的太平天国农民战争，从根本上说，是与中国历史上无数次农民起义性质相同的一场旧式农民战争。例如，《天朝田亩制度》虽勾画了一个“有田同耕，有饭同食，有衣同穿，有钱同使，无处不均匀，无人不饱暖”的理想天国，但它体现的是与历史发展规律背道而驰的建立在小生产经济基础上的绝对平均主义的幻想，是一种不可能实现的农民乌托邦；农民的阶级局限性，导致他们所建立的政权迅速封建化；领导集团的腐朽与奢侈不亚于清朝皇帝，并最终因争权夺利而互相残杀，发生天京事变。所有这些，给太平天国革命打上了没有摆脱旧式农民战争的烙印。

但是，太平天国农民战争发生在外国资本主义已侵入中国、中国原有的自给自足的自然经济趋于解体，并逐渐产生资本主义生产方式的时期，就使这场农民革命不能不带有不同于以往农民战争的一些新的历史特点。

太平天国后期，得到天王洪秀全信任、主政于危难之际的干王洪仁玕，制定了一个统筹全局的改革方案——《资政新篇》。这是一个向西方学习的较为全面的方案。《资政新篇》的主要内容是：在政治方面，主张“禁朋党之弊”，加强中央集权，并学习西方，制定法律、制度；在经济方面，主张发展近代工矿、交通、邮政、银行等事业，奖励科技发明和机器制造，尤其是提出“准富者请人雇工”，对穷人“宜令作工，以受所值”，这就把向西方的学习从生产力的领域扩展到生产关系的领域，即开始提倡资本主义的雇用劳动制了；在思想文化方面，建议设立新闻官、新闻馆，破除陈规陋习，提倡兴办学校、医院和社会福利事业；在外交方面，主张同外国平等交往、自由通商，“与番人竞雄”，但严禁鸦片入口，对来华的外国人，“但准其为国献策，不得毁谤国法”。洪秀全看到后，非常重视。几乎逐条加以批示，对其中绝大部分条款都表示赞同（如“此策是也”、“钦定此策是也”），并下令镌刻颁布。

《资政新篇》对中国未来作出了大胆的、超出了农民小生产者眼界的新颖设计，代表了未来中国前进的方向。它是近代中国第一部比较完整的资本主义建设方案，是太平天国历史上一个光辉的亮点，使这次农民战争鲜明地不同于中国历史上的其他农民战争，反映了以洪秀全为代表的太平天国领导人向西方寻找真理探索国家出路的努力。虽然《资政新篇》与

《天朝田亩制度》一样没能付诸实践，但它却为后人留下了珍贵的思想材料。

正因为如此，毛泽东在为纪念中国共产党成立28周年而写的《论人民民主专政》一文中，把洪秀全列为近代中国“向西方国家寻找真理”的“一派人物”之一。这是完全恰当的。

四、案例解析

康有为的变法理论

康有为决心领导一场变法运动，使中国走出危机。然而，当时中国人所了解的现代知识还很有限，他只能到传统经学中去寻找变法理论依据。提起经学，还有一段故事。

两千多年前，在华夏大地出现的第一个自命皇帝、君临天下的秦始皇，为了巩固其专制统治，听从丞相李斯的建议，“焚书坑儒”。460多名借古讽今、讥刺朝政的儒生被活埋，儒家经典和前代各国史书一概投入火中烧掉。秦始皇的统一大业功垂青史，而其高压专制的政策却导致秦王朝的速亡。汉高祖刘邦接受教训，重新起用儒生。至汉武帝时，立五经博士。太学传授经书需要教材，因没有原本可参考，就请精通儒学的遗老根据记忆讲授，再用当时已改进了的隶书体文字抄出来。汉武帝末年，有人重修山东曲阜孔子家宅，在残破的墙壁中发现了部分用先秦时代篆文书写的经书。这些书连同其他一些收自民间逃过焚书劫难的篆文经书上缴皇宫后藏于秘室。到汉哀帝时，担任领校秘书官职的刘歆发现篆文经书的内容与隶书体经书有出入，于是把前者命名为古文经书，后者命名为今文经书。他说今文经书为秦火之余，残缺不全。由此引起了延续近两千年的今、古文学之争。

儒学是依据儒家经典解释历史、说明道理的学问。儒家最初的经典有6部，即《诗》、《书》、《礼》、《易》、《乐》、《春秋》。今文学家认为这6部经书是孔子写的，其中表达了孔子的政治理想。这种认识使孔子以改革思想家的形象出现在人们面前。与《春秋》相关的有三传：《公羊传》、《谷梁传》、《左传》，这三传是解释《春秋》经文的。今文经学者尊奉《公羊传》和《谷梁传》。这两部书以阐发《春秋》文字的“微言大义”(是说经书中的词句里边隐含着不易察觉的深层含义)为特征，给人一种按自己的理解或需要解说经文的方便。因此，今文经学适合于变革时代经世致用的需要。古文学家则认为，孔子“述而不作，信而好古”，六经是他对前代已有材料的编辑整理。他们反对今文经学家随意解释经书的倾向，注重经书文字的训诂、考证。这样，古文经学易于学问上的严整、缜密、广博，而不利于借经书阐发现实需要的道理。

康有为从小就受儒家思想熏陶，青年时拜主张经世致用的学者朱次琦为师，后又与推重今文的经学家廖平交游，终于集晚清今文经学大成，被誉为今文经学的“最后一位大师”。他的《新学伪经考》一书从考证秦始皇焚书说起，对《史记》、《汉书》、《后汉书》等著名典籍所载经说部分作了考察，得出的结论是：秦皇焚书时并未烧毁六经，汉朝所流行的经书都是孔门原本，并无残缺。所有的古文经都是刘歆伪造的。刘歆伪造经书时为了掩盖真相，把一切古书都做了不同程度的篡改。刘歆改经是为王莽篡夺汉室改号“新”朝服务的，是“新学伪经”。其结果：东汉以来两千多年，无数莘莘学子、饱学之士所苦苦追求的学术，二十余朝代尊严与礼乐制度的维系，全都以此“新学伪经”为依据。“诵读尊信，奉持施行”，无人敢违逆，无人敢怀疑。于是本来创于孔子的六经被说成是周公所作，孔子被说成是传述古人之道，隐含着孔子改制大义的《春秋》只被视为残缺不全的朝廷文告、记录了。

康有为的看法一方面打破了顽固派坚持不能更改而普通人忌讳更改的古法经典原则的神圣性，另一方面把孔子说成是一个托古改制的先知先圣，为自己提出变法主张树立了一位有力的庇护神。其实他的看法有不少主观武断之处，他加给刘歆的罪名也不符合史实。但是对于冲破旧思想的束缚，运用传统经学直接为现实改革服务来说，康有为此举无疑是有意义的。

在1897年写成的《孔子改制考》中，康有为依照他所解释的孔子经书中的“微言大义”阐述了一套变革逻辑。他把孔子说成是托古改制的“素王”，认为孔子生于乱世，有承王命、救民患、为圣王、为万世作师之志，因而作“三世之法”。但他身为布衣，人微言轻，倡行改制若不托于古事，不会有人相信，因此，采取了“托先王以行之”的办法创作“六经”。六经表面说是古代先圣先王的典章制度、规范，实际上却是孔子自己的理想。“六经中的尧舜、文王，皆孔子民主君主之所寄托”，不一定真有事实。康有为又把孔子改制的思想用“公羊三世说”加以概括。“公羊三世说”最初出自汉初成书的《公羊春秋》，内容是说孔子写《春秋》时根据事情发生的时间顺序有所见事、所闻事、所传闻事的不同记法。后来董仲舒依据这种说法说《春秋》所记鲁国240多年的历史可以分为所见世、所闻世、所传闻世三个阶段。东汉时何休在《春秋公羊解诂》一书中又把这三世与衰乱、升平、太平相比附。康有为依这些说法，进一步发挥说：“三世之说”正是孔子“非常大义”之所在。孔子把他所生时代说成是乱世，把先秦周文王、武王时代说成是升平之世，把更早的尧舜时代称为太平之世。但他实际的意思是要人们先使国家成为文、武时代那样的升平世，再进而实现尧舜那样的太平世。康有为又把据乱、升平、太平的“三世演进”说和《礼记·礼运》篇的“小康”、“大同”说相附会，提出升平世就是小康社会，太平世是大同社会；说历史就是由据乱世到升平世，又到太平世向前发展的，这三个时代要依次经过，不能超越。后来他又把三世说同君主专制、君主立宪、民主共和相比附，指出当时中国应抛弃君主专制，实行君主立宪制度，以适应历史发展需要，向民主共和即大同世迈进。

（资料来源：朱志敏．“毛泽东思想概论”课教学案例解析[M]．北京：高等教育出版社，2004．）

案例点评

康有为(1858—1927年)，广东省南海县人，出身于官僚地主家庭。他从小接受传统的儒家思想的系统教育，博通经史，尊崇孔学。康有为1879年和1882年先后到过香港、上海，接触到西方的物质文明和法律制度，大为惊佩，开始精心研读各种西方译著和报刊，探究西方国家进步的原因。1895年春，当中日签订《马关条约》的消息传来，康有为联合在京参加会试的举人1300多人，联名给皇帝上书，提出“拒和、迁都、变法”的主张，这就是历史上著名的“公车上书”。它揭开了维新变法的序幕。

整个维新变法期间，康有为先后7次上书光绪皇帝，系统地阐述了自己的变法主张。康有为的维新变法主张，概括起来就是：在政治上，兴民权，实行君主立宪；经济上，兴办实业，发展民族资本主义；文化上，倡西学，兴学堂，开发民智。这些主张反映了当时新兴的民族资产阶级要求挽救民族危亡和发展民族经济的两大愿望，所以说“戊戌维新是一场资产阶级性质的改良运动”，符合中国历史前进的方向，具有进步意义。

虽然康有为发动的是一场资产阶级性质的改良运动，但是他所依据的理论武器，却不是诸如“自由”、“平等”、“博爱”和“天赋人权”之类的资产阶级民主主义思想，而是中国传统的今文经学思想。他把儒家学派的创始人孔子打扮成一位改革思想家，借孔子的“托古改制”来阐发自己的维新变法理论。

康有为阐发变法理论的著作有两部——《新学伪经考》和《孔子改制考》。在《新学伪经考》中，康有为把东汉以来一直被封建统治者奉为经典的古文经学，说成是西汉刘歆为帮助王莽篡汉建“新”而伪造的，是“新学伪经”，从根本上否定封建顽固派“恪守祖训”的理论依据，用以打击怀古守旧的思想。在《孔子改制考》中，他借宣传孔子的“托古改制”来宣传维新变法，着重地发挥了今文经学派的“三统”说、“三世”说。所谓“三统”说，即认为夏商周三代的制度也是有所演变、不尽相同的；所谓“三世”说，认为社会历史总是按“据乱世、升平世、太平世”即由君主专制到君主立宪再到民主共和这三个阶段，由低级到高级阶段不断发展的，并据此着重阐发了“变”的思想，用以打击万世不变的守旧观点，为维新变法提供理论依据。

康有为发动的是一场代表新兴的民族资产阶级利益的改良运动，而运用的思想武器却没有摆脱中国传统儒学的范畴，以孔子为其倡言改革的庇护神。这是为什么呢?

19 世纪八九十年代，中国人对西方资产阶级思想的了解非常有限，拿康有为来说，也仅是初识西方自然科学知识和社会政治思想而已。他的西学知识，一方面从游历香港、上海的观察而来，另一方面则来自魏源的《海国图志》、徐继畲的《瀛环志略》以及洋务运动时期出版的介绍西方政治、社会的译著和时评。康有为尚且如此，其他中国人的西学知识更是少得可怜。而当时中国的封建势力是非常顽固而强大的，他们视西方资产阶级思想为“异端邪说”、“洪水猛兽”。在这种情况下，康有为进行维新变法，是不会运用西方资产阶级民主主义思想的理论武器去与封建势力发生正面冲突的，只能从中国传统文化思想中去寻找理论武器，于是，康有为依托自身的今文经学优势，把孔子说成是“托古改制”的改革家，利用孔子的权威来打击守旧势力，以施行各项维新变法的主张。康有为的《新学伪经考》和《孔子改制考》在变法维新运动期间确实影响很大，被其弟子梁启超称为“大飓风”和“火山大喷火”，给封建顽固派以有力的打击。

当看到康有为的变法理论在当时起积极作用的同时，我们也应看到其不可克服的局限性。戊戌维新的目的是要建立起资产阶级的君主立宪制度，以取代封建主义的君主专制制度，而以孔子为代表的儒学是历代封建王朝的正统思想，是封建专制主义的精神支柱，这就是说，要变法维新、进行资产阶级性质的改革，就必须彻底批判、推倒封建的儒学思想，而康有为不但没有这样做，反而在封建儒学的范畴内阐述他的维新变法理论。这是康有为的变法理论阶级的和历史的局限性，因而这一变法理论是自相矛盾和软弱无力的。康有为在理论上依据今文经学，在实践中依靠没有实权的光绪皇帝，这就在相当程度上注定了戊戌维新运动悲剧的命运。

除了《新学伪经考》和《孔子改制考》以外，康有为还写了一部描述人类未来美好前景的著作，即从 1885 年开始撰写、初名《人类公理》，以后屡经增补，直到 1902 年才改写而成的《大同书》。在这一著作中，康有为拼凑了儒家、佛家的思想和资产阶级民主思想，甚至还加入空想社会主义思想，把他心目中未来的“太平世”勾画成一个“无私产”、“无家族”、“无邦国、无帝王，人人相亲，人人平等”的大同世界。这种大同世界，显然是不可能实现的。毛泽东指出：“康有为写了《大同书》，他没有也不可能找到一条到达大同的路。”

五、实践项目

项目1

文献研读心得

篇目

(1) 马克思：《中国革命和欧洲革命》(1853年6月)。

(2) 《天朝田亩制度》(1853年)。

(3) 洪仁玕：《资政新篇》(1859年)。

(4) 康有为：《上清帝第二书》(1895年5月)。

(5) 梁启超：《变法通议(节选)》(1896年)。

(6) 严复：《原强》(1895年3月)。

流程

(1) 教师向学生提供阅读文献信息：可从图书馆借阅的参考书目，可供下载的比较可靠的网络地址，电子版的可阅读文献需设置并发送到公共邮箱供学生下载。

(2) 教师在课堂上对阅读文献作简单讲解，提出撰写读书心得报告的具体要求。

(3) 学生阅读文献，撰写并按时提交读书心得报告。成果可以以PPT、经过整理的资料片、学术论文等形式呈现。

(4) 教师评定成绩并进行简要小结、反馈。

评价

考核指标	考核结果			
	优	良	中	差
学习态度				
自主学习能力				
合作学习能力				
知识运用能力				
学习效果				
总体评价				

项目2

观看音像资料

资料

《太平天国》(部分内容)

电视连续剧《太平天国》以中国历史上的太平天国运动(1851—1864年)为背景而演绎的一段历史故事。

19世纪中叶,清朝正在衰落中,吏治败坏,民不聊生。洪秀全与冯云山、杨秀清、萧朝贵、韦昌辉、石达开等人在广西以拜上帝会组织群众,密谋举事反清。1851年洪秀全等人在广西桂平县金田村宣布起义,揭起反清大旗,建立太平天国。太平军离开广西后,北上湖南、湖北,沿长江顺流而下,清军无力阻挡。1853年太平军占领江苏南京,并定都在此,改名天京,分兵北伐及西征。太平天国在最盛时占有长江中下游大片土地,本来形势大好,可是诸王之间的矛盾日渐加剧,终于酿成1856年的天京事变,太平天国从此走下坡路。清政府在汉人把持的湘军、淮军及外国势力协助下,在1864年消灭了太平天国。太平天国农民战争悲壮地失败了。

《甲午风云》

鸦片战争后,清政府摇摇欲坠,日本帝国主义蓄谋侵华,于1894年在中国沿海挑衅生事。北洋大臣李鸿章及亲信"济远"舰管带方伯谦等畏惧日寇,极力主和。日寇得寸进尺,击沉中国商船,百姓无辜遭难。以"致远"舰管带邓世昌为代表的爱国官兵和威海百姓,面对日寇的嚣张气焰,毫不畏惧,坚决要求与日寇开战。但李鸿章借口保存海军实力,多次拒绝官兵们的请战要求,邓世昌还因揭露方伯谦而被革职。日寇不宣而战,清军爱国官兵和百姓的主战声浪一浪高过一浪,李鸿章被迫起用邓世昌。北洋水师右翼总兵刘步蟾贪生怕死,在海战中故意打错旗号,使北洋舰队旗舰被日击沉。邓世昌率领"致远"舰代替旗舰指挥出战,全舰官兵英勇作战,击中日军舰"吉野"号。战事愈发激烈,但我方弹药却已用光,作战形势非常不利,邓世昌决定直接硬撞敌舰"吉野"号,不幸遭遇鱼雷,全舰官兵以身殉国。

流程

(1) 教师提供音像资料来源,提出撰写观后感的评审标准和要求。

(2) 学生在观看影视资料的基础上撰写观后感。观后感可有多种形式,包括学术论文、PPT、经过整理的资料片等。

(3) 学生提交观后感并进行交流。

(4) 教师根据学生完成情况评定成绩并计入平时成绩。

第三章　辛亥革命与君主专制制度的终结

一、知识提要

了解辛亥革命爆发的历史条件，分析革命派与改良派论战的内容与结局，认识进行资产阶级民主革命的必要性、正义性、进步性；了解孙中山的三民主义和资产阶级共和国方案，认识辛亥革命推翻封建帝制、建立民国的意义与近代中国的第一次历史性巨变；了解辛亥革命失败的原因，总结其失败的教训，正确认识资产阶级民主共和国方案的局限性，认识资产阶级领导的旧民主主义革命让位于无产阶级领导的新民主主义革命是历史的必然趋势。

二、重点搜索

重点 1：辛亥革命爆发的历史条件

革命，是历史前进的推动力量。但革命的发生绝不是少数几个人可以制造出来的，而是特定历史条件下的产物。中外历史上无数次的革命证明，当统治者无法照旧统治下去，人民无法照旧生活下去，也就是社会矛盾尖锐之时，革命就会不可避免地发生。辛亥革命的发生，是当时民族危机加深、社会矛盾激化的结果。

1）民族危机的加深

《辛丑条约》订立后，列强采取"以华治华"的政策，继续利用清政府作为其统治中国的工具。但帝国主义的侵略并没有丝毫减弱，1904—1905 年，在我国东北地区发生了日俄战争，双方订立《朴茨茅斯条约》，俄国将在我国旅顺、大连的租借地及相关权益转让给日本。日本侵略势力深入到东三省南部。这期间，英国于 1903—1904 年发动了对中国西藏的侵略，强迫西藏地方政府签订《拉萨条约》，阴谋分裂中国领土，而沙俄也想出兵控制西藏，我国边疆危机又一次显现。

20 世纪初，列强对华经济侵略进一步扩张。除输出商品外，还争相在华投资设厂，夺取修筑铁路和开采矿山的权利。据估计，1895—1914 年，各国在中国设立工矿企业 130 家，新设银行 13 家，共 85 个分支机构，直接投资修筑了东清、胶济、滇越、广九等铁路。1894 年外国在华企业投资 1.09 亿美元，1914 年达到 9.61 亿美元。铁路投资成为列强在华投资的重点，到 1914 年，列强的铁路直接投资约 2.92 亿美元，筑成铁路 3 772 公里。此外，列强还通过贷款来控制中国的铁路。1902 年以前列强借给中国的铁路借款不过 4 800 多万美元，1903—1914 年就达 2.05 亿美元。投资铁路不仅包括修路权，而且还包括对铁路的所有权和经营管理权，甚至还囊括了对铁路沿线矿产的开采权。各国在修路过程中还千方百计扩大权益。如俄国在修筑东清铁路时，以枕木需要木料为由，取得了 24.5 万平方公里内森林的采伐权，平均每年采伐木材约值1亿银元。

2）清政府的新政与统治危机

革命酝酿之际，也正是清政府处于内外交困之时。1901年《辛丑条约》的签订，标志着以慈禧太后为首的清政府已彻底放弃了抵抗外国侵略者的念头，甘当“洋人的朝廷”。为了摆脱困境，清政府于1901年4月成立督办政务处，宣布实行“新政”。新政并没有脱离“中学为体，西学为用”的窠臼，因此“新政不新”。当时有报纸评论道：“新政”是“以貌不以心新，以浮不以实新，以外不以内新，以伪不以真始”，各种不满之声日益增多。

当时的国内，一方面资产阶级革命派的反清武装起义开始发展，另一方面1904年在中国东北发生了日俄战争。一些官僚和资产阶级上层人士认为，日胜俄败的结局正表明了立宪国对专制国的胜利。他们把立宪看做能够阻止革命的法宝，一时之间，要求立宪的呼声越来越高。迫于内外各种压力，清政府不得不于1906年宣布“预备仿行立宪”，并于1908年颁布了《钦定宪法大纲》，宣称要学习日本实行君主立宪，宣布“预备立宪”以9年为期，9年后才正式召开国会，推行宪政。

1911年5月为形势所迫成立的内阁，13名大臣中满族有9人，其中皇族占7人，被社会讥为“皇族内阁”。种种事实表明，清政府没有立宪的诚意。它的所作所为，不仅使立宪派大失所望，也使统治集团内部因满汉矛盾和中央与地方矛盾的尖锐而分崩离析。武昌起义后，立宪派和一部分官僚转向共和革命，这是重要因素。

辛亥革命的前夜，整个社会经济也到了崩溃的边缘。《辛丑条约》规定的4.5亿两白银的战争赔款，加上利息，清政府每年需偿还2 200余万两。1900—1911年，清政府举借的外债高达3.4亿两白银，其中铁路借款占76.86%，财政军火借款占14.66%。再加上练兵等“新政”的开展，财政支出急剧增长。1903年清政府财政收入10 492万两，支出13 492万两，亏空3 000万两，赤字比1900年以前增加1倍以上。1910年清政府度支部制订的宣统三年财政预算收入为296 962 719两白银，支出338 652 272两，亏空达4 169万两。为了解决财政困难，清政府把大量赔款、偿还外债的负担分摊到各省，这样就扩大了中央与地方的矛盾。清政府还不断加捐加税，除田赋、厘金、盐课等旧税一再追加外，各种巧立名目的新税层出不穷，致使人民生活苦不堪言，社会矛盾空前尖锐。当时梁启超在一篇文章中写道：“中国亡征万千，而其病已中于膏肓，且其祸已迫于眉睫者，则国民生计之困苦是已。盖就国家一方面论之，万事皆有可补救，而独至举国资本涸竭，驯至演成国家破产之惨剧，则无复可补救。所谓四海困穷，天禄永终，虽有善者，亦无如之何也。就个人一方面论之，万事皆可忍受，而独至于饥寒迫肌肤，死期在旦夕，则无复可忍受。所谓铤而走险，急何能择，虽有良善，未有不穷而思滥者也。呜呼，今日中国之现象当之矣。”

3）人民群众的反抗与社会矛盾的尖锐

20世纪头10年，伴随着新政、预备立宪的进行，社会矛盾日益尖锐，被统治者无法照旧生活下去了，革命成了历史的必然选择。

20世纪初，一个轰轰烈烈的收回铁路、矿山利权的运动开展起来。湖南、湖北、广东三省绅商要求收回粤汉铁路主权的斗争，是全国收回路权斗争的发端。1905年8月，美国迫于压力，同清政府议定以675万美元赎回粤汉铁路已筑未筑的权利（本来被清政府出卖给了帝国主义）。之后，三省人民分别成立铁路公司，筹集资金，分段修筑铁路。与收回路权斗争遥相呼应，收回矿权的斗争于1905年以后也日益高涨起来。斗争首先发生在山西。经过艰苦斗争，1908年英商福公司被迫同意与山西省商务局订立《赎回英商福公司开矿合同》，山西绅民以275万两白银的代价赎回福公司凭一纸合同所攫取的山西矿权。

"皇族内阁"成立后，清廷以"上谕"形式宣布铁路干线均收归国有，接着和英、美、德、法四国银行团签订了粤汉、川汉铁路借款合同，借"国有"名义把原来由各省铁路公司商办的铁路利权出卖给帝国主义，激起湖北、湖南、广东、四川等省的保路风潮，其中四川的反抗风潮尤为激烈。处于领导地位的立宪派本来打算把斗争限制在"文明争路"的范围。然而，清政府却诱捕了立宪派谘议局正、副议长蒲殿俊、罗纶以及保路同志会和川路股东会的负责人，并造成骇人听闻的"成都血案"。四川各地爆发武装斗争，"保路运动"成为辛亥革命的导火索。

在反抗中外反动势力的斗争中，各地的会党起义是一支重要力量，其中声势较大的有1903年广西会党起义，席卷全省。清政府调集湖北、湖南、广西等省兵力，历时3年才把起义镇压下去。此外，在义和团运动失败后，一些义和团余众继续坚持斗争。年轻的中国工人阶级也开始发动罢工运动，据不完全统计，从1905年到1911年，规模较大的罢工斗争有55次，显示了工人阶级的伟大力量。

彼伏此起的民众斗争表达了人们对清王朝的不满和愤怒，削弱了清政府的统治基础，为辛亥革命的爆发创造了客观的社会环境和群众基础。孙中山曾满怀信心地说："全国革命的时机，现已成熟。""清王朝可以比作一座即将倒塌的房屋，整个结构已从根本上彻底地腐朽了，难道有人只要用几根小柱子斜撑住外墙就能够使那座房屋免于倾倒吗？""中国现今正处在一次伟大的民族运动的前夜，只要星星之火就能在政治上造成燎原之势。"资产阶级民主革命已经成为不可抗拒的历史潮流。

4）资产阶级革命派的阶级基础和骨干力量

19世纪末到20世纪初，中国民族资本主义工业有了一定的发展。其原因，一是甲午战争失败以后，民族意识的觉醒和反帝爱国运动的发展，直接推动了设厂热潮的到来；二是这一时期清政府也调整了经济政策，允许和奖励民间设厂，这有利于民族资本主义的发展。据统计，1895—1911年，新设立的资本额超过万元的民族资本厂矿达800家，资本额超过1.6亿元。需要指出的是，虽然民族资本主义有了某些发展，但在半殖民地半封建的社会条件下，发展是非常困难的。它们仍然存在着资金少、规模小、设备不全、技术落后等弱点。

随着民族资本主义的发展，中国民族资产阶级的力量也在增长，日益成为社会经济生活中不可忽视的新生力量。1904年以后，各地民族工商业者纷纷组织商会。与此同时，在拒法运动、拒俄运动、反美爱国运动、收回路矿利权运动、立宪运动、保路风潮和国会请愿中，民族资产阶级都起到了重要的作用。然而，由于中国的资本主义是在西方列强侵入的情况下发生的，中国民族资产阶级的大多数是由商人、官僚、地主、买办转化而来，他们虽然有冲破帝国主义、封建主义桎梏，发展资本主义的要求，但即便是到了20世纪初，他们仍然没有发展到能够独立地进行反帝反封建革命的程度。

20世纪初年，在中国政治舞台上出现了一支引人注目的资产阶级、小资产阶级知识分子队伍。这些人接受了西方教育，因而具有与封建士大夫完全不同的特点。他们观察世界的世界观是进化观；在价值取向上，他们以美、法资产阶级革命和资产阶级共和国作为自己追求的最高目标。许多人以孟德斯鸠、卢梭、罗伯斯庇尔、华盛顿自诩，以国家大事为己任。他们的眼界比较开阔，对中国的贫穷落后、民族危机有着深刻的体会，对前途充满信心。他们之中大多数人社会地位较低，因此，现实生活中的一切，更容易激起他们的愤慨和不满。正因为有这些特点，使他们成为中国民主革命中首先觉悟的成分。

资产阶级革命派的骨干是资产阶级、小资产阶级的知识分子。知识分子从来不是一个独立的阶级。他们主要是通过不同的信念和趋向来反映某个阶级、阶层的利益和意愿，用自己的知识为这个阶级、阶层服务。从这个角度来看，以孙中山为代表的革命派的纲领、思想及其社会实践都代表了中国民族资产阶级的利益。

革命派代表了资产阶级的利益，但并不是每一个资本家都能够深刻理解革命派的思想和纲领的。例如资产阶级革命派政治纲领中的平均地权、节制资本的提法，着眼于防止贫富差距悬殊，有利于社会经济的发展，但并不能得到大多数资本家的认同。再加上中国资本主义经济比较弱小，大多数资本家都希望维持现有的社会秩序，能够在稳定的环境中发展资本主义，所以对革命党人的激进做法采取抵制甚至敌视的态度。这就使当时的大多数资本家，在政治上表现出拥护和参与立宪运动的倾向，而对革命的支持却很不够。这深刻地说明，辛亥革命的阶级基础是十分薄弱的，这种状况将深刻地影响辛亥革命的进程和结局。

重点 2：南京临时政府是资产阶级共和国性质的革命政权

南京临时政府的成立是资产阶级民主革命的成果。临时政府虽然容纳了表面上赞同革命的一些立宪派和旧官僚的头面人物，但在孙中山的领导下，革命党人利用手中掌握的权力，为建设一个真正的民主共和国付出了极大的努力。

(1) 国家机关工作人员的安排。以孙中山为首的革命党人谋求政府组织“由党决定”，而立宪派也极力争夺，据此黄兴提出“部长取名，次长取实”的变通之法。在南京临时政府的 9 个部中，虽然只有陆军部、外交部、教育部 3 部的总长为同盟会员，但 9 名次长除 1 人外均为同盟会员。其中陆军总长兼参谋总长黄兴职权最重，所以被称“虽无内阁之名，实各部之领袖也”。在作为国家立法机关的临时参议院中，同盟会员也占多数。这表明革命党人在国家政权中居主导地位。

(2) 通过立法的形式确定民主共和国政体。1912 年 3 月 11 日，孙中山以临时大总统名义公布《中华民国临时约法》，共 7 章 56 条。总纲规定，“中华民国之主权属于国民全体”，中华民国领土由全国 22 个行省加上内外蒙古、西藏、青海组成。中华民国“以参议院、临时大总统、国务员、法院行使其统治权”。第二章“人民”规定：中华民国国民一律平等，无种族、阶级、宗教之区别，国民享有人身、居住、财产、言论、出版、集会、结社、通信、信仰等自由，享有请愿、诉讼、考试、选举及被选举等民主权利，有纳税、服兵役等义务。其他各章规定，参议院行使立法权，临时大总统、副总统由选举产生，国家政体为内阁制，法院独立审判，不受上级官厅之干涉，等等。这鲜明地体现了资产阶级民主共和国的性质。

(3) 南京临时政府颁布的一系列法令和措施，集中代表和反映了中国资产阶级的愿望和利益。在扫除封建陋习方面：限期剪辫，劝禁缠足，禁止刑讯，保障人权，改变所谓“贱民”身份，禁止买卖人口，严禁鸦片，禁止赌博；改变“老爷”称呼为先生或某君，废止跪拜；提倡廉洁奉公，临时政府各级职员，都未规定薪金，除政府提供食宿外，每人只给军用券 30 元。这些措施，有力地触动了封建专制的弊政，起到了解放思想、移风易俗的作用。在经济政策方面：宣布保护私有财产，保护工商业，鼓励人们兴办实业，把发展工商业作为“富国裕民之计”。制定商业注册章程、商业银行暂行条例，奖励华侨在国内投资，提倡垦殖事业，废除清政府的一些苛捐杂税。在教育方面：把旧时学堂一律改为学校，男女同校；提倡以“自由平等博爱为纲”的“公民道德”，否定忠君尊孔的封建教育，废止小学读经；增加自然科学等方面的课程，禁用前清学部颁布的各种教科书。

以上各项无不体现出南京临时政府是资产阶级民主共和国性质的政府。它的成立，是资产阶级民主革命胜利的重要标志。

重点 3：辛亥革命的历史意义、失败原因和教训

1）辛亥革命的历史意义

孙中山领导的辛亥革命是中国人民为救亡图存而奋起斗争的一个伟大里程碑，具有伟大的历史性意义。

第一，辛亥革命推翻了清朝腐朽的封建统治，结束了两千多年的君主专制制度。封建帝制的轰然崩塌，使反动统治秩序再也无法稳定下来，从而为中国的进步潮流打开了闸门，激励中国人民为争取民族独立和人民解放、实现国家富强而更加勇敢地战斗。

第二，辛亥革命建立了中国历史上第一个资产阶级共和政府，使民主共和成为一面有号召力的旗帜。南京临时政府成立后颁布的《中华民国临时约法》，把革命的成果用法律的形式固定了下来，使民主共和的观念开始深入人心，并在中国形成了“敢有帝制自为者，天下共击之”的民主主义观念，意义重大。有了这一条，民主共和便成了“正统”，人们不再把自己看做皇帝的“子民”，开始意识到自己是国家的主人。因此，当袁世凯、张勋先后复辟帝制时，均受到了社会舆论的强烈谴责和人民群众的坚决反抗。

第三，辛亥革命是一场伟大的思想解放运动，极大地推动了中华民族的思想解放，为中国先进分子探索救国救民的真理打开了新的视野。辛亥革命给人们带来一次思想上的大解放。自古以来，皇帝被看做至高无上、神圣不可侵犯的绝对权威，如今皇帝都可以被打倒，那么还有什么陈腐的东西不可以被怀疑、不可以被抛弃？林伯渠曾精辟地指出过辛亥革命重大的思想解放意义：“过去专制主义是正统，神圣不可侵犯，侵犯了就要杀头。现在民主主义成了正统，同样取得了神圣不可侵犯的地位。”尽管辛亥革命最终失败了，但是它打开了思想进步的闸门。正是在辛亥革命的基础上，才有了五四新文化运动以及马克思主义在中国的传播。可以说，没有辛亥革命，便没有五四运动，便没有新民主主义革命的历史发展。

第四，辛亥革命促使社会经济、思想习惯和社会风俗等方面发生一系列新的积极变化，推动了社会的进步和发展。

第五，辛亥革命在一定程度上打击了帝国主义的侵略势力，推动了亚洲各国民族解放运动的高涨。

2）辛亥革命失败的原因

第一，从根本上说，是因为在帝国主义时代，在半殖民地半封建的中国，资本主义的建国方案是行不通的。帝国主义决不容许在中国建立一个独立、富强的资产阶级共和国，从而使自己失去中国这个占世界人口 1/4 的剥削、奴役的对象。因此，它们用政治、外交、军事、经济、财政等各种手段来破坏、干涉中国革命，扶植它们的代理人袁世凯夺取政权。而封建势力的根基也十分雄厚，他们千方百计破坏和瓦解革命。正是帝国主义与以袁世凯为代表的大地主大买办势力以及旧官僚、立宪派的勾结与破坏，才从外部和内部绞杀了这场革命。

第二，从主观方面来说，这场革命的失败，在于它的领导者资产阶级革命派本身存在着许多弱点和错误。主要是：他们没有提出一个彻底的反帝反封建的革命纲领。他们没有明确提出反帝的口号，幻想以承认不平等条约和各国在华特权来换取帝国主义的支持；他们也不能彻底地反对封建的政治势力和经济基础，不敢触动封建地主土地所有制。即便他们能够通过武装斗争取得推翻清王朝的胜利，即便在短期内也建立了国会、制定了宪法，但由于帝国主义势力没有铲除，封建军阀的根基还在，中国深层的社会结构和意识形态没有改变，结果民主共和制度很快被军阀专制所取代；他们不敢深入地发动人民群众，没有提出土地革命的主张，因而难以动员和依靠占中国人口最大多数的农民。在这种情况下，孙中山虽然抱定民主共和的目标，坚持不懈地进行斗争，但始终缺少广大人民群众尤其是反封建的主力军农民的支持，以致斗争的规模和声势越来越小，路子越走越窄。正如毛泽东所指出的，“国民革命需要一个大的农村变动。辛亥革命没有这个变动，所以失败了”。他们不能建立一个坚强的政党，作为团结一切革命力量的强有力的核心。同盟会内部组织比较松懈，派系纷杂，缺乏一个统一和稳定的领导核心。武昌起义后，马上有人鼓吹“革命军起，革命党消”。有的还另建党派，自立山头。即使是后来的国民党和中华革命党，也因内部涣散和思想不一致，无法成为坚强的领导核心。

资产阶级革命派的这些弱点、错误，根源在于中国民族资产阶级的软弱性和妥协性。中国民族资产阶级的软弱性和妥协性是“从娘肚子里带来的”。因为近代中国是一个半殖民地半封建的国家，民族资本主义的主要部分是在西方资本主义的刺激下生长起来的，中国民族资产阶级主要从地主、买办、官僚、商人转化而来，这决定了他们与封建势力和外国资本主义势力之间必然有着千丝万缕的联系，他们不可能彻底反对封建主义和帝国主义。因此，辛亥革命仅仅赶跑了一个皇帝，却没有能够改变帝国主义和军阀官僚政治的统治基础，无法完成反帝反封建的根本任务。

3）辛亥革命失败的教训

辛亥革命及辛亥革命后资产阶级革命派的多次奋斗屡遭失败表明，资产阶级共和国的方案在中国行不通，先进的中国人需要进行新的探索，为中国谋求新的出路。资产阶级及其政党领导的、以建立资产阶级国家和资本主义社会为目的的旧民主主义革命，让位于无产阶级及其政党领导的、以建立新民主主义的国家和新民主主义的社会（其前途是社会主义）为目的的新民主主义革命，是历史发展的必然趋势。

三、深度阅读

《军政府宣言》

写作背景

1905年8月，近代中国的第一个资产阶级革命政党——中国同盟会在日本东京成立，资产阶级革命进入一个新阶段。1906年冬，中国同盟会领导人孙中山、黄兴、章炳麟等制定了《军政府宣言》(又称《同盟会宣言》)，阐述了“驱除鞑虏，恢复中华，建立民国，平均地权”的纲领。在建立民国的步骤上，规定了“军法之治”、“约法之治”、“宪法之治”三个相嬗的时期，以逐步实施上述纲领。《军政府宣言》是中国资产阶级民主革命的纲领性文件。

原著节选

一、驱除鞑虏　今之满洲，本塞外东胡。昔在明朝，屡为边患。后乘中国多事，长驱入关，灭我中国，据我政府，迫我汉人为其奴隶，有不从者，杀戮亿万。我汉人为亡国之民者二百六十年于斯。满政府穷凶极恶，今已贯盈。义师所指，覆彼政府，还我主权。……

二、恢复中华　中国者，中国人之中国；中国之政治，中国人任之。驱除鞑虏之后，光复我民族之国家。敢有为石敬瑭、吴三桂之所为者，天下共击之！

三、建立民国　今者由平民革命以建国民政府，凡为国民皆平等以有参政权。大总统由国民公举。议会以国民公举之议员构成之，制定中华民国宪法，人人共守。敢有帝制自为者，天下共击之！

四、平均地权　文明之福祉，国民平等以享之。当改良社会经济组织，核定天下地价。其现有之地价，仍属原主所有；其革命后社会改良进步之增价，则归于国家，为国民所共享。

原著解析

孙中山是一个伟大的爱国主义者，也是一个伟大的民主主义者。当他1894年在檀香山成立革命小团体兴中会的时候，第一次响亮地喊出了“振兴中华”的口号。他在1905年发起成立的中国同盟会，完整地提出了一个以建立资产阶级民主共和国为目标的政治纲领，并且努力用革命的手段来实现这个纲领。1905年11月，在同盟会机关报《民报》发刊词中，孙中山将同盟会的16字纲领概括为三大主义：民族主义、民权主义、民生主义，后被称为三民主义。

(1) 民族主义。民族主义即“驱除鞑虏，恢复中华”。它包括三层意思：一是反满，也就是推翻清朝政府。《军政府宣言》指出：“满政府穷凶极恶，今已贯盈。义师所指，覆彼政府，还我主权。”明确表示要武装夺取政权。二是独立，建立“民族独立的国家”。“中国者，中国人之中国；中国之政治，中国人任之”，其中蕴涵了摆脱外来压迫的民族独立思想。三是孙中山的民族主义在一定程度上提出了国内民族平等的进步思想。1906年，孙中山在《民报》创刊周年纪念会上提出：“民族主义，并非是遇着不同种族的人，便要排斥他。”这一思想后来发展成汉、满、蒙、回、藏“五族共和”思想。1912年，孙中山在《临时大总统就职宣言》中说：“国家之本，在于人民。合汉、满、蒙、回、藏诸地为一国，即合汉、满、蒙、回、藏诸族为一人。是曰民族之统一。”

孙中山的民族主义把排满与反对君主专制结合起来，把推翻清朝统治与建立民族独立国家结合起来，指明了资产阶级革命的斗争目标，在当时有着巨大的进步意义。但是，在半殖民地半封建的历史条件下，帝国主义与中华民族的矛盾是中国社会的最主要矛盾，也是阻碍中国国家独立的最主要障碍。建立民族独立的国家，必须清除帝国主义在中国的侵略势力。但在孙中山的民族主义中，却没有正面提出反对帝国主义的主张，甚至幻想在不触动帝国主义在华权益的条件下建立民国，这一局限必将影响整个革命的进程和结局。

(2) 民权主义。民权主义的内容是“建立民国”，即推翻封建专制制度，建立资产阶级民主共和国，也就是孙中山所说的政治革命。这是三民主义纲领的核心内容。

孙中山把民权主义作为政治革命的根本，并认为民族革命与政治革命是同一件事情的两个方面，“我们推倒满洲政府，从驱除满人那一面说，是民族革命，从颠覆君主政体那一面说，是政治革命，并不是把革命分做两次去做”。政治革命的目的，是建立民国政府。《军政府宣言》描绘了民国的基本内容：“凡为国民皆平等以有参政权。大总统由国民公举。议会以国民公举之议员构成之，制定中华民国宪法，人人共守。”其中“凡为国民皆平等以有参政权”是指导思想，也就是建立资产阶级议会制共和国。

孙中山还把建设资产阶级共和国的过程分成三期：第一期为“军法之治”，即“军政府督率国民扫除旧污之时代”，为期 3 年；第二期为“约法之治”，即“军政府授地方自治权于人民，而自总揽国事之时代”，为期 6 年；第三期为“宪法之治”，即“军政府解除权柄，宪法上国家机关分掌国事之时代”。西方资产阶级民主政体是“三权分立”，孙中山则在三权之外又加上考试权和监察权，成为“五权分立”。孙中山提出五权分立，是因为他看到西方三权分立在实践中所产生的流弊，如选举和委任中的营私舞弊，议院滥用监督权等。所以，他借鉴中国古代官制的经验，把考试权从行政中分出，把监察权从议院中分出，使五权各自独立，互相牵制，以保证政府机器的运转。

孙中山的民权主义指明了资产阶级革命的最终目的是结束封建专制制度、建立民主共和国，这代表了当时最大多数人民群众的迫切要求，是历史的巨大进步。但民权主义也是有局限的。孙中山一方面主张要使人民享有民权，另一方面又对人民能否享有民权表示怀疑。在他的制度设计中，无论是军法之治、约法之治，还是五权宪法中的“政权”与“治权”的区分，都包含了要由“先知先觉”者掌握国家权力，以教育和管理“后知后觉”者、“不知不觉”者的思想。这样，在实践中，就很容易使人民的主权落空。这种严重轻视和脱离人民群众的倾向，使孙中山及其革命党人的民主革命实践难以得到广大人民群众的认同与支持。

(3) 民生主义。民生主义即“平均地权”，也就是孙中山所说的社会革命。孙中山主张：“核定天下地价，其现有之地价，仍属原主所有；其革命后社会改良进步之增价，则归于国家，为国民所共享。”并认为实行了此社会革命之后，私人永远不用纳税，但收地租一项，已成地球上最富的国，从而实现“举政治革命、社会革命毕其功于一役”。

孙中山的“平均地权”思想来源于美国亨利・乔治的单一税学说。其中心就是国家通过向土地征收单一的地价税，使地租转交给国家。通过这种办法，限制以致取消土地私有权，从而达到土地国有。乔治的理论是针对土地垄断现象提出的。乔治认为土地垄断是贫穷和不幸的根源，想通过把地主的地租作为国税征收来达到土地国有。1895 年广州起义失败后，孙中山先后到达日本、欧美，他看到了资本主义制度下的尖锐对立，看到贫富悬殊现象和社会主义运动的兴起。因而他试图探讨一种一劳永逸的办法，既使中国富强，又避免产生贫富悬殊现象，避免社会危机。在这种情况下，看到乔治的理论，他很快认为“此种方法最适宜于我国社会经济之改革”。

资本主义社会贫富悬殊现象的根源，是资本主义生产的社会化和生产资料的私人占有之间的矛盾。孙中山还看不到这一点，只想用土地国有的办法来避免社会革命，从现实看，是根本无法实现的。在当时的中国，占人口最大多数的是农民，他们要求废除封建土地所有制和分得土地，而孙中山讲的则主要是城市土地问题，主要是针对香港、上海等地“地价一定跟着文明日日涨高"的情况，不是针对广大农村的封建土地制度，所以"平均地权"并不能真正解决农民的土地问题，这也决定了他所领导的资产阶级革命无法动员广大的农民。但正如列宁所指出，"孙中山纲领的每一行都渗透了战斗的、真诚的民主主义"，"是真正人民的真正伟大的思想"，因为它反映了孙中山对广大劳动人民受压迫、受剥削的苦难境遇的真挚同情，它力图打碎封建主义的枷锁，解放农业生产力，因而有利于资本主义的发展，具有进步意义。

孙中山的三民主义是近代中国第一次详细阐述的比较完备的资产阶级民主革命政纲。它集中反映了中国资产阶级在政治上、经济上的要求，同时也反映了当时广大的中国人民要求民族独立、民主权利、民生富裕的愿望，因而它不但受到资产阶级的拥护，也受到包括广大劳动人民在内的一切民主派的拥护。在一个时期内，它成为革命党人战斗的口号和团结的旗帜，对推动中国资产阶级民主革命运动的发展，起了重大的积极作用。

四、案例解析

宋教仁遇刺

1912 年 8 月 10 日，中华民国临时政府以临时大总统袁世凯的名义公布了《中华民国国会组织法》及参议院、众议院议员选举法。国会组织法规定：中华民国国会由参议院和众议院构成。参议院议员 274 名，分别由各省议会及西藏、青海、华侨选举会、中央学会按一定数额选出；众议院议员 596 名，由各省有选举权的公民按人口比例选出。议员选举工作将于是年年末开始，国会则于次年 3 月正式召开。议员选举工作将于是年年末开始，国会则于次年 3 月正式召开。

国会是国家最高的立法机关。在国会中占有多数席位的政党可望在内阁中得到较多的部长位置，或可直接组成政党内阁，掌握国家权力，进而使本党的党纲通过法定方式成为国家的法律、法令。因此，即将到来的国会议员选举成为各政党新一轮斗争的焦点。各党早已秣马厉兵，准备在选举中大干一番。就在这时，为组织国民党日夜奔忙的宋教仁忽然接到了来自几个方面的请其出任国务总理的劝邀。

原来，唐绍仪内阁解体后，由袁世凯采取胁迫方式征得参议院同意任命的总理陆徵祥，因看到自己不为参议院信任，不免心灰意冷，上任以来，迄无建树，颇为各方面所不满，故向袁提出辞呈。袁世凯一面令内务总长赵秉钧暂时代理总理职务，一面派教育总长范源濂和工商总长刘揆一找宋教仁，请他出任国务总理。

宋教仁早在决定退出内阁之时就已认定，只有实行政党内阁，才能保证政府正常运转，使国家政治走上正轨。因此他毫不犹豫地拒绝了范、刘的邀请。几天之后，孙中山到北京与袁世凯会谈，再次提起宋教仁任总理一事。同时，黄兴自上海致电宋教仁，亦劝他接受该职。随后唐绍仪在天津也劝他接受总理一职。宋教仁一一回绝了他们。他的理由是：内阁当中，总理同阁员应负连带责任，若是只换个总理，与阁员意见仍不能经常保持一致，工作无法开展。另外，国会选举即将进行，临时政府维持时间已没有多久，目前任总理，不可能在任上从容推行自己的主张，况且当时南北势力多有不合，须威望素著的人出掌内阁更为妥当。

其实,袁世凯内心里觉得满意的总理人选还是其亲信赵秉钧。他作出请宋的表示,不过是笼络一下国民党人罢了。国民党的领导者考虑到国会选举在即,临时政府中许多工作尚待完成,不如先支持袁,以实现平稳过渡,因而同意由赵任总理。不仅如此,唐绍仪还提出将袁世凯发展为国民党员,当即得到孙中山、黄兴等的赞成。不过,老奸巨猾的袁世凯当然不会轻易加入某党,受人摆布,但他同意赵秉钧和全体阁员加入国民党。此事一时传为政坛佳话。一些人由此认为,赵秉钧内阁已经成为国民党员组成的政党内阁。宋教仁则清醒地提出:赵内阁不过是袁派内阁而已。

推辞了出任总理的邀请,而国民党的组织工作亦告一段落,宋教仁打算离京南下部署国会议员选举工作,顺便回乡探望老母及妻儿。袁世凯闻讯,派人送他一张50万元的支票。宋教仁知道此馈赠并非善意,即于第二天将支票奉还,并附上一封信:

慰公总统钧鉴:

绨袍之赠,感铭肺腑。长者之赐,仁何敢辞?但惠赐50万元,实不敢受。仁退居林下,耕读自娱,有钱亦无用处。原票奉璧,伏祈鉴原。知己之报,期以异日。

教仁百拜

10月18日,宋教仁自北京乘京汉路火车南下,沿途多有停留,三个星期后,终于回到阔别了8年之久的桃源湘冲。

……

1913年1月,宋教仁乘船抵达长沙,又从那里北上武汉,东下九江、上海,再折向杭州、南京……沿途了解国民党各地支部选举工作情况,演讲国会选举工作的重要及他本人对大政方针的看法。他说,民主国家,权威集中于国会。在国会中占有多数席位的政党,才是有政治权威的党。因此国民党人应当停止一切运动,专注于选举。选举的竞争是公开的,光明正大的,用不着避什么嫌疑,讲什么客气的。国民党要在国会里获得半数以上的议席,进而在朝,可以组成一党现任内阁;退而在野,也可以严密地监督政府,使其有所顾忌,不敢妄为,又不敢不为。他强调民国政治建设必须遵循民主原则,指出:国家有政治之主体,有政治之作用。以国民为国家政治的主体,由国民运用政治,这才是共和的真谛。政府分为立法、司法、行政三部分。立法权在国会,而国会初开的第一件事是制定宪法。宪法是共和政体之保障。他反对总统制,主张内阁制,理由是:实行内阁制,重大责任由内阁担当,总统责任较轻,一旦内阁出了问题,可以更换。实行总统制,总统责任重大,一旦总统出了问题,则无法轻易更换。如果非换不可,势必导致国本动摇。对于人们关注的省制问题,宋教仁提出,共和国应使民意在各方面充分得到体现,由国民选举省长便是体现民意的一个方面。在实行中央集权还是地方分权问题上,宋教仁主张,应从中国实际考虑,该集权的,如外交、军政、司法、国家财政、国家产业及工程等,自当为中央集权;该分权的,如教育、路政、卫生、地方之财政、地方工程及产业等,自应属于地方分权……

根据上述思想,宋教仁口授,经《民立报》记者徐血儿起草,复经宋教仁修改,制定了包括"对政体之主张"、"对政策之主张"两部分共15条的《国民党之大政见》。宋教仁准备带到北京,交国民党本部议决后,向舆论界正式公布。

由于国民党人多势众,组织工作及宣传出色,在各地国会议员预选中已占有相当明显的优势。宋教仁的兴奋心情是可想而知的。2月下旬,他和于右任一起游览了杭州南高峰。

站在南高峰顶，东望海门涌来的钱塘江潮，宋教仁诗兴大发，随口吟道：

日出雪蹬滑，山枯林叶空。徐寻屈曲径，竟上最高峰。

村市沉云底，江帆走树中。海门潮正涌，我欲挽强弓。

诗咏景，诗抒情，诗言志。此时此刻，那无形的国家政治大势恰好比这有形的自然景色，在宋教仁的心中重叠衬托。取代清廷的民国成立了，接替严冬的早春来临了，然而旧的势力、专制思想还没有完全消除，恰如残雪尚未化尽。他要和他的政党通过竞选的曲折之路，攀上国家政权的顶端。沉入云底的村市正是本应成为国家政治主人的国民的象征，隔着树木望见的远处江面上船帆的移动又好似大千世界中人们为生活而不停地忙碌。钱塘江海潮的汹涌预示着政治斗争的激烈，他要和他的政党挽强弓，搭利箭，勇夺斗争的胜利，一举实现政党内阁的理想！

然而，现实政治斗争形势的险恶、竞争对手和政敌的卑鄙歹毒是宋教仁的诗中没有表达出来，或许也是他本人想象不到的。就在宋教仁的一篇篇政见见诸报端，同时也是国民党在国会议员初选中步步夺得优势之时，受到他严厉抨击的临时政府当局的官僚开始对他进行攻击。有人公开指责，有人匿名发表文章，辩驳之外复加谩骂。与此同时，上海出现了有人要找宋教仁麻烦的传言。很多朋友、同志劝告他要多加小心。宋教仁不以为意。他说："政治竞争乃正大光明之事，不容许使用卑鄙残忍手段，其他政党和官僚之中的人们未必不懂得这个道理。退一步讲，即使那些传言果非谣言，我能因此而放松自己的责任心吗？"他哪里知道，在那些真假难辨的谣言背后，一个真实的、罪恶的阴谋正在暗地里加紧策划着。

3 月中旬，宋教仁接到袁世凯催他北上的电报。18 日，他在上海国民党交通部举行的宴会上做了最后一次演说后，即做好了同部分国民党议员一起北上的准备。

3 月 20 日晚上，宋教仁到《民立报》报社辞行。徐天复再次提醒他说："先生此行责任甚重，有些人不怀好意，恐怕前途有不测之险，愿先生慎重防卫。"宋教仁若无其事地回答说："不必多虑。我此行是为了统一全局，调和南北，目的堂堂正正，有什么可怕的？况且国家之事，虽有危害，也应当全力以赴。"

10 点钟左右，宋教仁赶到沪宁火车站，准备乘坐特别快车，前往南京，再转乘津浦线火车北上。黄兴、廖仲恺等人均来送行。他们在议员休息室座谈片刻，一同走出来，向站内火车停靠的站台走去。此时于右任等早已在车厢门口等候。火车站外没有几个人影。忽然，"砰"的一声枪响，子弹从右后方射来。宋教仁感到腰部一热，身体猛地震动一下。他踉跄几步，靠在不远处的铁椅子上。随后又是"砰""砰"两枪。一个人影从车站办公室窗下的黑暗处飞快地向站外逃窜。等候在车厢门口的于右任听到枪声，知道事情不好，立即跑到宋教仁跟前。只听宋教仁说道："我中弹了！"于右任马上大喊："快抓凶手，别叫他跑掉！"一面迅速借了一部汽车，送宋教仁赶到铁路医院。

……

半个多小时后，医生赶到，马上为宋教仁做了手术。由于伤势过重，手术后疼痛仍不缓解，不能进食，便血不止。十几个小时后做第二次手术，缝合了肠胃被子弹穿破的洞孔，取出淤积的血块。后来又发现肾脏损伤，终于不治。22 日凌晨 5 时许，年仅 31 岁的宋教仁停止了呼吸。

还在黄兴前来探视宋教仁时，宋曾托黄给袁世凯发一份电报，讲到自己倡行改革绝非为个人争一丝一毫的权力，并恳切希望袁世凯鉴纳自己的临死哀言，“开诚心，布公道，竭力保障民权，使国会确定不拔之宪法”，则自己“虽死之日，犹生之年”。他哪里知道，这位大总统正是希望见到他死去的人。

“国民党要人宋教仁遇刺！”

这个消息如同一颗重磅炸弹，轰动了上海，轰动了全国。

……

宋教仁被刺一案没有结局，但它一度在上海市和全国成为政治界、舆论界关注的焦点。它使国民党人看清了袁世凯反对民主政治的真面目。反对袁世凯专制的“二次革命”随后兴起。

孙中山曾说：“宋氏乃为中国宪法而牺牲之第一人。”仅仅活了31年的宋教仁在他短暂的一生中，把全部精力献给了为祖国争取独立、富强的革命和民主事业。他的凝聚学识与智慧的文字在中国政治思想史上留下了光辉的一页。他的精神与热血激励着无数后来的革命者。他的名字应当永久铭刻在世世代代中国人的心中。

（资料来源：朱志敏.“毛泽东思想概论”课教学案例解析[M].北京：高等教育出版社，2004.）

案例点评

宋教仁是国民党三首领之一，也是中华民国初期第一位倡导内阁制的政治家。章太炎曾说：“若举总统，以功则黄兴，以才则宋教仁，以德则汪精卫。”宋教仁虽只活了31岁，但他的名字在中国近代史上是不可磨灭的。无论是支持民主，还是反对民主的人，都绕不开宋教仁这个名字。他在20世纪初那个昙花一现的瞬间所掀起的民主旋风，至今仍是中国民主宪政史上一道最壮丽的风景线。

宋教仁是国民党的实际创建者和辛亥革命后内阁制政府方案的设计者、倡导者。他倡导建立内阁制取代总统制，以使民国政府更具民主性，更有效率，从而实现真正的民主共和，充分代表了民族资产阶级的要求。宋教仁被刺是袁世凯铲除异己、实施独裁统治野心的一次大暴露。宋教仁的话题是有关中国民主化的一个聚焦，袁世凯暗杀宋教仁是中国民主化进程步履艰难、充满痛苦和血腥的开端，它已经成为一种象征、一个标志。在某种意义上，袁世凯和宋教仁也成了近代中国的象征，袁代表了中国几千年根深蒂固的专制势力，宋教仁代表的是中国近代以来对以民主、人权为核心的人类主流文明的追求。

宋教仁等一度幻想通过议会竞选取得政权，因而把同盟会改组为国民党。但国民党内部混杂了许多旧官僚、政客，分裂出许多小党派，表明其革命性比同盟会时代大大倒退了，因而更加脱离群众，难以成为坚强的领导力量。刺杀宋教仁后，袁世凯步步加强独裁措施，镇压了国民党人的“二次革命”。“二次革命”失败的客观原因是袁世凯的北洋军队力量相对强大，并得到帝国主义的支持。从革命党方面来看，主要是仅着眼于军队的发动，忽视人民群众的反抗斗争，因而得不到群众响应。袁对南方用兵即获胜利，很大程度是与各阶层人民的厌战厌乱情绪有关。民族资产阶级除少数人外，大多数都害怕社会秩序的混乱会影响自身利益，有的商会甚至出面要讨袁军“让城别走”，如广东宣布独立后，港粤商人就群起反对。缺乏群众基础是“二次革命”失败的关键所在。“二次革命”失败后，以孙中山为代表的中国资产阶级革命派，为反对袁世凯与段祺瑞的独裁专制统治，又发动了护国运动、护法运动等革命斗争，但都以失败而告终。

辛亥革命的胜利果实终于变成强权者手中的玩物，“中华民国”成了一块空招牌。宋教仁被刺身亡是资产阶级民主政治道路在近代中国走不通的一个证明。

五、实践项目

项目1

文献研读心得

篇目

(1) 列宁：《中国的民主主义与民粹主义》(1912年7月)。

(2) 毛泽东：《纪念孙中山先生》(1956年11月12日)。

(3) 孙中山：《〈民报〉发刊词》(1905年10月20日)。

(4)《〈民报〉与〈新民丛报〉辩驳之纲领》(《民报》,1906年4月28日)。

(5)《中华民国临时约法》(1912年3月)。

(6) 胡锦涛：《在孙中山先生诞辰一百四十周年纪念大会上的讲话》(2006年11月12日)。

流程

(1) 教师向学生提供阅读文献信息：可从图书馆借阅的参考书目，可供下载的比较可靠的网络地址，电子版的可阅读文献需设置并发送到公共邮箱供学生下载。

(2) 教师在课堂上对阅读文献作简单讲解，提出撰写读书心得报告的具体要求。

(3) 学生阅读文献，撰写并按时提交读书心得报告。成果可以以PPT、经过整理的资料片、学术论文等形式呈现。

(4) 教师评定成绩并进行简要小结、反馈。

评价

考核指标	考核结果			
	优	良	中	差
学习态度				
自主学习能力				
合作学习能力				
知识运用能力				
学习效果				
总体评价				

项目2

观看音像资料

资料

《辛亥革命》(部分内容)

电视剧《辛亥革命》全景展示了20世纪在中国发生的第一次历史性巨变——一举推翻清朝政府、结束统治中国几千年的君主专制制度,建立民主共和国的整个过程。以孙中山的革命历程为主线,围绕中国同盟会成立、武昌起义、中华民国成立以及革命成果被袁世凯窃取后进行二次革命、护国战争到袁被迫取消帝制等重大历史事件,真实地展现了中国近代民主革命的艰难曲折,生动再现了伟大的民主革命先行者孙中山"起共和而终帝制"九死不悔的奋斗历程,讴歌了暗夜下追求民主自由的民族精英、仁人志士的不屈意志和下层群众、新军官兵奋勇投身革命的牺牲精神,揭露了清政府对外投降卖国,对内残酷镇压人民革命的腐败祸国本质。全剧内容丰富、人物众多,剧情跌宕起伏。编剧尊重历史事实、尊重革命实践,浓墨重彩地描绘了一幅中国近代风云激荡的多彩历史画卷。

《知音》

云南起义将领蔡锷自调京以来,目睹袁世凯的倒行逆施,郁悒于心。袁世凯复辟帝制之心已久,他一面令人对蔡严加防范,一面以利诱之,并把京城名妓小凤仙介绍给蔡,妄图使其沉溺于声色。

当时,日本出兵山东,逼袁签订"二十一条",蔡锷力主拒约应战。袁世凯为获日本支持,屈从签约。全国掀起反日爱国运动,袁世凯派兵血腥镇压。蔡锷认清袁的面目,秘密联络,筹备讨袁起义。袁对其猜疑,蔡锷遂用韬晦之计,麻痹他们。蔡锷的名声虽早使小凤仙倾倒,但由于相互猜疑和不解,两人虽朝夕相处,却相隔如山。

在天津,小凤仙不露痕迹地掩护了蔡锷,随后在"高山流水"的琴声中,小凤仙吐露了悲惨身世和除国贼的心愿,彼此终于觅到知音。袁世凯登基前夕,起义紧迫,小凤仙掩护蔡锷离开北京,自己却被投入监狱。

蔡锷借道日本到云南,打响讨袁第一枪,各省联袂而起,不到半年袁世凯病死,护国讨袁战争胜利结束。蔡锷却操劳成疾,在日本就医时逝世。此时,小凤仙静坐船头抚瑶琴,思念知音,一根琴弦突然崩断,小凤仙一愣,似乎心有灵犀,马上明白了什么,珠泪顿时涌出。

流程

(1) 教师提供音像资料来源,提出撰写观后感的评审标准和要求。

(2) 学生在观看影视资料的基础上撰写观后感。观后感可有多种形式,包括学术论文、PPT、经过整理的资料片等。

(3) 学生提交观后感并进行交流。

(4) 教师根据学生完成情况评定成绩并计入平时成绩。

第四章　开天辟地的大事变

一、知识提要

了解新文化运动兴起的时代背景和基本内容及五四运动爆发的时代背景、原因和历史意义；认识俄国十月社会主义革命后，中国先进分子对资产阶级民主主义产生怀疑的原因，了解他们怎样经过比较、探求而选择了马克思主义，认识举起马克思主义旗帜的巨大而深远的意义；了解和掌握工人阶级政党的产生是近代中国社会发展和革命发展的客观要求，中国共产党的创建是开天辟地的大事变；了解中国共产党的建立对中国革命的伟大意义以及国共合作对中国革命的重大作用。

二、重点搜索

重点 1：新文化运动的主要内容、性质、历史地位及局限性

1）主要内容

第一，提倡民主和科学。民主主要是指资产阶级的民主思想和民主制度。科学，有广狭二义，“狭义的是指自然科学而言，广义是指社会科学而言”，强调用自然科学一样的科学精神和科学方法来研究社会。

第二，为宣传民主与科学，新文化运动把斗争的矛头集中指向儒家学说，提出了“打倒孔家店”的口号。他们以进化论观点和个性解放思想为主要武器，猛烈抨击封建纲常礼教，大力提倡新道德，反对旧道德。新文化运动还对妇女解放、家庭问题、婚姻恋爱等进行了热烈讨论，宣传男女平等和自由、自主思想。

第三，新文化运动还提倡白话文、新文学，反对文言文、旧文学，主张文学革命，对文学的内容和形式实行一次大改革。五四运动后，新文化运动进一步发展，宣传马克思主义成为一项重要内容。民主不再指狭隘的资产阶级民主，而是指多数人的民主、以劳动群众为主体的民主。科学，除自然科学外，就对社会的研究来说，主要是指马克思主义的科学世界观和社会革命论。此外，反封建思想进一步深入。先进分子以唯物史观为武器，号召人民群众开展革命，反对产生封建思想的社会制度，争取人民群众的社会解放。

2）性质和历史地位

新文化运动是一场由激进民主主义知识分子领导的旧民主主义革命性质的思想启蒙运动，是中国近代资产阶级民主主义思想的新文化同封建主义旧文化的斗争。五四运动以后的新文化运动发展到了一个新阶段，马克思主义在中国进一步传播，开始逐步在思想文化领域发挥指导作用。

新文化运动沉重打击了封建的专制主义、伦理道德和愚昧迷信，大力宣传了民主和科学，启发了人们的理智和民主主义觉悟，将人们从封建专制所造成的蒙昧中解放出来，开启了思想解放的潮流，从而为中国先进分子接受马克思主义准备了适宜的土壤，为以五四运动为开端的中国新民主主义革命创造了思想文化条件。

3）五四以前新文化运动的局限

第一，新文化运动的倡导者批判孔学，是为了给中国发展资本主义扫清障碍。但是，由于资产阶级共和国的方案在中国行不通，所以从根本上说，提倡资产阶级民主主义，并不能为人们提供一种思想武器去认识中国，去有效地对中国社会进行改造。

第二，他们把改造国民性置于优先的地位。但是，离开改造产生封建思想的社会环境的革命实践，仅仅依靠少数人的呐喊和有限的宣传，是无法实现这一目标的。

第三，许多领导人采用形而上学的方法，片面地看问题，影响了这个运动后来的发展。

重点 2：五四运动爆发的原因、经过及历史特点

1）爆发的原因

第一，新的社会力量的成长、壮大。第一次世界大战期间，中国资产阶级和工人阶级的力量进一步成长壮大。五四运动前夕，中国产业工人已经达到 200 余万人。这样，五四运动就获得了比以往的革命斗争更广泛的群众基础。

第二，新文化运动掀起的思想解放的潮流。受这一潮流影响的年轻一代知识界，尤其是那些具有初步共产主义思想的知识分子，为五四运动准备了最初的群众队伍和骨干力量。

第三，俄国十月革命对中国的影响。俄国以民众大联合打倒贵族、驱逐富人的事实，鼓舞了中国人民。

第四，巴黎和会上中国外交的失败，是五四运动的直接导火索。

2）基本经过

巴黎和会上中国外交失败的消息传入国内，立刻激起了各阶级、各阶层人民的强烈愤慨。五四运动由此爆发。1919 年 5 月 4 日，北京大学等北京十几所学校的学生 3000 余人在天安门前集会，随后举行示威游行。学生的爱国行动受到北洋政府的严厉镇压。从 6 月 5 日起，上海六七万工人为声援学生先后举行罢工。斗争主力由学生转向了工人，运动的中心由北京转到了上海。工人罢工推动了商人罢市、学生罢课。随后，这场反帝爱国运动扩展到了全国 20 多个省、100 多个城市。

迫于人民群众的压力，北洋政府不得不于 6 月 10 日释放被捕学生，并宣布罢免亲日派官僚曹汝霖、章宗祥、陆宗舆的职务。6 月 28 日，中国政府代表也没有出席巴黎和约的签字仪式。五四运动的直接斗争目标得到了实现。

3）历史特点

第一，五四运动表现了反帝反封建的彻底性。在五四运动中，提出了“改造强盗世界，不认秘密外交，实行民族自决”和“另起炉灶，组织新政府”的口号。这表明，中国反帝反封建的斗争提升到了一个新的水平线上，中国人民对帝国主义的认识由感性认识上升到了理性认识的阶段。

第二，五四运动是一次真正的群众运动。五四运动突破了知识分子的狭小范围，成为有工人阶级、小资产阶级和资产阶级参加的全国范围的革命运动。

第三，五四运动促进了马克思主义在中国的传播及其与中国工人运动的结合。中国先进的知识分子通过五四运动认识到了工人阶级的伟大力量，并开始到工人中进行宣传和组织工作。而先进知识分子与工人群众相结合的过程，就是马克思主义与中国工人运动相结合的过程。

重点3：中国的先进分子与工人群众相结合的过程，就是马克思主义与中国工人运动相结合的过程

五四运动前，马克思主义在中国的传播主要是在少数革命知识分子中间。这一时期，中国还只有少数的马克思主义者，具有初步共产主义思想的知识分子数量也很有限。

在1919年的五四运动中，中国工人阶级开始登上历史舞台，并对斗争的胜利起了决定性作用。这个事实使中国先进的知识分子受到深刻教育，他们认识到工人阶级力量的伟大，认识到知识分子与工人群众相结合的必要性。中国先进的知识分子从而走上了与工农群众相结合的道路。

五四运动后，具有初步共产主义思想的知识分子走出书斋，脱下西服或学生装，穿上粗布衣，到工人群众中去，与工人打成一片。同时，他们向工人群众传播马克思主义，开始把马克思主义同中国工人运动初步结合起来，其主要举措包括：

其一，出版向工人宣传马克思主义的通俗刊物，如上海的《劳动界》、北京的《劳动音》等。这些刊物都运用通俗易懂的语言、生动的事例，向工人阐述劳动创造世界、劳动创造价值，以及劳动者欲求解放必须组织起来进行社会主义革命等马列主义的基本原理。不仅如此，这些刊物还直接刊登工人来稿，反映工人呼声，让工人用自己切身的经历控诉资本家及工头的罪恶，反映和表达工人的要求和对工人运动的认识。

其二，创办工人学校、劳动补习学校、工人夜校和工人识字班等，向工人灌输革命思想，进行马克思主义教育，发动工人为争取自身的解放而斗争。1920年12月，北京党的早期组织委托邓中夏、张国焘等人到长辛店筹办劳动补习学校，派出常驻教员，创造了一种全新的知识分子与工人群众相结合、马克思主义与工人运动相结合的形式。此外，毛泽东还在湖南第一师范主办工人夜校，主动深入工人群众，了解工人生活，向工人宣传马克思主义。

其三，通过组织工会、工人俱乐部等方式领导工人开展斗争，极大地提高了工人的阶级觉悟。在这个过程中，先进的知识分子了解到工人阶级的疾苦和他们的要求，把自己的立足点转到他们一边，一部分工人也认识到本阶级的历史使命，具有了阶级的觉悟。1920年“五一国际劳动节”，北京、上海、广州等地的共产主义知识分子和工人一起联合举行纪念庆祝活动，显示出中国工人阶级的觉醒。

其四，与各种反马克思主义的思潮进行坚决斗争，主要有三次论战：第一次，是从1919年7月开始的早期马克思主义者李大钊与资产阶级改良派代表胡适关于“问题与主义”的论战；第二次，是从1920年秋天开始的早期马克思主义者李达、陈独秀、李大钊等与地主、买办阶级的代表梁启超、张东荪关于“社会主义问题”的论战；第三次，是从1920年9月开始的陈独秀、李大钊等与黄凌霜、区声白为代表的无政府主义的斗争。经过这些交锋，一大批以救亡图存为己任、立志改变中国社会现状的进步青年初步意识到马克思主义理论的科学性和真理性，认清了科学社会主义与资产阶级改良主义、无政府主义之间的本质区别，认识到只有依靠科学社会主义才能实现救国救民和从根本上改造中国社会的目标。

随着马克思主义同中国工人运动的初步结合，各地共产党早期组织纷纷建立，并明确地把从事工人运动作为自己的重要任务，更加自觉地和有组织、有计划地向工人传播马克思主义，从而使马克思主义同中国工人运动进一步结合。在知识分子和工人当中，都涌现出一批具有共产主义思想的先进分子，这就为1921年中国共产党的成立作了思想和干部上的准备。因此，先进知识分子与工人群众相结合的过程，也就是马克思主义与中国工人运动相结合的过程。

重点4：大革命的意义、失败原因和教训

1）大革命的意义

第一，沉重打击了帝国主义在华侵略势力，基本推翻了北洋军阀的反动统治，使民主革命思想在全国范围内得到空前的传播，产生了巨大的革命影响。

第二，教育和锻炼了各阶级，使工农大众经受了革命的洗礼，提高了政治觉悟。曾经高涨的工农运动，为后来中国共产党领导的土地革命战争的开展，奠定了群众基础。

第三，充分显示了中国共产党的先进性，空前地提高了中国共产党在全国人民中的政治威望，壮大了共产党及其领导的革命力量。

第四，鼓舞和推动了东方各国的民族解放运动，促进了亚洲人民的觉醒，阻碍了国际帝国主义在东方扩张的步伐。

2）大革命失败的原因

第一，从客观方面来讲，是由于反革命力量的强大，是由于资产阶级发生严重的动摇、统一战线发生剧烈的分化，是由于蒋介石集团、汪精卫集团先后被帝国主义势力和地主阶级、买办资产阶级拉进反革命营垒，叛变了革命。

第二，从主观方面来讲，当时的中国共产党还处于幼年时期，没有经验，中央领导机关在大革命的后期犯了以陈独秀为代表的右倾机会主义错误，放弃了对革命的领导权，尤其是放弃对武装力量的领导权，使革命遭到了失败。

第三，作为共产国际的一个支部，中国共产党当时直接受共产国际的指导，共产国际在大革命时期给中共出了一些错误的主意，这对酿成陈独秀右倾机会主义错误有直接的影响。

3）大革命失败的教训

第一，国共两党合作，有利于中国革命的发展，有利于中华民族的进步，有利于两党自身的发展。反之，由于国民党右派势力叛变革命，两党合作破裂，使中国革命遭到重大挫折，中国又回到黑暗与分裂的局面之中。

第二，要取得中国民主革命的成功，必须充分发动和武装工农群众，使革命获得广泛的群众基础。反之，离开广大工农群众，中国革命将一事无成。

第三，在民主革命中必须建立广泛的革命统一战线，并在统一战线中坚持无产阶级的独立性；必须努力争取和实现无产阶级对农民、小资产阶级尤其是革命武装力量的领导权；务必对资产阶级实行既联合又斗争的策略。

三、深度阅读

《湖南农民运动考察报告》

写作背景

1926年7月，国民革命军出兵湖南，挥师北伐。随着北伐的胜利进军，农民运动开始在以两湖(湖南、湖北)为中心的地区轰轰烈烈地开展起来。农民运动的蓬勃发展，遭到国民党右派和封建地主豪绅的诋毁、破坏，也受到中共党内"右"倾错误领导人的怀疑和责难。

为了回击和驳斥党内外对于农民运动的种种攻击和责难，1927年春，时任中共中央农民运动委员会书记的毛泽东实地考察了湖南省湘潭、湘乡、衡山、醴陵、长沙五县的农民运动情况，获得大量的第一手材料，并于同年3月写成《湖南农民运动考察报告》，在理论和实践上对农民运动给予了充分肯定。

原著节选

我这回到湖南，实地考察了湘潭、湘乡、衡山、醴陵、长沙五县的情况。从一月四日起至二月五日止，共三十二天，在乡下，在县城，召集有经验的农民和农运工作同志开调查会，仔细听他们的报告，所得材料不少。许多农民运动的道理，和在汉口、长沙从绅士阶级那里听得的道理，完全相反。许多奇事，则见所未见，闻所未闻。我想这些情形，很多地方都有。所有各种反对农民运动的议论，都必须迅速矫正。革命当局对农民运动的各种错误处置，必须迅速变更。这样，才于革命前途有所补益。因为目前农民运动的兴起是一个极大的问题。很短的时间内，将有几万万农民从中国中部、南部和北部各省起来，其势如暴风骤雨，迅猛异常，无论什么大的力量都将压抑不住。他们将冲决一切束缚他们的罗网，朝着解放的路上迅跑。一切帝国主义、军阀、贪官污吏、土豪劣绅，都将被他们葬入坟墓。一切革命的党派、革命的同志，都将在他们面前受他们的检验而决定弃取。……

农民的主要攻击目标是土豪劣绅，不法地主，旁及各种宗法的思想和制度，城里的贪官污吏，乡村的恶劣习惯。这个攻击的形势，简直是急风暴雨，顺之者存，违之者灭。其结果，把几千年封建地主的特权，打得个落花流水。地主的体面威风，扫地以尽。地主权力既倒，农会便成了唯一的权力机关，真正办到了人们所谓"一切权力归农会"。……

农民在乡里造反，搅动了绅士们的酣梦。乡里消息传到城里来，城里的绅士立刻大哗。我初到长沙时，会到各方面的人，听到许多的街谈巷议。从中层以上社会至国民党右派，无不一言以蔽之曰："糟得很。"即使是很革命的人吧，受了那班"糟得很"派的满城风雨的议论的压迫，他闭眼一想乡村的情况，也就气馁起来，没有法子否认这"糟"字。很进步的人也只是说："这是革命过程中应有的事，虽则是糟。"总而言之，无论什么人都无法完全否认这"糟"字。实在呢，如前所说，乃是广大的农民群众起来完成他们的历史使命，乃是乡村的民主势力起来打翻乡村的封建势力。宗法封建性的土豪劣绅，不法地主阶级，是几千年专制政治的基础，帝国主义、军阀、贪官污吏的墙脚。打翻这个封建势力，乃是国民革命的真正目标。孙中山先生致力国民革命凡四十年，所要做而没有做到的事，农民在几个月内做到了。这是四十年乃至几千年未曾成就过的奇勋。这是好得很。完全没有什么"糟"，完全不是什么“糟得很”。“糟得很”，明明是站在地主利益方面打击农民起来的理论，明明是地主阶级企图保存封建旧秩序，阻碍建设民主新秩序的理论，明明是反革命的理论。每个革命的同志，都不应该跟着瞎说。……一切革命同志须知：国民革命需要一个大的农村变动。辛亥革命没有这个变动，所以失败了。现在有了这个变动，乃是革命完成的重要因素。一切革命同志都要拥护这个变动，否则他就站到反革命立场上去了。

……革命不是请客吃饭，不是做文章，不是绘画绣花，不能那样雅致，那样从容不迫，文质彬彬，那样温良恭俭让。革命是暴动，是一个阶级推翻一个阶级的暴烈的行动。农村革命是农民阶级推翻封建地主阶级的权力的革命。农民若不用极大的力量，决不能推翻几千年根深蒂固的地主权力。农村中须有一个大的革命热潮，才能鼓动成千成万的群众，形成一个大的力量。……

乡村中一向苦战奋斗的主要力量是贫农。从秘密时期到公开时期，贫农都在那里积极奋斗。他们最听共产党的领导。他们和土豪劣绅是死对头，他们毫不迟疑地向土豪劣绅营垒进攻。他们对着富农说：“我们早进了农会，你们为什么还迟疑？”富农带着讥笑的声调说道：“你们上无片瓦，下无插针之地，有什么不进农会！”的确，贫农们不怕失掉什么。他们中间有很多人，确实是“上无片瓦，下无插针之地”，他们有什么不进农会？据长沙的调查：乡村人口中，贫农占百分之七十，中农占百分之二十，地主和富农占百分之十。百分之七十的贫农中，又分赤贫、次贫二类。全然无业，即既无土地，又无资金，完全失去生活依据，不得不出外当兵，或出去做工，或打流当乞丐的，都是“赤贫”，占百分之二十。半无业，即略有土地，或略有资金，但吃的多，收的少，终年在劳碌愁苦中过生活的，如手工工人、佃农（富佃除外）、半自耕农等，都是“次贫”，占百分之五十。这个贫农大群众，合共占乡村人口百分之七十，乃是农民协会的中坚，打倒封建势力的先锋，成就那多年未曾成就的革命大业的元勋。没有贫农阶级（照绅士的话说，没有“痞子”），决不能造成现时乡村的革命状态，决不能打倒土豪劣绅，完成民主革命。贫农，因为最革命，所以他们取得了农会的领导权。所有最下一级农民协会的委员长、委员，在第一第二两个时期中，几乎全数是他们（衡山县乡农民协会职员，赤贫阶层占百分之五十，次贫阶层占百分之四十，穷苦知识分子占百分之十）。这个贫农领导，是非常之需要的。没有贫农，便没有革命。若否认他们，便是否认革命。若打击他们，便是打击革命。他们的革命大方向始终没有错。他们损伤了土豪劣绅的体面。他们打翻了大小土豪劣绅在地上，并且踏上一只脚。他们在革命期内的许多所谓“过分”举动，实在正是革命的需要。……

总上十四件事，都是农民在农会领导之下做出来的。就其基本的精神说来，就其革命意义说来，请读者们想一想，哪一件不好？说这些事不好的，我想，只有土豪劣绅们吧！

原著解析

《湖南农民运动考察报告》以大量的事实、生动的语言，热情歌颂正在兴起的湖南农村大革命，总结了农民运动的成果和经验，回答和驳斥了来自党内和统一战线内一部分人对农民运动的种种责难，以及来自反动势力的攻击和诬蔑，坚决支持农民群众的革命斗争。

毛泽东在《湖南农民运动考察报告》中，首先阐明了当时“农民问题的严重性”，批驳了对农民运动的种种非难和指责，肯定了农民运动的伟大功绩，接着归纳了农民所做的“十四件大事”。通过总结、归纳湖南农民运动的 14 件大事，报告从农民运动给农民带来的政治、经济、文化和社会等方面的巨大变革入手，阐明农民运动彻底改变了封建的旧农村，从而肯定了农民革命对中国革命的重大意义。同时，报告提出了解决中国民主革命的中心问题——农民问题的理论和政策，是大革命时期党在农村工作经验的总结，是论述民主革命时期农民问题的一部重要文献，为农村包围城市、武装夺取政权理论的诞生奠定了思想基础。

在分析中国半殖民地半封建社会特点的基础上，报告阐明了农村和农民在中国革命中的历史地位和伟大作用。报告生动地描述了大革命时期中国农村的阶级状况和阶级斗争，热情地赞颂了正在兴起的农民运动，深刻地阐明了农民问题的极端重要性，第一次提出了建立无产阶级领导的农村革命政权和农村革命武装的伟大战略思想，丰富和完善了马列主义关于工农联盟的理论宝库，是无产阶级及其政党领导农民革命斗争的伟大纲领。同时，报告的发表促使共产国际开始认识到中国农民的伟大革命力量，这为后来共产国际重新思索中国革命道路，对毛泽东的革命理论逐渐从注意到重视再到支持铺下了重要的基石。

四、案例解析

死　与　生

1920年6月，由北京大学李辛白主编的《新生活》周刊发表了一篇散文《自然与人生》，作者孤松就是当时北京大学图书馆主任李大钊。

李大钊这年30岁。1916年他被日本早稻田大学以“长期欠席”为由除名，但这并没有影响他的前程。因为被誉为民国初年“头号政论家”的章士钊深知他的学识。得到章士钊的推荐，李大钊进入北京大学。不出章士钊所料，“守常（李大钊，字守常）一入北大，比于临淮治军，旌旗变色，自后凡全国趋向民主之一举一动，从五四说起，几无不惟守常之马首是瞻”。

30岁的李大钊经历过人生苦难、社会动荡、国家巨变。中西文化的熏陶，使他有了成熟的世界观、人生观。这时，他即将与陈独秀一起筹建中国共产党。正在这时，他对生死有了一种感悟——

死！死！死！

自从稍知人事的时候，提起这个字来，就起一种恐怖心。

去年夏天在五峰避暑。下山的时候，瘟疫正在猖獗。路经四五十里，村里尽是哭声，村边都是新冢，死的现象，几乎把我包围了。

我当时在这种悲哀恐怖的境界里走，对于“死”的本质，发生很深刻的思索。

死是怎么一回事？死真是可恐怖的吗？死了的人，还有什么悲哀痛苦的么？这些问题，都从我脑海的底下翻浮上来。

我当时的感想是：

“死与生同是全生命的一部，生死相同，才成无始无终的大生命，大生命就是大自然，死同生一样是大自然中的自然的现象。”

“对于自然的现象的‘生’，既不感什么可以恐怖；那么，对于自然的现象的‘死’，也不应该感什么可以恐怖。我们直可以断定死是没有什么可以恐怖的。”

“死既与生同是自然的现象，那么死如果是可悲哀的，生也是可悲哀的；死如果是有痛苦的，生也是有痛苦的。生死相较，没有多大的区别。”

人为什么都乐生怕死呢？这都是依恋的缘故。

物理上有一种“惰性”，人性亦然。由天津往上海迁居，对于故居，总不免有些依恋，其实上海的新居，未必比天津的旧居有什么苦痛。冬天早起，临行冷水浴，望见冷水总觉得有些战栗。跳入其中，沐浴顷刻，也还有一种的佳境。出浴后，更觉得严寒的空气与春风一样和暖。人对着死依恋生，也是一样的心理。

赤裸裸的人生，总不要有所依恋，总不要穿上惰性的衣裳。

我们行了海水浴，行了春风浴，还要时时行自然浴。

死的池，死的岭，都是联络人生与自然的途径。

匆匆又是一年了。我再过昌黎的时候，去年的新冢，已经丛了一层荒草；遥看那荒草里，仿佛又出现了青青的颜色了。

东坟一个老妪，西坟一个少妇，都跪在地下哭，那种悲声，和烧纸的飞灰，似乎一样的高低上下。

啊！今日是寒食节了！

我细听他们的哭声，里边都有怨诉的话。大概都是说死者抛了生者去了，死者无知，而生者苦了。

这样看来，在死人前的哭，不是哭死者，乃是哭生者；不是吊坟里的人，乃是吊坟外的人；那山前山后的野哭，不是死亡的悲声，乃是生活的哀调。

1927年4月27日，当李大钊走向奉系军阀的绞架时，他的从容、镇定，不正是来自对死的这种深刻感悟吗？

1933年5月29日夜，鲁迅面对着堆放在眼前的《守常文集》书稿，准备为它作序。他透过记忆的往事，依稀看到一个逝去的先驱者的生——

我最初看见守常先生的时候，是在独秀先生邀去商量怎样进行《新青年》的集会上，这样就算认识了。不知道他其时是否已是共产主义者。总之，给我的印象是很好的：诚实，谦和，不多说话。《新青年》的同人中，虽然也很有喜欢明争暗斗，扶植自己势力的人，但他一直到后来，绝对的不是。

他的模样是颇难形容的，有些儒雅，有些朴质，也有些凡俗。所以既像文士，也像官吏，又有些像商人。这样的商人，我在南边没有看见过，北京却有的是旧书店或笺纸店的掌柜。1926年3月18日，段祺瑞们枪击徒手请愿的学生的那一次，他也在群众中，给一个兵抓住了，问他是何等样人，回答是“做买卖的”。兵道：“那么到这里来干什么？滚你的罢！”一推，他总算逃得了性命。倘说教员，那时是可以死掉的。

然而到第二年，他终于被张作霖们害死了。

段将军的屠戮，死了42人，其中有几个是我的学生，我实在很觉得一点痛楚；张将军的屠戮，死了好像是十多人，手头没有记录，说不清楚了，但我所认识的只有一个守常先生。在厦门知道了这消息之后，椭圆的脸，细细的眼睛和胡子、蓝布袍、黑马褂，就时时出现在我的眼前，其间还隐约看见绞首台。痛楚是也有些的，但比先前淡漠了。这是我历来的偏见：见同辈之死，总没有像见青年之死的悲伤。

这回听说在北平公然举行了葬式，计算起来，去被害的时候已经7年了。这是极应该的。我不知道他那时被将军们所编排的罪状，——大概总不外乎“危害民国”罢。然而仅在这短短的7年中，事实就铁铸一般地证明了断送民国的4省的并非李大钊，却是杀戮了他的将军！

那么，公然下葬的宽典，该是可以取得的了。然而我在报章上，又看见北平当局的禁止路祭和捕拿送葬者的新闻。我也不知道为什么，但这回恐怕是“妨害治安”了罢。倘其果然，则铁铸一般的反证，实在来得更加神速：看罢，妨害了北平的治安是日军呢还是人民！

但革命的先驱者的血，现在已经并不稀奇了。单就我自己说罢，7年前为了几个人，就发过不少激昂的空论，后来听惯了电刑，枪毙斩决，暗杀的故事，神经渐渐麻木，毫不吃惊，也无言说了。我想，就是报上所记的“人山人海”去看枭首示众的头颅的人们，恐怕也未必觉得更兴奋于看赛花灯的罢 。血是流得太多了。

不过热血之外，守常先生还有遗文在。不幸对于遗文，我却很难讲什么话。因为所执的业，彼此不同，在《新青年》时候，我虽以他为站在同一战线上的伙伴，却并未留心他的文章，譬如骑兵不必注意于造桥，炮兵无须分神于驭马，那时自以为尚非错误。所以现在所能说的，也不过：一，是他的理论，在现在看起来，当然未必精当的；二是虽然如此，他的遗文却将永住，因为这是先驱者的遗产，革命史上的丰碑。一切死的和活的骗子的一叠叠的集子，不是已在倒塌下来，连商人也“不顾血本”地只收二三折了吗？

以过去和现在的铁铸一般的事实来测将来，洞若观火！

（资料来源：朱志敏.“毛泽东思想概论”课教学案例解析[M].
北京：高等教育出版社，2004.）

案例点评

在北京香山李大钊烈士陵园的墓碑上，有中共中央撰写的碑文。碑文指出：李大钊是中国最早的马克思主义者和共产主义者，是中国共产党的主要创始人之一。他对中国人民的解放事业，对马克思主义的信仰和无产阶级革命前途无限忠诚。他为在我国开创和发展共产主义运动的大无畏的献身精神，永远是一切革命者的光辉典范。

李大钊不仅是中国第一位较系统地介绍、传播马克思主义的人，是中国共产党的创始人之一，也是著名的报人和五四运动到国民革命时期著名的社会活动家。1927年4月27日他在奉系军阀的绞刑架上从容就义绝不是偶然的。他有着深厚的文化学识积累，有着对历史、社会、人生的深入思考。他接受和宣传马克思主义，走上革命道路，是他多年上下求索、将理论思考运用于对社会实际观察得出来理性结论后的选择。从上面有关他谈自然与人生问题的一篇文章中，不难看出他在死亡问题上超越常人的思考，对“怕死”原因的探讨和豁然开朗的结论：赤裸裸的人生，不要依恋，不要惧怕，跳入冰冷的水般的社会生活中，体验为理想奋斗的佳境；死亡不过是自然的一部分，是对自然的回归；重要的是活着的人，现实中的人生，人生中的苦难。这是中国第一位马克思主义者的境界，是为中国人民解放而斗争的真正的中国共产党人的境界。所以鲁迅称赞：他的遗文将永住，因为这是先驱者的遗产，革命史上的丰碑。

在李大钊诞辰一百周年纪念大会上，江泽民同志对李大钊的卓越贡献、渊博知识和高尚情操，做过系统的阐述，给予了高度的评价。他深刻地指出："李大钊顺应时代的需要，率先在中国大地上高举马克思列宁主义的旗帜，为中国昭示了新的社会主义的发展方向。作为中国共产党早期的卓越领导人，他在中国革命的许多条战线上进行过英勇的斗争，作出了重大的贡献。他在中国共产主义运动中，在中国人民的民族解放和社会解放事业中，占有崇高的历史地位。"

五、实践项目

项目 1

研读文献心得

篇目

(1) 陈独秀：《敬告青年》(1915 年 9 月)。

(2) 李大钊：《我的马克思主义观(上)》(1919 年 9 月)。

(3)《中国共产党第一次全国代表大会》(1921 年下半年)。

(4)《中国共产党第二次全国代表大会宣言》(1922 年 7 月)。

(5)《中国国民党第一次全国代表大会宣言》(1924 年 1 月)。

流程

(1) 教师向学生提供阅读文献信息：可从图书馆借阅的参考书目，可供下载的比较可靠的网络地址，电子版的可阅读文献需设置并发送到公共邮箱供学生下载。

(2) 教师在课堂上对阅读文献作简单讲解，提出撰写读书心得报告的具体要求。

(3) 学生阅读文献，撰写并按时提交读书心得报告。成果可以以 PPT、经过整理的资料片、学术论文等形式呈现。

(4) 教师评定成绩并进行简要小结、反馈。

评价

考核指标	考核结果			
	优	良	中	差
学习态度				
自主学习能力				
合作学习能力				
知识运用能力				
学习效果				
总体评价				

项目 2

观看音像资料

《李大钊》

由中央电视台摄制、中国国际电视总公司 1999 年发行。该纪录片共 100 分钟，按照年代顺序追溯了李大钊光辉的一生。

1918 年 1 月，李大钊受聘为北大图书馆主任，举家迁往北京居住。北大成为新文化运动的主阵地。李大钊利用北大这块阵地，第一个向中国引进和传播了马克思主义，培养和扶持了邓中夏、高君宇等中国最早一批信仰马克思主义的青年，并与无政府主义者和其他反马克思主义者进行了激烈争论。在北大校长蔡元培的支持下，成立了马克思主义研究会，并在北大开辟两间“共产主义小屋”。

1918 年秋，毛泽东来到北大，在李大钊手下做一名图书馆管理员，月薪 8 块大洋。在李大钊的感染和带动下，毛泽东第一次接触了马克思主义学说。李大钊对毛泽东在生活上给予了无微不至的关怀。

1919 年，五四运动爆发，李大钊积极营救被捕学生。陈独秀被捕，李大钊到老家河北昌黎五峰山上避难，妻弟赵晓峰闻讯后来探望姐夫，李大钊答应为其作保在天津塘沽盐厂找份工作。回京后，陈独秀被营救出狱。躲过敌人的严密搜查，李大钊化装送陈独秀去上海，二人在路上密商建立中国共产党的有关事宜。

陈独秀在上海就新成立的党的名称请教李大钊，李大钊当即回复，就叫中国共产党。由于参加教职工索薪斗争，李大钊没有参加党的一大。代表北京共产党支部参加党的一大的代表刘仁静家贫，李大钊慷慨相助。李大钊的工资大半都用在了救助贫困学生及捐助共产主义组织和社团上。

妻弟赵晓峰卖私盐发达起来，来京城大摆阔宴，被李大钊严斥，并撤销了担保。因为参加索薪斗争，李大钊被反动政府打伤，并被通辑，在天津北洋法专同学 6 年的白坚武来探望李大钊。白邀请李大钊去洛阳军阀吴佩孚处高就，被李大钊拒绝。

张申府出国后对祖国悲观失望，准备自杀，李大钊对他鼓励，并送他去黄埔军校。

中国共产党成立后，李大钊积极领导北方工人、农民运动，派铁路密查员去各干线铁路开展党的工作。吴佩孚悍然下令镇压工人罢工，李大钊和白坚武绝交……

1924 年 1 月，李大钊和孙中山实现了巨人的握手。李大钊出席国民党一大，回击了国民党广州代表方瑞麟鼓吹的共产党加入国民党是一种阴谋的谬论，为国共第一次合作作出了巨大贡献。

1926 年“三一八”惨案后，奉系军阀张作霖占领京津地区，疯狂镇压革命。李大钊从容应对，坚决不撤离北京……张作霖不顾国际公法，派兵闯入苏联使馆强行逮捕了李大钊等 40 多名国共两党党员。李大钊在狱中表现了一个伟大共产党员的崇高气节，不向敌人吐露一点我党秘密。最后，李大钊和其他同志一起被敌人残忍绞杀。李大钊就义时年仅 38 岁……

《开天辟地》

1919 年 5 月 4 日，3 000 多名学生在天安门前集会，抗议帝国主义列强在“巴黎和会”上把山东权益从德国手中转让给日本的强权政治。他们高呼“外争国权、内惩国贼”、“取消二十一条”等口号，并在示威游行中火烧卖国贼曹汝霖的住宅，痛打了正在曹宅的章宗祥。

北洋政府逮捕了32名爱国学生。北大校长蔡元培协同13所学校校长要求总统徐世昌立刻释放学生。上海也举行“三罢”活动支援北京爱国学生。

《新青年》主编陈独秀散发《北京市民宣言》时被捕，引起民愤，反动军阀被迫将他释放。蔡元培、李大钊、胡适及众师生到监狱门口迎接。

陈独秀对李大钊的《我的马克思主义观》十分钦佩，表示马上成立马克思研究会；李大钊提出还应进一步组织发动工友。

1921年7月，在上海法租界的一幢住宅里，来自全国的10多位代表，召开了中国共产党第一次全国代表大会。从此中国共产党正式登上中国历史舞台，开始了波澜壮阔的革命路程！

流程

（1）教师提供音像资料来源，提出撰写观后感的评审标准和要求。

（2）学生在观看影视资料的基础上撰写观后感。观后感可有多种形式，包括学术论文、PPT、经过整理的资料片等。

（3）学生提交观后感并进行交流。

（4）教师根据学生完成情况评定成绩并计入平时成绩。

项目3

组织竞赛

内容

组织纪念“五四青年节”“青春中国”主题诗歌朗诵会，有助于引导学生高举五四运动所包含的“爱国、进步、民主、科学”的精神火炬，为中国特色社会主义建设事业贡献力量。

流程

（1）教师选择诗歌：选择五四运动以来各个历史时期有代表性的、对广大青年有深刻影响的诗歌。

（2）布置任务：将所选诗歌发给大家，并明确各项要求（要求各班学生全员参加，由学委考勤）和落实组织方案。

（3）举办时间：一般应与课程教学进度同步。也可根据具体情况或前或后（如选择“五四青年节”时举办）。场地依学校教室情况而定。

（4）邀请校院（系）有关领导及团委、学生处的负责人和辅导员等参加。摄影或录像，一是留作教学影像档案资料；二是有利于做好后期宣传，延续活动的效应。

（5）教师对学生参加此活动的情况作出评定，计入平时成绩。

第五章　中国革命的新道路

一、知识提要

了解中国共产党探索中国革命新道路的历史背景及其努力，懂得农村包围城市、武装夺取政权这一革命新道路对中国革命最终取得胜利的伟大意义；认识农村包围城市、武装夺取政权的道路理论是中国共产党抵制党内的教条主义和共产国际脱离中国实际的错误指导，坚持一切从中国实际出发，创造性地把马克思主义的基本理论与中国革命具体实际相结合的典范，是毛泽东思想的核心内容；了解中国工农红军长征的伟大历史意义，认识长征精神的内涵及其重要的现实意义。

二、重点搜索

重点 1：国民党政权的反动统治

（1）看一个政权属于什么性质，主要看它所推行的内外政策代表哪个阶级的利益，是促进社会生产力向前发展还是阻碍其发展。

1927 年 4 月 18 日，以蒋介石为代表的国民党新军阀宣告南京国民政府成立。1928 年 12 月 29 日，张学良在东北“改易旗帜”，宣布“遵守三民主义，服从国民政府”，全国实现了形式上的“统一”，国民党在全国范围内建立了自己的统治。

由于国民党曾经是旧民主主义革命的一面旗帜和大革命时期统一战线的组织形式，由于帝国主义列强一度为它作出过一两项表面上的让步（如承认中国关税自主、允诺取消领事裁判权），一时使人认为它仍然在维护民族权利。加之它在形式上暂时地统一了中国，因此，这个政权曾经在一个时期之内，使一些人尤其是民族工商业者产生过幻想，以为中国可能由此走上独立发展的资本主义道路。

（2）国民党政权的统治依然是地主阶级和买办性的大资产阶级的统治，同北洋军阀的统治没有本质区别。它推行的内外政策充分体现了这一点。

第一，对外依附帝国主义。由于国民党政府是在帝国主义的支持下建立起来的，依附帝国主义的结果，必然导致外交上实行屈辱的政策，对南京惨案、济南惨案的处理集中体现了南京政权对帝国主义侵略的妥协退让。同时，南京政权也为帝国主义对华扩张敞开大门，因此，中国没有摆脱帝国主义的压迫，反而使外国垄断资本不断深入中国，从而牢牢地控制了中国的经济命脉。

第二，对内依靠封建势力。地主土地所有制在近代中国社会经济活动和土地关系中仍居统治地位。中国广大的乡村基层政权被地主阶级和旧式富农所把持，地主阶级逐渐变成了帝国主义的附庸，成为帝国主义统治中国的主要支柱。国民党政权继续维护封建土地所有制，不承认中国有土地问题，拒绝在农村开展土地改革，中国广大农民仍然挣扎在死亡线上。

第三，官僚资本逐渐形成。国民党政权通过超经济的强制手段，即依靠国家政权的力量，一方面掠夺工农劳动群众及其他小生产者，一方面压迫民族资产阶级、兼并民族资本，对人民巧取豪夺，聚敛大量财富，逐步形成了以蒋介石、宋子文、孔祥熙、陈立夫和陈果夫为代表的官僚资本。这是国民党南京政权的经济基础。

由上可见，国民党政权与人民的利益是根本对立的。国民党政权所实行的内外政策，既不代表广大劳动人民的利益，也不代表民族资产阶级的利益。这个政权的性质，正如毛泽东当时所说："国民党新军阀的统治，依然是城市买办阶级和乡村豪绅阶级的统治。"

(3) 中国仍是一个处在帝国主义和封建主义联合统治之下的半殖民地半封建社会，中国革命对象依然是帝国主义和封建主义，中国仍然迫切需要一个反帝反封建的资产阶级民主革命。而国民党政权的反动统治，必然成为新的历史时期中国革命的首要目标。

重点 2：大革命失败后中国革命新道路的开辟

(1) 1927 年大革命失败以后，由于中国本身同俄国和西方国家的情况不同，也由于大革命失败以后形势发生了巨大的变化，所有以占领中心城市为目标的起义很快都失败了。这些起义失败后，保留下来的部队，大都经过摸索，逐步转移到了远离国民党统治中心的区域，在那里发动农村群众，开展游击战争，开展土地革命和创建工农政权。

以农村为工作重点，到农村去发动农民，进行土地革命，开展武装斗争，建设根据地，这是 1927 年以后中国革命发展的客观规律所要求的。农村包围城市、武装夺取政权这条中国革命新道路的开辟，依靠了党和人民的集体奋斗，凝聚了党和人民的集体智慧。而毛泽东则是其中最杰出的代表。

(2) 毛泽东不仅在实践上首先把革命的进攻方向指向了农村，而且从理论上阐明了武装斗争的极端重要性和农村应当成为党的工作中心的思想。随着红色政权的建立和发展，毛泽东在 1928 年 10 月和 11 月写下了《中国的红色政权为什么能够存在》和《井冈山的斗争》两篇文章，明确指出武装斗争是中国革命的一种特征。同时，还科学地阐述了共产党领导的土地革命、武装斗争和根据地建设这三者之间的辩证统一关系。1930 年 1 月，毛泽东进一步指出：红军、游击队和红色区域的建立和发展，是半殖民地中国在无产阶级领导之下的农民斗争的最高形式，是半殖民地农村斗争发展的必然结果，并且毫无异议地是促进全国革命高潮的最重要因素。1930 年 5 月，毛泽东在《反对本本主义》一文中，批判了教条主义，强调没有调查就没有发言权。他主张中国问题的解决要靠中国同志，反对把马克思主义和苏联经验教条化和神圣化，强调唯物主义思想路线的重要性。

(3) 农村包围城市、武装夺取政权的理论，是对 1927 年大革命失败后中国共产党领导的红军和根据地斗争经验的科学概括。它是在以毛泽东为主要代表的中国共产党人同当时党内盛行的把马克思主义教条化、把共产国际决议和苏联经验神圣化的错误倾向作坚决斗争的基础上逐步形成的。农村包围城市、武装夺取政权理论的提出，标志着中国化的马克思主义即毛泽东思想的初步形成。

(4) 随着革命新道路的开辟，中国革命开始走向复兴。中国共产党领导的红军和根据地逐步发展起来。红军游击战争实际上已经成为中国革命的主要形式，农村根据地成为积蓄和锻炼革命力量的主要战略阵地。

重点 3：三次"左"倾错误的原因

中国革命的复兴和发展并不是一帆风顺的。从 1927 年 7 月大革命失败到 1935 年 1 月遵义会议召开之前，"左"倾错误三次在党的中央领导机关中取得了统治地位。

第一次，1927 年 11 月—1928 年 4 月，中国共产党犯了"左"倾盲动错误。

第二次，1930 年 6—9 月，以李立三为代表的"左"倾冒险主义错误。

第三次，1931 年 1 月—1935 年 1 月，以王明为代表的"左"倾教条主义错误。

中共党内连续发生三次"左"倾错误的原因如下。

其一，从中国社会结构和阶级根源来看，近代中国是一个小资产阶级极其广大的半殖民地半封建国家，中国共产党自诞生之日起，就一直处于小资产阶级的包围和影响之中，党员中农民和其他小资产阶级出身的占大多数。小资产阶级所特有的各种弊病，如思想上理论上脱离实际、观察问题的主观性和片面性、政治上左右摇摆、组织上个人主义和宗派主义等，就会不可避免地反映到党内来，严重影响党的路线、方针、政策的制定和施行，有时甚至占据统治地位。

其二，从党自身来看，中国共产党还处在幼年时期，不成熟。在思想上，全党的马克思主义理论准备不足，理论素养不高，还不善于把马克思列宁主义的理论与中国实际全面地、正确地结合起来。

在组织上，党的民主集中制不健全。由于党在大革命失败后长期处于分散的农村游击战的环境中，党内存在着严重的家长制作风。这就使王明等人不仅轻而易举地夺取了党中央的领导权，而且在党内大搞宗派主义。

在斗争经验上，对党内出现的错误过分地追究个人责任，着眼于进行组织上处理而不是思想上的澄清，使八七会议以后党内一直存在的浓厚的"左"倾情绪始终没有得到认真清理。

其三，从外部因素来看，是共产国际对中国共产党内部事务的错误干预和瞎指挥。党内出现的这三次"左"倾错误与共产国际都有关系，特别是第三次"左"倾教条主义错误，其代表王明就是在共产国际代表的直接支持下上台的，王明"左"倾教条主义的许多错误观点也大都是直接从共产国际关于中国革命的不切实际的决议和指示中照抄照搬过来的。

三、深度阅读

《中国的红色政权为什么能够存在》

写作背景

《中国的红色政权为什么能够存在》是毛泽东 1928 年 10 月为中共湘赣边界第二次代表大会写的决议的一部分，原题为《政治问题和边界党的任务》。

这篇文章，是毛泽东关于"工农武装割据"思想的重要来源，是形成农村包围城市、武装夺取政权的理论的前提和基础，又是道路理论的重要组成部分。它是毛泽东思想形成时期的重要科学著作之一。

原著节选

一国之内，在四围白色政权的包围中，有一小块或若干小块红色政权的区域长期地存在，这是世界各国从来没有的事。这种奇事的发生，有其独特的原因。而其存在和发展，亦必有相当的条件。第一，它的发生不能在任何帝国主义的国家，也不能在任何帝国主义直接统治的殖民地，必然是在帝国主义间接统治的经济落后的半殖民地的中国。因为这种奇怪现象必定伴着另外一件奇怪现象，那就是白色政权之间的战争。帝国主义和国内买办豪绅阶级支持着的各派新旧军阀，从民国元年以来，相互间进行着继续不断的战争，这是半殖民地中国的特征之一。不但全世界帝国主义国家没有一国有这种现象，就是帝国主义直接统治的殖民地也没有一处有这种现象，仅仅帝国主义间接统治的中国这样的国家才有这种现象。这种现象产生的原因有两种，即地方的农业经济（不是统一的资本主义经济）和帝国主义划分势力范围的分裂剥削政策。因为有了白色政权间的长期的分裂和战争，便给了一种条件，使一小块或若干小块的共产党领导的红色区域，能够在四围白色政权包围的中间发生和坚持下来。湘赣边界的割据，就是这许多小块中间的一小块。有些同志在困难和危急的时候，往往怀疑这样的红色政权的存在，而发生悲观的情绪。这是没有找出这种红色政权所以发生和存在的正确的解释的缘故。我们只须知道中国白色政权的分裂和战争是继续不断的，则红色政权的发生、存在并且日益发展，便是无疑的了。第二，中国红色政权首先发生和能够长期地存在的地方，不是那种并未经过民主革命影响的地方，例如四川、贵州、云南及北方各省，而是在一九二六和一九二七两年资产阶级民主革命过程中工农兵士群众曾经大大地起来过的地方，例如湖南、广东、湖北、江西等省。这些省份的许多地方，曾经有过很广大的工会和农民协会的组织，有过工农阶级对地主豪绅阶级和资产阶级的许多经济的政治的斗争。所以广州产生过三天的城市民众政权，而海陆丰、湘东、湘南、湘赣边界、湖北的黄安等地都有过农民的割据。至于此刻的红军，也是由经过民主的政治训练和接受过工农群众影响的国民革命军中分化出来的。那些毫未经过民主的政治训练、毫未接受过工农影响的军队，例如阎锡山、张作霖的军队，此时便决然不能分化出可以造成红军的成分来。第三，小地方民众政权之能否长期地存在，则决定于全国革命形势是否向前发展这一个条件。全国革命形势是向前发展的，则小块红色区域的长期存在，不但没有疑义，而且必然地要作为取得全国政权的许多力量中间的一个力量。全国革命形势若不是继续地向前发展，而有一个比较长期的停顿，则小块红色区域的长期存在是不可能的。现在中国革命形势是跟着国内买办豪绅阶级和国际资产阶级的继续的分裂和战争，而继续地向前发展的。所以，不但小块红色区域的长期存在没有疑义，而且这些红色区域将继续发展，日渐接近于全国政权的取得。第四，相当力量的正式红军的存在，是红色政权存在的必要条件。若只有地方性质的赤卫队而没有正式的红军，则只能对付挨户团，而不能对付正式的白色军队。所以虽有很好的工农群众，若没有相当力量的正式武装，便决然不能造成割据局面，更不能造成长期的和日益发展的割据局面。所以"工农武装割据"的思想，是共产党和割据地方的工农群众必须充分具备的一个重要的思想。第五，红色政权的长期的存在并且发展，除了上述条件之外，还须有一个要紧的条件，就是共产党组织的有力量和它的政策的不错误。

原著解析

毛泽东在这篇著作中，深刻分析了半殖民地半封建中国社会的特点，总结了井冈山根据地斗争的经验，第一次从理论上分析和论证了中国红色政权发生、发展的原因和条件，从而在思想上武装了农村革命根据地的党员、红军和革命群众。毛泽东指出，中国红色政权发生的原因及其存在和发展的条件是：

第一，近代中国是几个帝国主义国家间接统治的政治经济发展不平衡的半殖民地半封建的大国。这是红色政权能够存在和发展的根本原因。近代中国的经济发展极不平衡，自给自足的地方性农业经济广泛存在，广大农村有相当大的独立性，可以不完全依赖城市而存在，这就为坚持长期的红军战争和根据地斗争提供了必要的物质条件。同时，广大农村又是反动统治链条上的薄弱环节，特别是占全国人口80%以上的农民迫切要求进行彻底的以土地革命为中心的反帝反封建革命，这又使红军和根据地斗争获得了深厚的阶级基础。而帝国主义在中国；实行的划分势力范围的分裂剥削政策和地方性农村经济，又造成了政治上的封建割据局面和连绵不断的军阀混战，革命力量可以利用这种反动统治阶级内部的长期分裂和战争得以存在和发展。中国还是一个大国，地域宽广，革命力量有回旋的余地，“东方不亮西方亮，黑了南方有北方”。这样，红色政权不仅能够在白色政权的四面包围中诞生，而且能够长期地坚持下去，发展起来。

第二，国民革命的影响，这是红色政权能够存在和发展的客观条件。红色政权首先发生和能够长期存在的地方，是在国民革命时期工农士兵群众曾经起来过的地方，如湖南、广东、湖北、江西等省。这些地区广大工农群众受过革命的洗礼，政治觉悟比较高，斗争经验比较丰富。

第三，全国革命形势的继续向前发展，这是又一个客观条件。随着全国革命形势的发展，红色区域也将持续发展，日渐接近于全国政权的取得。

第四，相当力量的正式红军的存在，这是红色政权存在和发展的必要的主观条件。如果红色区域没有相当力量的正式红军，就不能对付近代化的反革命常备军的进攻，就不能形成革命的割据局面。

第五，共产党组织的有力量和它的政策的正确，这是最紧要的主观条件。只有中国共产党组织坚强有力和它的各项政策能够正确贯彻执行，才能使红色政权存在和发展的可能变为现实。

四、案例解析

“真正的”红军

在甘肃和宁夏的山间和平原上骑马和步行了两个星期以后，我终于来到预旺堡，那是宁夏南部一个很大的有城墙的市镇，那时候是红军一方面军和司令员彭德怀的司令部所在地。

虽然在严格的军事意义上来说，所有的红军战士都可以称为“非正规军”（而且有些人会说是“高度非正规军”），但红军自己对于他们的方面军、独立军、游击队和农民赤卫队是作了明确的区分的。我在陕西初期的短暂旅行中，没有看见过任何“正规的”红军，因为它的主力部队那时候正在离保安将近二百英里的西部活动。我原打算到前线去，但蒋介石正在南线准备发动另一次大攻势的消息传来，使我想到兵力较强的一边去，趁还来得及越过战线去写我的报道的时候，及早离开这里。

有一天，我对吴亮平表示了这些犹豫的考虑。吴亮平是在我同毛泽东的长时间正式谈话中充当翻译的一位年轻的苏维埃官员。吴亮平虽然是个脸色红润的二十六岁青年，已写了两本关于辩证法的书。我发现他为人很讨人喜欢，除了对辩证法以外，对什么事情都有幽默感，因此我把他当作朋友看待，坦率地向他表示了我的担心。

他听了我说的话，惊讶得发呆。“你现在有机会到前线去，你却不知道该不该要这个机会？可不要犯这样的错误！蒋介石企图消灭我们已有十年了，这次他也不会成功的。你没有看到真正的红军就回去，那可不行！”他提出了证据说明我不应当这么做，最使我感动的是，光是提到要到前线去，就在他这个久经锻炼的老布尔什维克和长征老战士身上引起那样大的热情。我想大概总有什么东西值得一看，因此决定作此长途旅行，安然无事地到达了吴亮平的真正的红军作战的地点。

我幸亏接受了他的劝告。我要是没有接受他的劝告，我在离开保安时就仍旧不明白红军不可战胜的声誉从何而来，仍旧不相信正规红军的年轻、精神、训练、纪律、出色的装备、特别是高度的政治觉悟，仍旧不了解红军是中国唯一的一支从政治上来说是铁打的军队。

要了解这些所谓的土匪，最好方法也许是用统计数字。因为我发现红军对全部正规人员都有完整的数据。下面的事实，我觉得极有兴趣和意义，是一方面军政治部主任、能说俄语的二十九岁的杨尚昆从他的档案中找出来的。除了少数例外，这个统计材料限于我有机会进行观察核实的一些问题。

首先，许多人以为红军是一批顽强的亡命之徒和不满分子。我自己也有一些这样的模糊观念。不久，我就发现自己完全错了。红军的大部分是青年农民和工人，他们认为自己是为家庭、土地和国家而战斗。

据杨尚昆说，普通士兵的平均年龄是十九岁。这很容易相信。虽然许多红军士兵已经作战七八年甚至十年，但大量还只是十多岁的青年。甚至大多数“老布尔什维克”，那些身经百战的老战士，现在也只有二十刚出头。他们大多数是作为少年先锋队员参加红军的，或者是在十五岁或十六岁时入伍。

在一方面军中，共有百分之三十八的士兵，不是来自农业无产阶级（包括手工业者、赶骡的、学徒、长工等）就是来自工业无产阶级，但百分之五十八是来自农民。只有百分之四来自小资产阶级——商人、知识分子、小地主等的子弟。在一方面军中，包括指挥员在内的百分之五十以上的人，都是共产党员或共青团员。

百分之六十到七十的士兵是有文化的——这就是说，他们能够写简单的信件、文章、标语、传单等。这比白区中普通军队的平均数高得多了，比西北农民中的平均数更高。红军士兵从入伍的第一天起，就开始学习专门为他们编写的红色课本。进步快的领到奖品（廉价笔记簿、铅笔、锦旗等，士兵们很重视这些东西），此外，还作出巨大的努力来激励他们的上进心和竞赛精神。

像他们的指挥员一样，红军士兵是没有正规薪饷的。但每一个士兵有权取得一份土地和这块土地上的一些收入。他不在的时候，由他的家属或当地苏维埃耕种。然而，如果他不是苏区本地人，则从“公田”（从大地主那里没收而来）的作物收益中取出一份作报酬，公田的收益也用于红军的给养。公田由当地苏区的村民耕种。公田上的无偿劳动是义务的，但在土地重新分配中得到好处的农民，大多数是愿意合作来保卫改善了他们的生活的制度的。

红军中军官的平均年龄是二十四岁。这包括从班长直到军长的全部军官，尽管这些人很年轻，平均都有八年的作战经验。所有的连长以上的军官都有文化，虽然我遇见过几位军官，他们参加红军以前还不能认字写字。红军指挥员约有三分之一以前是国民党军人。在红军指挥员中，有许多是黄埔军校毕业生、莫斯科红军大学毕业生、张学良的“东北军”的前军官、保定军官学校的学生、前国民军（“基督将军”冯玉祥的军队）的军人，以及若干从法国、苏联、德国和英国回来的留学生。我只见到过一个美国留学生。红军不叫“兵”（在中国这是一个很遭反感的字），而称自己为“战士”。

红军的士兵和军官大多数未婚。他们当中许多人“离了婚”——这就是说他们丢下了妻子和家人。在有几个人身上，我真的怀疑。这种离婚的愿望事实上可能同他们参加红军有些关系，但这也许说得太刻薄了。

从在路上和在前线的许多交谈中，我所得的印象是这些“红军战士”大多数依然是童男。在前线和军队在一起的女人很少，她们本人几乎全都是苏维埃干部或同苏维埃干部结了婚的。

就我所能看到或知道的，红军都以尊重的态度对待农村妇女和姑娘，农民对红军的道德似乎都有很好的评价。我没有听到过强奸或污辱农村妇女的事件，虽然我从一些南方士兵那里了解到丢在家乡的“爱人”的事情。红军很少有人吸烟喝酒；烟酒不沾是红军“八项注意”之一，虽然对这两种坏习惯没有规定特别的处罚，但我在墙报上的“黑栏”上看了好几宗对有吸烟恶习的人提出严厉的批评。喝酒不禁止，但也不鼓励。喝得酩酊大醉的事情，就我的见闻来说，却没有听到过。

……

红军指挥员中的伤亡率很高。他们向来都同士兵并肩作战，团长以下都是这样。一位外国武官曾经说，单单是一件事情就可以说明红军同拥有极大优势的敌人作战的能力了。这就是红军军官习惯说的：“弟兄们，跟我来！”而不是说：“弟兄们，向前冲！”在南京发动的第一次和第二次“最后清剿”中，红军军官的伤亡率往往高达百分之五十。但红军不能经受这样的牺牲，因此后来采取了多少要减少有经验的指挥员的生命危险的战术。虽然这样，但在第五次江西战役中，红军指挥员的伤亡率还是平均在百分之二十三左右。关于这一点。在红区中，人们可以看到许多证据。通常可以看到，二十刚出头的青年就丢了一只胳臂或一条腿，或者是手指被打掉了，或者是头上或身上留有难看的伤痕——但是他们对于革命依然是高高兴兴的乐观主义者！

在红军的各支队伍里，几乎中国各省的人都有。在这个意义上，红军或许是中国唯一的真正全国性军队了。它也是“征途最辽阔”的军队！老兵们走过十八个省份。他们也许比其他任何军队更加熟悉中国的地理。在长征途上，他们发现大多数的旧中国地图了无用处，于是红军制图员重新绘制了许许多多英里的区域地图，特别是在土著居民地区的西部边疆地区。

一方面军约有三万人，南方人占的百分率很高，约有三分之一来自江西、福建、湖南或贵州。将近百分之四十来自西部的四川、陕西和甘肃等省。一方面军包括一些土著居民(苗族和彝族),此外还有一支新组织起来的回民红军。在独立部队中,当地人的百分率还更高,平均占总数的四分之三。

从最高级指挥员到普通士兵,吃的穿的都一样。但是,营长以上可以骑马或骡子。我注意到,他们弄到美味食物甚至大家平分——在我和军队在一起时,这主要表现在西瓜和李子上。指挥员和士兵的住处,差别很少,他们自由地往来,不拘形式。

有一件事情使我感到迷惑。共产党人是怎样给他们的军队提供吃的、穿的和装备呢?像其他许多人一样,我原以为他们一定是完全靠劫掠来维持生活。我已经说过,我发现这种臆想是错误的,因为我看到,他们每占领一个地方,就着手建设他们自己的自给经济,单单是这件事实,就能够使他们守住一个根据地而不怕敌人的封锁。此外,对于中国无产阶级军队能够靠几乎不能相信的极少经费活下去,我也是没有认识的。

红军声称他们百分之八十以上的枪械和百分之七十以上的弹药是从敌军那里夺来的。如果说这是难以置信的话,我可以作证,我所看到的正规军基本上是用英国、捷克斯洛伐克、德国和美国机关枪、步枪、自动步枪、毛瑟枪和山炮装备起来,这些武器都是大量地卖给南京政府的。

我看见红军使用的唯一俄国制步枪,是一九一七年造的产品。我直接从几个前马鸿逵将军的士兵口中听到,这些步枪是从马的军队那里夺来的。而国民党手中的宁夏省残余部分的省主席马将军又是从冯玉祥将军那里把这些步枪接过手来的,冯将军在一九二四年统治过这个地区,曾从外蒙古得到一些武器。红军正规军不屑使用这些老式武器,我看见只有游击队的手中才有这种武器。

我在苏区时,要想同俄国的武器来源发生任何接触,客观上是不可能的。红军为总数将近四十万的各种敌军所包围,而且敌人控制着每一条通向外蒙古、新疆或苏联的道路。别人老是指责他们从俄国那里得到武器,我想,要是有一些这样的武器居然从天而降,他们是乐意得到的。但是,只要看一看地图就十分明白,在中国共产党人往北方和西方扩大更多的面积以前,莫斯科没法供应任何订货,姑且假定莫斯科有意这样做,但那是大可怀疑的。

第二,共产党没有高薪的和贪污的官员和将军,这是事实,而在其他的中国军队中,这些人侵吞了大部分军费。在军队和苏区中厉行节约。实际上,军队给人民造成的唯一负担,是必须供给他们吃穿。

实际上,我已经说过,西北苏区占地面积相当于英国,它的全部预算当时每月只有三十二万美元!这个惊人的数目中将近百分之六十是用来维持武装部队的。财政人民委员林祖涵老先生为此感到很抱歉,但是说“在革命获得巩固以前,这是不可避免的”。当时武装部队为数(不包括农民辅助部队)约四万人。这是在二方面军和四方面军到达甘肃以前的事情,此后红色区域大大扩大,西北的红军主力不久就接近九万人的总数了。

(资料来源:(美)埃德加·斯诺. 西行漫记[M].
北京:生活·读书·新知三联书店,1979.)

案例点评

中国共产党领导的工农红军是革命的队伍,是执行革命的政治任务的武装集团。在美国记者埃德加·斯诺的眼中,这支军队比起国民党的军队、日本人的军队和西方国家的现代化军队来，显得太不“正规”，但它有着自己独特的风貌和非同寻常的气质。这支军队的官兵具有坚定的政治方向，知道为谁打仗；有良好的纪律、良好的官兵关系。他们不计较生活的艰苦，没有吃喝方面的奢求。他们装备差，靠从敌人手中夺取武器，但他们勇敢作战，军官冲在士兵前面。他们为人民牺牲，从不搜刮、欺压人民。这样的军队是以毛泽东思想武装起来的仁义之师，在他们面前，没有克服不了的困难，没有战胜不了的敌人。

五、实践项目

项目 1

研读文献心得

篇目

（1）毛泽东：《反对本本主义》(1930 年 5 月)。

（2）毛泽东：《中国革命战争的战略问题(节选)》(1936 年 12 月)。

（3）毛泽东：《论新阶段(节选)》(1938 年 12 月)。

（4）中共扩大的六届七中全会《关于若干历史问题的决议》(节选)(1945 年 4 月 20 日)。

（5）胡锦涛：《在纪念红军长征胜利七十周年大会上的讲话》(2006 年 10 月 22 日)。

流程

（1）教师向学生提供阅读文献信息：可从图书馆借阅的参考书目，可供下载的比较可靠的网络地址，电子版的可阅读文献需设置并发送到公共邮箱供学生下载。

（2）教师在课堂上对阅读文献作简单讲解，提出撰写读书心得报告的具体要求。

（3）学生阅读文献，撰写并按时提交读书心得报告。成果可以以 PPT、经过整理的资料片、学术论文等形式呈现。

（4）教师评定成绩并进行简要小结、反馈。

评价

考核指标	考核结果			
	优	良	中	差
学习态度				
自主学习能力				
合作学习能力				
知识运用能力				
学习效果				
总体评价				

项目2

观看音像资料

资料

《西安事变》

1935年前后,日本帝国主义加强了对中国的侵略。在民族危机空前严重的关头,蒋介石仍旧坚持“攘外必先安内”政策,张学良将军被迫“剿共”,因在陕北战场上屡遭失败,受到蒋介石的责难,于是急于寻求出路。在国民党“五全大会”召开期间,他与杨虎城将军分别通过进步人士杜重远和田文浩与中国共产党有所接触。

从南京回到西安后,张学良通过被我军放回的原东北军团长高福源的关系,与周恩来在延安举行了会谈。张将军决定以民族存亡的大局来说服蒋介石停止内战、一致抗日。与此同时,杨虎城收到了毛泽东派人给他送来的亲笔信。但是,他们的活动早就被蒋介石安插在西安的特务头子李达权、郑广清注意并对南京密报。

为了反击特务的猖獗活动,张学良下令抄了国民党陕西省党部。此事促成了张、杨共同携起手来,这引起了正在南京主持解决“两广兵变”的蒋介石的震动。1936年12月初,蒋介石亲临西安,下榻于临潼华清池。张学良多次对蒋“苦谏”,均痛遭拒绝。蒋介石限他3天内答复是否继续执行“剿共”的命令,否则将他和杨虎城的东北军、十七路军调离陕西。张、杨被迫于1936年12月12日对蒋实行了“兵谏”,爆发了震惊中外的“西安事变”。

事变发生后,中国共产党受张、杨二位将军的邀请,派出以周恩来为首的代表团飞抵西安。周恩来从民族存亡的大局出发,说服了张、杨并使得蒋介石接受了抗日救国的“八项主张”。“西安事变”得到了和平解决,国内出现了一个崭新的和平局面。

《长征》(部分内容)

20世纪30年代,乌云笼罩着中华大地。骗取孙中山信任的蒋介石,夺取了国民党最高统治权。蒋介石不顾日本帝国主义侵占我国东三省、进犯华北地区的事实,为彻底消灭中国工农红军,亲自部署、指挥第五次“围剿”,企图把新生的红色政权消灭在摇篮中。

此时中共中央主要负责人博古和共产国际派来的外籍军事顾问李德,抛弃“诱敌深入、在运动中消灭敌人”的积极防御战略,而是采用与敌人拼消耗的战略,使红军遭受惨重损失。1934年10月,为了保存实力,红军选择了漫长而又充满艰险的长征之路。

毛泽东的主张起初并没有被重视,直到遵义会议确立了其领导地位,毛泽东的正确主张才得以贯彻、执行。在长征中,毛泽东及党的主要领导人率红军四渡赤水、南渡乌江、巧渡金沙江……经历了一场场出生入死的革命时刻,最终胜利实现三大主力红军的会师。长征是人类战争史上的奇迹,长征以它特有的战争魅力,不仅在中国人民心中产生无穷无尽的精神力量,而且就像是最完美的神话,突破国界,在世界上广为传扬。

流程

(1) 教师提供音像资料来源,提出撰写观后感的评审标准和要求。

(2) 学生在观看影视资料的基础上撰写观后感。观后感可有多种形式,包括学术论文、PPT、经过整理的资料片等。

(3) 学生提交观后感并进行交流。

(4) 教师根据学生完成情况评定成绩并计入平时成绩。

项目3

举办讲座

内容

举办“长征精神”报告会。

时间

与教学内容同步。

地点

教室或其他大型场合。

流程

(1) 教师根据课堂教学进度，确定举办报告会的最佳时机。

(2) 教师与学校有关部门协商举办报告会的时间、地点等事项。

(3) 教师向学生通知报告会的时间、地点等，并讲明若干要求。

(4) 教师作报告。

(5) 教师与学生(以行政班或教学班为单位)交流心得体会。

简介

长征精神是中国共产党人对中华民族的一大贡献。

由于王明等人的“左”倾教条主义错误，使红军在第五次反“围剿”作战中遭到失败，不得不退出南方根据地，实行战略转移——长征。1934年10月中旬，中共中央机关和中央红军(即红一方面军)开始长征，至1935年10月到达陕北吴起镇，中央红军的二万五千里长征胜利结束。1936年10月，红二、红四方面军先后同红一方面军在甘肃会宁胜利会师，三大主力红军的长征胜利结束。

红军长征胜利具有重大的意义：

第一，红军长征的胜利，使中国革命获得了新的转机。红军长征胜利使中国革命的大本营由江南转向西北，在接近抗日前线的中国西北部树立了中国共产党抗日运动的中心，推动了抗日民族解放运动新高潮的迅速到来，开创了中国革命的新局面。

第二，红军长征的胜利，为中国共产党夺取全国胜利奠定了基础。红军长征造就了中国革命的领导骨干和一批杰出的领袖人物，特别是在长征途中确立了毛泽东在党和红军中的领导地位，成为中国革命取得胜利的重要保证。

1935年12月27日，毛泽东在《论反对日本帝国主义的策略》中说：“长征是历史纪录上的第一次，长征是宣言书，长征是宣传队，长征是播种机。自从盘古开天地，三皇五帝到于今，历史上曾经有过我们这样的长征么？十二个月光阴中间，天上每日几十架飞机侦察轰炸，地下几十万大军围追堵截，路上遇着了说不尽的艰难险阻，我们却开动了每人的两只脚，长驱二万余里，纵横十一个省。请问历史上曾有过我们这样的长征吗？没有，从来没有。长征又是宣言书。它向全世界宣告，红军是英雄好汉，帝国主义者和他们的走狗蒋介石等辈则是完全无用的。长征宣告了帝国主义和蒋介石围追堵截的破产。长征又是宣传队。它向十一个省内大约两万万人民宣布，只有红军的道路，才是解放他们的道路。不因此一举，那么广大的民众怎会如此迅速地知道世界上还有红军这样一篇大道理呢？长征又是播种机。它散布了许多种子在十一个省内，发芽、长叶、开花、结果，将来是会有收获的。总而言之，长征是以我们胜利、敌人失败的结果而告结束。谁使长征胜利的呢？是共产党。没有共产党，这样的长征是不可能设想的。中国共产党，它的领导机关，它的干部，它的党员，是不怕任何艰难困苦的。谁怀疑我们领导革命战争的能力，谁就会陷进机会主义的泥坑里去。长征一完结，新局面就开始。直罗镇一仗，中央红军同西北红军兄弟般的团结，粉碎了卖国贼蒋介石向着陕甘边区的'围剿'，给党中央把全国革命大本营放在西北的任务，举行了一个奠基礼。"

第三，红军长征的胜利，铸就了伟大的长征精神。长征精神就是把全国人民和中华民族的根本利益看得高于一切，坚定革命的理想和信念，坚信正义事业必定胜利的精神；就是为了救国救民，不怕任何艰难险阻，不惜牺牲一切的精神；就是坚持独立自主、实事求是，一切从实际出发的精神；就是顾全大局、严守纪律、紧密团结的精神；就是紧密地依靠人民群众，同人民群众生死相依、患难与共、艰苦奋斗的精神。

长征精神，是中华民族百折不挠、自强不息的民族精神的最高表现，是保证中国革命和建设事业从弱小走向强大的精神力量。现在我们进行的社会主义现代化建设，是新的长征。走在新长征路上，我们应继承和发扬当年红军长征的精神，把长征精神这份宝贵的精神财富变成推动我们各项事业前进的巨大力量。红军长征的路是艰苦的、漫长的；新长征的路会更艰苦、更漫长。因此，我们学习长征精神，就是要把红军长征留给我们的宝贵精神财富一代一代传下去，万众一心，艰苦奋斗，夺取中国特色社会主义建设"新长征"的伟大胜利。

第六章　中华民族的抗日战争

一、知识提要

认清日本军国主义的侵华战争给中华民族造成的深重灾难；认识以国共两党第二次合作为基础的抗日民族统一战线的伟大意义；懂得中国人民抗日战争是弱国战胜强国的范例，认识中国人民抗日战争胜利的主要原因和基本经验；了解国民党以及正面战场在抗日战争中的地位和作用；懂得中国共产党及其领导的人民抗日力量是中华民族抗战的中流砥柱；了解中国人民抗日战争在世界反法西斯战争中的地位。

二、重点搜索

重点 1：中国的抗日战争是神圣的民族解放战争

中华民族的抗日战争是近代以来中国和世界历史上的重大事件，是中国人民为争得独立和解放而与日本侵略者进行的殊死大搏斗。中国的抗日战争是神圣的民族解放战争。

(1) 从战争的意义上看，世界反法西斯战争是人类历史上规模空前的战争，战火遍及亚洲、欧洲、非洲、大洋洲，有 80 多个国家和地区、约 20 亿人卷入其中。中国的抗日战争是世界反法西斯战争的重要组成部分，是世界反法西斯战争的东方主战场。中国人民抗日战争对世界各国夺取反法西斯战争的胜利，对维护世界和平的伟大事业，产生了巨大影响。

(2) 从战争的性质上看，抗日战争是半殖民地半封建的中国和帝国主义的日本之间在 20 世纪 30 年代展开的一个决死战争，是一个民族反对另一个民族侵略、压迫、奴役的战争。中国进行的是正义的、进步的反侵略战争，日本进行的是非正义的、野蛮的侵略战争。日本侵略者肆意践踏中国的大好河山，屠杀中国军民，强行掠夺中国劳工，蹂躏和摧残中国妇女，进行细菌战和化学战，制造了南京大屠杀等一系列灭绝人性的惨案，犯下了令人发指的罪行，使源远流长的中华文明遭到了惨重破坏，使中华民族蒙受了巨大损失。

(3) 从战争的结果上看，中国人民抗日战争，是近代以来中华民族反抗外敌入侵第一次取得完全胜利的民族解放战争，是 20 世纪中国和人类历史上的重大事件。中国人民彻底打败了日本侵略者，捍卫了中国的国家主权和领土完整，使中华民族避免了遭受殖民奴役的厄运。

重点 2：抗日战争在世界反法西斯战争中的地位和作用

中国是世界反法西斯统一战线中不可或缺的重要成员，中国战场是世界反法西斯战争的东方主战场，中国的抗日战争具有极其重要的地位和作用。

（1）揭开了世界反法西斯战争的序幕。日本侵华野心由来已久，经过一系列精心策划和准备后，日本帝国主义于1931年9月18日发动了侵略中国东北的"九一八"事变。处于国破家亡境地的东北人民，在中国共产党的号召与领导下，对日本帝国主义的野蛮侵略展开了不屈不挠的斗争，揭开了中国人民抗日战争和世界反法西斯战争的序幕。从1931年"九一八"事变至1939年9月英法对德宣战的8年中，只有中国在坚持着对世界法西斯势力进行作战。中国这个广阔的反法西斯战场不仅是主要的反法西斯战场，而且在1941年年底太平洋战争爆发前，可说是孤军奋战。

日本帝国主义为取得北侵苏联和南下太平洋的战争基地，与德、意在欧洲发动局部侵略战争相呼应，于1937年7月7日发动了全面侵略中国的战争，把法西斯国家发动的局部战争推向了新的高潮，在走向世界大战的道路上迈出了危险的一步。面对日本法西斯的野蛮侵略，中国抗日军民凝聚在中国共产党倡导建立的抗日民族统一战线的旗帜下，克服困难，奋勇抗战，开辟了世界上第一个大规模的反法西斯战场。

（2）打乱了德、意、日法西斯的侵略计划。第二次世界大战中，德、意、日三个法西斯国家一直未能实现其预定的战略协同计划。一个重要原因，是中国战场坚持持久抗战，始终抗击和牵制着日本陆军主力，打乱了日本的"北进"计划，遏制和迟滞了日本的"南进"侵略步伐，从而打乱和粉碎了德国企图勾结日本东西夹击苏联、德日两军会师中东的计划。

"北进"侵苏，是日本帝国主义妄图称霸亚洲和称霸世界的重要目标之一。但这一目标未能变成现实，其原因：一是因为苏联本身注重加强远东边境地区的军事防御，在击退日军挑衅基础上进行了重大外交努力；二是因为中国人民的抗日战争有力地拖住了日本的后腿，完全打乱了其侵略计划，致使日本的计划一再推延实施。

从1937年"七七事变"以来，中国战场始终牵制着100万左右的日本陆军主力。在整个抗日战争中，中国战场毙、伤、俘日军155.9万余人，占日军在第二次世界大战中军队伤亡人数的60%以上。1945年8月15日，日本被迫宣布无条件投降，世界反法西斯战争取得了彻底胜利。

中国的持久抗战为同盟国顺利实施"先欧后亚"战略提供了前提，为确保世界反法西斯战争的全胜奠定了可靠基础。

（3）中国是世界反法西斯阵营的"四大国"之一。中国作为世界反法西斯战争东方主战场的地位，得到了普遍承认和尊重，为中国赢得了大国地位。

1942年1月1日，26个反法西斯国家在华盛顿签署《联合国家宣言》，美、英、苏、中四国领衔签字，这是中国第一次以"四大国"之一身份出现在战时的国际政治舞台上。1943年11月下旬，美、英、中三国首脑聚会埃及首都开罗，于12月1日发表《开罗宣言》，规定"日本所窃取于中国之领土，例如东北、台湾、澎湖群岛等归还中国"。开罗会议是战时中国外交的最高峰。据此，中国有权参与各大国之间为结束战争而采取的协调行动，有权参与筹建联合国的活动。1945年4月，联合国制宪会议在美国旧金山举行，中国代表团出席会议。中国成为联合国的创始国和安理会5个常任理事国之一。

在反法西斯战争中，中国与各盟国并肩作战，共同取得了胜利，同时中国也赢得了大国地位。战后，百年来帝国主义强加给中国的各种不平等条约基本得以废除。从此，中国以崭新的姿态，冲出亚洲，走向世界，为维护世界和平、民主，为维护人类正义事业，作出越来越大的贡献。

重点 3：国共两党在抗日战争中的地位和作用

以国共两党合作为基础的抗日民族统一战线，对于打败日本侵略者、取得民族解放战争的胜利，具有决定性的作用。国共两党在抗战的不同时期，具有不同的地位和作用。

(1) 抗日战争是全民族的解放战争，这是民族矛盾居于主导地位所造成的。中国共产党与国民党由十年内战转为结成统一战线合作抗日，是抗日战争实现并坚持下来的基础。国民党及其各派系，在抗战爆发前基本上掌握着国家政权，有国民党政权参加，才有全民抗战。西安事变后，国民党政权改变“攘外必先安内”的方针，转为准备抗日。抗战开始不久，国民党中央通讯社发表中共关于国共合作抗日的宣言，蒋介石发表谈话，承认中国共产党的应有地位和国共合作抗日。抗战开始前，中国共产党的方针经历了从“反蒋抗日”到“联蒋抗日”再到“逼蒋抗日”的转变，抗战实现以后又反复强调国共合作，强调全国团结抗战。中国共产党领导的人民力量的兴起、壮大，是抗日战争得以坚持并取得最后胜利的基本条件之一。共产党在政治上是抗日民族统一战线的倡导者和维护者，在军事上领导着敌后战场，有共产党领导的人民力量的参加，全民抗战才有了力量、重心。

国共两党合作成为一个历史关键。中国内部新的团结格局由此确定下来。全国各阶级、各民族团结起来，一致抗日救亡。中华民族的觉醒达到了前所未有的新的高度。抗日胜利就是这样实现的，虽经历惊涛骇浪终于坚持到底。从双方合作奠定抗日战争的基础来看，国民党与共产党在抗日战争中的地位，基本是相同的。它们这时都站在争取民族解放斗争的关键位置上，在日本军国主义汹涌而来时力挽狂澜。

(2) 中国国民党和中国共产党领导的抗日军队，分别担负着正面战场和敌后战场的作战任务，形成了共同抗击日本侵略者的战略态势。以国民党军队为主体的正面战场，组织了一系列大会战，特别是全国抗战初期的淞沪会战、忻口会战、徐州会战、武汉会战等战役，给日军以沉重打击。

抗日战争中，民族矛盾起主导作用，但阶级矛盾并没有消失。蒋介石领导的国民党政权这时具有两面性格。参加抗日民族解放战争，这一面是爱国的、带着革命性的；坚持大地主大资产阶级专政，这一面是反民主、反人民、带着反革命性的。前一面符合民族利益，后一面违反民族利益。抗战初期，前一面表现得比较明显。战争进入相持阶段，日本对重庆加紧诱降，共产党在敌后战场上快速发展，国民党的态度逆转。国民党采取“消极抗日，积极反共”的反动政策，致使大片国土沦陷。这时蒋介石谈话多次把抗日、反共并列，甚至认为反共重于抗日。中国因此几度出现国共分裂，以及抗日民族统一战线中途夭折的严重危险。

(3) 中国共产党实行全民族抗战的路线，采取持久战的战略方针，使抗战的最后胜利有了可靠的保障。为了贯彻执行全面抗战路线，中国共产党作出了开辟敌后战场的战略决策，广泛发动群众，开展游击战争，八路军、新四军、华南抗日游击队、东北抗日联军和其他抗日武装力量奋勇作战。平型关大捷打破了“日军不可战胜”的神话，百团大战振奋了全国军民争取抗战胜利的信心。敌后战场钳制和歼灭日军大量兵力，歼灭大部分伪军，逐渐成为中国人民抗日战争的主战场。中国共产党在统一战线中坚持独立自主的原则，坚持抗战、团结、进步的方针，反对妥协、分裂和倒退。中国共产党积极建设抗日民主根据地，建立“三三制”的民主政权，减租减息，大力发展生产，积极进行文化建设和干部教育。中国共产党还在大后方开展抗日民主运动和抗战文化工作，对于激发大后方人民的爱国意识、坚持国共合作团结抗战、支援抗战前线、积蓄革命力量等发挥了重要的作用。

胡锦涛同志在纪念抗日战争胜利60周年大会上的讲话中指出：人类社会是按照历史的规律和法则前进的。中国人民能够赢得抗日战争的胜利，以落后的武器装备打败经济实力和军事装备远比自己强大的侵略者，绝不是偶然的。中国共产党以自己的坚定意志和模范行动，在全民族抗战中发挥了中流砥柱的作用。

三、深度阅读

《论持久战》

写作背景

1937年卢沟桥事变，抗日战争全面爆发。国共两党捐弃前嫌，合作抗日，结成了以国共合作为基础的抗日民族统一战线。国民党军队先后进行了淞沪、忻口、徐州等大的会战，共产党领导的八路军东渡黄河，开赴华北抗日前线，配合国民党军队作战。国共双方都取得了一些战役、战斗的胜利，沉重打击了日本侵略者。

1938年5—6月，毛泽东在延安抗日战争研究会上作了《论持久战》的讲演，总结抗战10个月来的经验，批驳了“速胜论”和“亡国论”，系统阐明了中国共产党关于持久抗战的总方针。

原著节选

（二）抗战十个月以来，一切经验都证明下述两种观点的不对：一种是中国必亡论，一种是中国速胜论。前者产生妥协倾向，后者产生轻敌倾向。他们看问题的方法都是主观的和片面的，一句话，非科学的。

（三）抗战以前，存在着许多亡国论的议论。例如说：“中国武器不如人，战必败。”“如果抗战，必会作阿比西尼亚。”抗战以后，公开的亡国论没有了，但暗地是有的，而且很多。例如妥协的空气时起时伏，主张妥协者的根据就是“再战必亡”。有个学生从湖南写信来说：“在乡下一切都感到困难。单独一个人作宣传工作，只好随时随地找人谈话。对象都不是无知无识的愚民，他们多少也懂得一点，他们对我的谈话很有兴趣。可是碰了我那几位亲戚，他们总说：‘中国打不胜，会亡。’讨厌极了。好在他们还不去宣传，不然真糟。农民对他们的信仰当然要大些啊！”这类中国必亡论者，是妥协倾向的社会基础。这类人中国各地都有，因此，抗日阵线中随时可能发生的妥协问题，恐怕终战争之局也不会消灭的。当此徐州失守武汉紧张的时候，给这种亡国论痛驳一驳，我想不是无益的。

（四）抗战十个月以来，各种表现急性病的意见也发生了。例如在抗战初起时，许多人有一种毫无根据的乐观倾向，他们把日本估计过低，甚至以为日本不能打到山西。有些人轻视抗日战争中游击战争的战略地位，他们对于“在全体上，运动战是主要的，游击战是辅助的；在部分上，游击战是主要的，运动战是辅助的”这个提法，表示怀疑。他们不赞成八路军这样的战略方针：“基本的是游击战，但不放松有利条件下的运动战。”认为这是“机械的”观点。上海战争时，有些人说：“只要打三个月，国际局势一定变化，苏联一定出兵，战争就可解决。”把抗战的前途主要地寄托在外国援助上面。台儿庄胜利之后，有些人主张徐州战役应是"准决战"，说过去的持久战方针应该改变。说什么"这一战，就是敌人的最后挣扎"，"我们胜了，日阀就在精神上失了立场，只有静候末日审判"。平型关一个胜仗，冲昏了一些人的头脑；台儿庄再一个胜仗，冲昏了更多的人的头脑。于是敌人是否进攻武汉，成为疑问了。许多人以为："不一定"；许多人以为："断不会"。这样的疑问可以牵涉到一切重大的问题。例如说：抗日力量是否够了呢？回答可以是肯定的，因为现在的力量已使敌人不能再进攻，还要增加力量干什么呢？例如说：巩固和扩大抗日民族统一战线的口号是否依然正确呢？回答可以是否定的，因为统一战线的现时状态已够打退敌人，还要什么巩固和扩大呢？例如说：国际外交和国际宣传工作是否还应该加紧呢？回答也可以是否定的。例如说：改革军队制度，改革政治制度，发展民众运动，厉行国防教育，镇压汉奸托派，发展军事工业，改良人民生活，是否应该认真去做呢？例如说：保卫武汉、保卫广州、保卫西北和猛烈发展敌后游击战争的口号，是否依然正确呢？回答都可以是否定的。甚至某些人在战争形势稍为好转的时候，就准备在国共两党之间加紧磨擦一下，把对外的眼光转到对内。这种情况，差不多每一个较大的胜仗之后，或敌人进攻暂时停顿之时，都要发生。所有上述一切，我们叫它做政治上军事上的近视眼。这些话，讲起来好像有道理，实际上是毫无根据、似是而非的空谈。扫除这些空谈，对于进行胜利的抗日战争，应该是有好处的。

（五）于是问题是：中国会亡吗？答复：不会亡，最后胜利是中国的。中国能够速胜吗？答复：不能速胜，抗日战争是持久战。

原著解析

毛泽东的《论持久战》这篇光辉著作，首先驳斥了"亡国论"和"速胜论"的错误观点，阐明"抗日战争是持久战"，"最后胜利是中国的"。毛泽东接着便阐述了得出此结论的"依据"，指出：中日战争是半殖民地半封建的中国和帝国主义的日本之间在 20 世纪 30 年代进行的一个决死的战争。一方面，日本是强国，中国是弱国，强国弱国的对比，决定了抗日战争只能是持久战。另一方面，日本是小国，发动的是退步的、野蛮的侵略战争，在国际上失道寡助；而中国是大国，进行的是进步的、正义的反侵略战争，在国际上得道多助。中国已经有了代表中华民族和中国人民根本利益的、在政治上成熟的中国共产党及其领导的抗日根据地和人民军队。因此，最后胜利又将是属于中国的。

毛泽东还科学地预见了抗日战争的发展进程，即抗日战争将经过战略防御、战略相持、战略反攻三个阶段。其中，战略相持阶段，是中国抗日战争取得最后胜利的最关键的阶段。只要坚持持久抗战、坚持抗日民族统一战线，中国将在这个阶段中获得转弱为强的力量。

毛泽东的《论持久战》一书，提示了抗日战争的发展规律和持久战的战略方针，批驳了"亡国论"、"速胜论"等错误论调，使全国人民看到了抗战胜利的前途，增强了必胜的信心。

四、案例解析

彭德怀谈"游击战术"

彭德怀和毛泽东虽是湖南同乡，在成立红军以前却没有见过面。彭德怀说话南方口音很重，快得像连珠炮。只有他慢条斯理地讲得很简单的时候我才能听懂，但他总是很不耐烦慢条斯理地说话。在这次谈话里，北京一位年轻的大学毕业生做我的翻译，他的英语很好。我希望他仍活着，总有一天会读到我在这里对他表示的最深切的感谢。

“中国采用游击战的主要原因，”彭德怀开始说。“是因为经济破产，特别是农村破产。帝国主义、封建主义、军阀混战加在一起，破坏了农村经济的基础，不消灭它的主要敌人是不能恢复的。苛捐杂税，加上日本侵略，军事上和经济上的侵略，在地主的帮助下加速了农民破产的速度。农村中的豪绅的滥用权力使大多数农民无法生活下去。农村中失业现象普遍。穷人阶级愿意为改变处境而斗争。

“其次，游击战得到了发展是因为内地的落后。缺乏交通、道路、铁路、桥梁，使得人民可以武装起来，组织起来。

“第三，虽然中国的战略中心多少都控制在帝国主义者手中，这种控制是不平衡的，不统一的。在帝国主义的势力范围之间，有很多空隙，可以迅速发展游击战。

“第四，大革命(一九二六—二七年)在许多人的心中播下了革命的思想，甚至在一九二七年发生反革命，城市里进行了大屠杀以后，许多革命者拒绝屈服，寻求反对的方法。由于大城市里帝国主义和买办联合控制的特殊制度，由于在开始的时候缺乏一支武装力量，不可能在城市地区找到一个根据地，因此许多革命工人、知识分子、农民回到农村地区去领导农民起义。无法容忍的社会经济条件造成了革命的条件：所需要的只是为这一农村群众运动提供领导、方式和目标。

“所有这些因素都有助于革命游击战的发展和成功。当然，这些道理说得很简单，没有谈到其中更深刻的问题。

“除了这些理由以外，游击战所以能够成功，游击队所以能够战无不胜，还因为群众同作战部队打成一片。红色游击队不仅是战士，他们同时也是政治宣传员和组织者。他们到哪儿就把革命的思想带到哪儿，向农民群众耐心解释红军的真正使命，使他们了解只有通过革命才能满足他们的需要，为什么共产党是唯一能够领导他们的政党。

“但是至于游击战的具体任务，你问到为什么在有些地方发展很快，成了强大的政治力量。而在别的地方却很容易遭到迅速的镇压。这是一个很有意思的问题。

“首先，中国的游击战只有在共产党的革命领导下才能取胜，因为只有共产党有决心、有能力满足农民的要求，了解在农民中间进行深入、广泛、经常的政治和组织工作的必要性，能够实现它宣传的诺言。

“其次，游击队的实际战地领导必需坚决果断、勇敢无畏。没有这些领导品质，游击战不但不能发展，而且在反动派的进攻下一定会衰亡。

“因为群众只关心他们生计问题的实际解决，因此只有立即满足他们最迫切的要求才能发展游击战。这意味着必须迅速解除剥削阶级的武装。

“游击队决不能静止不动，这样就会招致毁灭。他们必须不断扩充，在周围不断建立新的外围团体。每个斗争阶段都要有政治训练的配合，从每一个新参加革命的队伍中必须培养当地的领导人。在一定程度内可以从外面吸收领导人，但是如果游击运动不能鼓舞、唤醒，不能经常地从本地群众中培养新的领导人，就不可能有持久的成功。”

这些话使人感到很有兴趣，而且无疑也很重要。但是如果可能的话，我想知道红军的军事指导原则，因为这些原则使得他们成为装备比他们强大好几倍的南京军队的劲敌。凡是读到过一些关于劳伦斯上校及其战役的人,无不把红军的战术同这个英国运动战伟大天才的战术相比。像阿拉伯人一样,红军在少数几次的大规模阵地战中战绩平庸,但在运动战中却不可战胜。

张学良少帅所以开始尊重红军(这是他被派来摧毁的敌人)的主要原因之一是,他对他们这种作战方法的熟练掌握有很深刻的印象,他终于相信,这种方法是可以用来打日本的。他同红军达成休战协议后,就邀请红军教官到他在陕西为东北军办的军官训练班讲课,共产党在那里的影响迅速扩大。张学良和他的大部分军官坚决抗日,他们相信,在对日战争中,中国最后必须依靠优势的机动和运动能力。他们迫切地要想知道红军在十年内战的经验中所学到的关于运动战的战略战术的所有知识。

关于这几点,我原来问过彭德怀,是否可以归纳一下"红色游击战术的原则"?他答应过给我总结一下,并且写了一些笔记,现在他念给我听。至于这个问题的详尽论述,他叫我去看毛泽东写的一本小册子,是在苏区出版的,但是我无法弄到。

彭德怀说,"如果新发展的游击队要成功的话,有些战术原则必须遵守。这是我们从长期经验中学习到的,虽然视具体情况而异。我认为背离这些原则一般都会造成灭亡。主要原则可以归纳为下列十点:

"第一,游击队不能打打不赢的仗。除非有很大的胜利把握,否则不同敌人交战。

"第二,游击队如果领导得好,所采用的主要进攻战术就是奇袭。必须避免打阵地战。游击队没有辅助部队,没有后方,没有供应线和交通线,而敌人却有。因此在长期的阵地战中敌人据有一切有利条件,总的来说,游击队获胜的可能性与作战时间长短成反比例。

"第三,在交战之前,不论主动或是被动,必须制订出缜密的详细的进攻计划,特别是撤退计划。任何进攻,事先如不充分准备好预防措施,游击队就有遭到敌人出奇制胜的危险。游击队的极大有利条件就是优势运动能力,在运用这种能力方面如有错误就意味着灭亡。

"第四,在发展游击战中必须注意民团,这是地主豪绅的第一道,也是最后一道的最坚决的防线。从军事上来说,民团必须予以消灭。但从政治上来说,如有可能,就必须把它争取到群众一边来。一乡的民团不解除武装,群众是发动不起来的。

"第五,在与敌军正常交战时,游击队的人数必须超过敌人。但是如果遇到敌人正规军在移动、休整、或防范不严的时候,可以用一支小得多的部队,对敌人战线上的要害进行侧翼奇袭,行动要迅速坚决。红军的许多'短促突击'都是用几百个人的兵力对成千上万的敌军进行的。这种突然进攻要完全成功必须要突然、迅速、勇敢、果断、计划周密,挑选的是敌人最薄弱又是最重要的环节。只有高度有经验的游击队才能取胜。

"第六,在实际战斗中,游击战线必须具有最大的弹性。一旦看出他们对敌人兵力或准备或火力的估计如有错误,游击队员应该能够像发动进攻那样迅速地脱离接触而后撤。每一单位必须有可靠的干部,充分能够代替在战斗中伤亡的指挥员。在游击战中必须大大依靠下级的随机应变。

"第七,必须掌握牵制佯攻、骚扰伏击等分散注意的战术。在中文中,这种战术叫做'声东击西的原则'。

"第八,游击队要避免同敌军主力交战,要集中在最薄弱的或最致命的环节。

"第九,必须提防敌人找到游击队主力。为此,游击队员在敌人前进时应集中在一个地方,应该在进攻之前经常变位置——一天或一晚上两三次。游击队行动神出鬼没是要取得成功所绝对必备的条件。进攻后迅速分散的周密计划同实际集中力量应付敌人进攻的计划一样重要。

“第十,除了优势机动以外,游击队由于同地方群众不可分离,在优势情报方面具有有利条件,必须充分利用这一条件。理想的情况是,每个农民都是游击队的情报员,这样敌人每走一步,游击队就无不事先知道。应努力保护敌情渠道,并建立好几道辅助情报网。”

据彭德怀司令员说,这就是红军力量所系的主要原则,每次扩大红区都要运用这些原则。他最后说:

“因此你可以看到游击战要成功,需要这些基本条件:无畏、迅速、计划周密、机动、保密、行动神出鬼没和坚决果断。缺一项,游击队就不能取胜。如果在战斗开始时,他们没有决断,战斗就要拖延时日。他们必须迅速,否则敌人就能得到增援。他们必须机动灵活,否则就会失掉运动的有利条件。

“最后,游击队绝对必需得到农民群众的拥护和参加。如果没有武装农民运动,事实上就没有游击队根据地,军队就不可能存在。只有深深扎根于人民的心中,只有实现群众的要求,只有巩固农村苏维埃中的根据地,只有掩护在群众之中,游击战才能带来革命的胜利。”

彭德怀在阳台上踱来踱去,每次走到我伏案疾书的桌子边上时就提出一个论点。现在他突然停下来,沉思地回想。

“但没有任何东西,绝对没有任何东西,”他说,“比这一点更重要——那就是红军是人民的军队,它所以壮大是因为人民帮助我们。

“我记得一九二八年的冬天,我的部队在湖南只剩下二千多人,还受到包围。国民党军队把方圆三百里内的所有房子都烧掉了,抢去了所有粮食,然后对我们进行封锁。我们没有布,就用树皮做短衫,把裤腿剪下来做鞋子。头发长了没法剃,没有住的地方,没有灯,没有盐。我们病的病,饿的饿。农民们也好不了多少,他们剩下的也不多,我们不愿碰他们的一点点东西。

“但是农民鼓励我们。他们从地下挖出他们藏起来不让白军知道的粮食给我们吃,他们自己吃芋头和野菜。他们痛恨白军烧了他们的房子,抢了他们的粮食。甚至在我们到达之前他们就在同地主老财作斗争了,因此他们欢迎我们。许多人参加了我们的队伍,几乎所有的人都用某种方式帮助我们。他们希望我们取胜!因此我们继续战斗,冲破了封锁。”

他向我转过身来,简单地结束道。“战术很重要,但是如果人民的大多数不支持我们,我们就无法生存。我们不过是人民打击压迫者的拳头!”

(资料来源:(美)埃德加·斯诺. 西行漫记[M].
北京:生活·读书·新知三联书店,1979.)

案例点评

毛泽东率领秋收起义队伍上井冈山时只剩700余人,中央红军长征到达陕北后只剩下6 000多人,抗日战争开始时八路军、新四军总计不过数万人——以这样小的军队抵挡国民党数十万大军的“围剿”,广泛发展抗日游击战争并成为抗日战争的中流砥柱,最后打垮蒋介石800万军队,夺取了新民主主义革命的胜利,原因何在?除了以马克思列宁主义武装起来的中国共产党的正确领导之外,一个重要的原因,就是广泛发展人民战争和运用游击战争的战略战术。彭德怀是人民军队的创建者之一,也是人民战争和游击战争战略战术的实践者和总结者之一，他对人民军队战略战术的解说翔实、丰富、生动，为理解毛泽东人民战争思想和游击战的战略战术提供了帮助。

五、实践项目

项目1

研读文献心得

篇目

（1）毛泽东：《论持久战（节选）》（1938年5月）。

（2）《中共中央关于目前形势与党的任务的决定》（1937年8月25日）。

（3）毛泽东：《论联合政府（节选）》（1945年4月24日）。

（4）胡锦涛：《在中国人民抗日战争暨世界反法西斯战争胜利六十周年纪念大会上的讲话》（2005年9月3日）。

流程

（1）教师向学生提供阅读文献信息：可从图书馆借阅的参考书目，可供下载的比较可靠的网络地址，电子版的可阅读文献需设置并发送到公共邮箱供学生下载。

（2）教师在课堂上对阅读文献作简单讲解，提出撰写读书心得报告的具体要求。

（3）学生阅读文献，撰写并按时提交读书心得报告。成果可以以PPT、经过整理的资料片、学术论文等形式呈现。

（4）教师评定成绩并进行简要小结、反馈。

评价

考核指标	考核结果			
	优	良	中	差
学习态度				
自主学习能力				
合作学习能力				
知识运用能力				
学习效果				
总体评价				

项目2

观看音像资料

资料

《血战台儿庄》

1938年春，日本侵略军调集大量部队涌向了津浦路和陇海路的枢纽、中国南北交通的中心之一——徐州。著名的徐州会战就此打响。

台儿庄战役是中国军队保卫徐州的一次外围战役。台儿庄的地理位置非常重要，它既是陇海、津浦两条铁路的一个战略据点，又是运河的一个咽喉要道，是徐州的门户。日本人深知台儿庄的重要性，派出矶谷师团从山东的兖州南侵，企图迅速拿下台儿庄，然后渡过运河包抄徐州。第五战区司令长官李宗仁指挥下的中国军队，在台儿庄附近集中了40万人的优势兵力。

3月下旬，矶谷师团在飞机的掩护下，集中4万人，配以坦克、大炮，向台儿庄发动了猛烈的进攻。中国守军进行顽强抵抗，战斗十分激烈。日军猛攻三天三夜，才冲进城内。城内中国守军同日寇展开了激烈的巷战。尽管日军占据了全庄的3/4，但坚守在南关一带的中国军队至死不退，死守阵地，目的是为了外线部队完成对日军的反包围。这是李宗仁早已制订好的作战计划，以部分兵力死守台儿庄，守军尽量拖住敌人，以便庄外的大军将日寇团团围住，来个瓮中捉鳖。

4月初，外围部队切断了敌军的退路，并集中优势兵力向矶谷师团发动猛攻。城内的日寇一面疯狂抵抗，一面向板垣师团求救。但赶来救援的板垣师团在临沂一带遭到中国军队的沉重打击，被歼灭3000余人。矶谷师团见救援无望，决定以死相拼，一个个杀红了眼。中国军队虽以5倍于敌的兵力围攻，并付出极大的伤亡代价，但竟难以将敌人消灭，战争一时呈胶着状态。

4月6日，中国军队向矶谷师团发起了全线出击，双方便展开了巷战、肉搏战，一时间，台儿庄城内枪林弹雨，血流成河。日军头一次遭到国民党军队如此顽强的进攻，很快便溃不成军。矶谷廉介见大势已去，便率残兵仓皇逃走。

台儿庄战役以中国军队的胜利宣告结束。这次战役，共歼灭日军2万余人，是正面战场在抗战初期取得的一次重大胜利。

《小兵张嘎》

抗日战争时期，1943年，日本侵略者在冀中白洋淀活动猖獗。白洋淀地区的少年张嘎，在亲眼看见奶奶被日军杀害、八路军的钟连长被抓走后，为给奶奶报仇并救出老钟叔，只身寻找八路军，辗转到达区小队根据地，与游击队员一起生活、战斗。

张嘎是个机智、勇敢的孩子，他在和侦察员罗金保一起执行任务时，用西瓜砸了日本翻译并缴获一把小手枪。当枪被区队长准备还给翻译官时，张嘎表现出了少年儿童特有的调皮倔强、不守纪律的一面，如他名字一样"嘎"。他和伙伴胖墩摔跤，要输时咬人，之后还堵人家烟囱，于是被区队长关禁闭。后来他在伏击日伪军的战斗中，从伪军官手里又缴获一支手枪，因怕被没收而把枪藏了起来……

本在老乡家养伤的张嘎偷偷地出走寻找部队参战，却在途中被伪军抓住，被关在岗楼中。他面对敌人坚强不屈，并最终找到机会，在日本鬼子的岗楼中放火，配合部队攻破岗楼，老钟叔也被救了出来。当立功的张嘎重回区小队并交出所藏的手枪时，区队长宣布他已成为八路军侦察员，并且枪归他使用。

这部电影塑造了很多的英雄形象，如聪明但有时任性倔强的张嘎、机智勇敢的罗金保、对人既严格又体贴的区队长，以及宁死不屈的奶奶和老钟叔等，彰显了广大人民抗击日本侵略者的英雄气概，激发人们的爱国热情，使人深受教育。

流程

(1) 教师提供音像资料来源，提出撰写观后感的评审标准和要求。

(2) 学生在观看影视资料的基础上撰写观后感。观后感可有多种形式，包括学术论文、PPT、经过整理的资料片等。

(3) 学生提交观后感并进行交流。

(4) 教师根据学生完成情况评定成绩并计入平时成绩。

项目3

参观革命遗迹

内容

参观国际主义战士绿川英子墓及事迹展。

时间

与课堂教学内容同步。

地点

佳木斯烈士公墓。

流程

(1) 教师根据课堂教学情况，确定参观的最佳时机。

(2) 教师与学校有关部门协商参观的时间、用车等各项事宜。

(3) 教师向学生通知参观的时间等事项，并讲明若干要求。

(4) 教师组织、带领学生参观。

(5) 参观后，教师与学生(以行政班或教学班为单位)交流体会。

简介

绿川英子，原名长谷川照子，日本世界语学者和作家，1912 年生于日本山梨县猿桥地方一个建筑工程师家庭。

1929 年，当资本主义经济危机席卷日本、军国主义者加强思想控制时，在奈良女子高等师范学校的绿川英子，开始接触为人类谋解放的进步事业，并爱上了世界语，参加了以著名进步作家秋田雨雀为理事长的日本无产阶级世界语同盟的进步活动。1931 年“九一八”事变爆发，震动了绿川英子，她表示强烈抗议，并因此被日本反动当局拘留，开除校籍。出狱后她到东京无产阶级世界语协会工作，并掌握了世界语，参加了左翼文化运动。1933 年，她与在东京高等师范文科院选学英语的中国留学生刘仁相识。1936 年绿川英子和刘仁结合。

这在当时日本法西斯猖獗的情况下，是需要胆识和勇气的。婚后第二年绿川英子和刘仁回到了中国，积极参加中国共产党领导的抗日救国斗争。1937 年 4 月，绿川英子来到上海世界语协会工作，编辑《中国在怒吼》的世界语刊物。后来她到重庆，为中国共产党的《新华日报》、《群众》周刊等报刊撰写文章。

绿川英子踏上中国土地后生活的第一个地方是上海。在那里她目睹了日本侵略者给中国人民带来的深重灾难。在一篇题为《爱与恨》的文章中她这样写道："我爱日本，因为那里是我的祖国，在那儿生活着我的父母、兄弟姐妹和亲戚朋友——对他们我有着无限亲切的怀念。我爱中国，因为它是我新的家乡，这儿在我的周围有着许多善良和勤劳的同志。我憎恨，我竭尽全力憎恨正在屠杀中国人民的日本军阀。"

上海沦陷后，绿川英子在郭沫若的帮助下，绕道香港、广州来到武汉，参加了中国电台对日播音。她全力以赴地向世界揭露日本帝国主义对中国人民犯下的滔天罪行，报道中国人民抗日斗争的英雄事迹。为此，日本东京一家报纸恶毒咒骂绿川英子是"娇声卖国贼"，她在日本的亲属也受到株连。

武汉失守后，绿川英子来到重庆，在郭沫若领导的抗战文化工作委员会工作。此时她的名字已经为广大中国人民所熟悉。1941 年 7 月 27 日，在重庆文化界人士的一次聚会上，绿川英子见到了周恩来。周恩来笑着对她说："日本军国主义把你称为'娇声卖国贼'，其实你是日本人民忠实的好女儿，真正的爱国主义者。"绿川英子听了很激动，她说："这对我是最大的鼓励，也是对我微不足道的工作的最高酬答。我愿做中日两国人民忠实的女儿。"

1945 年以后，绿川英子夫妇来到东北解放区，东北行政委员会聘请他们为东北社会调查研究所研究员。1947 年 1 月 14 日，绿川英子由于人工流产手术感染，不幸在佳木斯逝世，年仅 35 岁。3 个月后，她的丈夫刘仁也因病逝世。佳木斯的党组织和人民群众，为了纪念这位英勇的国际主义战士，把绿川英子夫妇安葬在佳木斯烈士公墓。

绿川英子是一位日本籍女性，一位为中华民族的解放事业英勇奋斗的世界语学者和国际主义战士。通过对绿川英子生平事迹的了解，使学生认识到，在中华民族解放的战争中我们不是孤军奋战，有很多国际主义战士用行动甚至是生命来支援我们，从而使学生知道，我们进行的战争是正义的，因而最终必将走向胜利。同时使学生更加深刻地懂得，军国主义分子与国际主义战士之间的本质区别在于：虽然国籍相同，但却有着不同的选择，前者是发动战争的罪人，后者是维护和平的使者。

第七章　为新中国而奋斗

一、知识提要

了解抗战胜利后中国共产党为争取和平民主所作的不懈努力；了解光明与黑暗两种命运、两种前途的决定胜负的斗争是这一时期中国历史的基本内容；认识国民党政权遭到广大人民反对并迅速走向崩溃的根本原因；认识中国共产党领导的多党合作、政治协商格局形成的历史条件，人民共和国的创建和共产党执政地位的确立是历史和人民的选择；认识“没有共产党就没有新中国”的真理。

二、重点搜索

重点 1：毛泽东赴重庆谈判及其历史意义

（1）抗战胜利后，国共两党的地位发生了重大的变化。国民党在整个抗战时期，一直以执政党的身份周旋于国际事务间，发令于全国民众中。抗战的胜利，使它在国际上有一定的地位，在中国民众中尤其是在国统区民众中有相当的影响。在美国的支持下，执政的国民党与日伪合流，仍是强大而有力的。共产党在整个抗日战争中致力于抗日民族统一战线的建立、发展和巩固，并在抗战进入相持阶段后逐步成为抗战的中坚，从而扩大了它的国际影响，在中国民众中尤其是解放区民众中扩大了声望。特别是经过抗战的洗礼，不仅中国共产党本身日臻成熟，其领导的人民革命力量亦得到了发展壮大。经过 8 年抗战，中国共产党已经发展成为拥有 120 万党员、政治上完全成熟的大党。因此，国共两党对中国的前途具有同样举足轻重的影响。

（2）在抗战过程中和胜利后，以各民主党派为代表的中间势力也得到重大发展。抗战胜利后，中国政治舞台上存在着国民党、共产党、各民主党派三种势力，他们提出了三种不同的建国主张。代表地主阶级和大资产阶级利益的国民党，想重新把中国拖回到半殖民地半封建的老路上去，建立一个大地主大资产阶级专政的国家；代表人民大众利益的中国共产党坚决要把中国引向光明，建立一个无产阶级领导的以工农联盟为基础的新民主主义国家；代表民族资产阶级利益的、以民主同盟为首的各民主党派和无党派民主人士，希望中国走第三条道路，即建立一个资产阶级民主共和国。在当时的政治斗争中，虽然三大势力的三种主张的区别极其明显，但广大民众并不是一开始就认清了共产党的新民主主义道路的光明前途，也不是一开始即认清国民党的反动本性和民主党派的“第三条道路”在中国行不通。这种光明与黑暗、进步与落后的明确性，只能在当时复杂的斗争中方能得以展现，这就要求共产党人施展出高超的战略策略。

(3) 民众的和平期待。抗战8年，中国人民英勇奋斗，流血牺牲，终于打败了日本帝国主义，希望从此过上安定的生活。因此，建立一个和平、民主的国家是当时民众的急迫需求。人心思定，强烈反对再打内战。然而，在国共两党的建国主张中，在走什么样的道路、建什么样的国家以及由谁来领导建国等问题上，并不是极其明确，尤其是在国民党对中国共产党和毛泽东进行肆意歪曲宣传的情况下，国统区民众对共产党的方针、政策以及毛泽东更是存在着许多片面的认识。可以说，当时舆论一致要求和平，全国上下密切注视着局势的动向，关注着国共两党的态度，稍有不慎，便会遭到舆论的谴责，进而将失去民心。

(4) 蒋介石的内战阴谋。蒋介石邀请毛泽东赴重庆谈判，他估计有三种可能：一是毛泽东不敢来，这样他就可以欺骗国内外舆论，把发动内战的责任推到共产党身上；二是毛泽东来了，他在谈判桌上迫使共产党交出军队和政权，不战而胜；三是在要害问题上达不成协议，但可以拖住共产党，赢得准备内战的时间。他估计毛泽东不来的可能性大，因为蒋介石对张学良、杨虎城等人背信弃义、没有起码人格的卑鄙行径，人们还没有忘记。因而，中共高级将领、解放区军民甚至国民党内的一些高层人士，出于安全考虑，几乎都反对毛泽东去重庆。

此时，毛泽东去不去重庆，已经成为当时国内外瞩目的极为尖锐、极为敏感的重大政治问题。毛泽东是位高瞻远瞩、深谋远虑的伟大领袖，尽管他对蒋介石的本性看得入木三分，也深知去重庆的危险性，但他深知广大民众迫切要求和平、民主、休养生息的愿望，更懂得揭开蒋介石伪和平、真内战的面目，展示共产党方针、政策和行为风采的重要性。因此，他决定冒险亲自赴重庆和蒋介石谈判。

(5) 毛泽东勇赴重庆谈判的非凡举动，赢得了国统区广大民众，赢得了共产党在政治上的主动。延安《解放日报》于8月27日发表毛泽东将赴重庆的消息，8月28日，国统区所有报纸都予以转发。1945年8月28日，毛泽东飞抵重庆，整个山城为之沸腾。重庆各界代表和各方面人士数百人齐集九龙坡机场迎接，人们都围上去向毛泽东挥手，有些国民党元老和民主党派人士感动得流下了眼泪。他们说："毛泽东一身系天下之安危，看到了毛泽东，就看到了中国的救星，看到了中国的希望。"重庆无数工人、学生和市民，万人空巷，涌向街头。《新华日报》营业部门前挤满了人，至晚不散，民生路交通为之阻塞。

可以说，当时毛泽东以这一非凡的举动，在国统区中心——重庆展现了中共领袖的风采和魅力。当民族面临生存危机和精神危机，当原有的政治权威蒋介石因搞内战不再能威慑人心时，人们在期待、在不由自主地期待着这样一位权威人物的降临。毛泽东的出现，使国统区人民看清了他们所期待的领袖，毛泽东以自己的人格力量赢得了国统区人民的拥护。

毛泽东赴重庆谈判极大地宣传了共产党的方针、政策，展现了共产党人追求和平、民主的诚意。在谈判过程中，毛泽东作出了必要的、以不伤害人民根本利益为前提的让步，促成了《政府与中共代表会谈纪要》(即《双十协定》)的签订，这更表明了中国共产党为达到和平、民主，合理地解决实际问题，协力建设独立、自由和富强的新中国的诚意。毛泽东赴重庆谈判世人有目共睹，中国共产党不是空喊口号，而是以实际行动争取和平、民主，这使中国共产党在政治上获得了极大的主动。

毛泽东赴重庆谈判打破了国民党在国统区制造的所有谎言和骗局，使国统区民众更看清了蒋介石的本质。他以实际行动击破了国民党说共产党不要和平、不要团结的谣言。毛泽东在重庆的43天时间里，不断接触实际、接近民众的做法，更是展现了共产党人良好的工作作风。

重点 2：资本主义的建国方案在中国行不通

在帝国主义时代，处于半殖民地半封建社会状态的中国，无法顺利走上资本主义的发展道路，资本主义的建国方案是行不通的。

(1) 帝国主义不允许。近代中国是饱受帝国主义压迫的国家。从 1840 年鸦片战争以来，西方列强相继入侵中国，把中国逐渐变为半殖民地半封建社会。西方列强入侵中国，其目的不是要让中国成为一个独立、富强的资本主义国家，而是为了掠夺中国丰富的资源、奴役中国人民，从而发展本国的资本主义。一个政治上不独立、经济上附属于西方列强的地大物博、人口众多的半殖民地国家，是西方资本主义世界最合适的商品倾销市场、理想的资本输出对象和大量廉价原料、众多廉价劳动力的供应地。而要保持这一切，阻止中国通过革命性变革摆脱西方的控制是必须的。因此，西方国家既不愿意失去在中国已经获得的各种殖民主义利益，更不愿意看到中国通过变革成为其强有力的平等竞争对手。尽管中国的资产阶级革命派在革命过程中一再重申保护列强的在华利益，表现出向西方国家学习的虔诚态度，热烈地向西方列强表示友好，但仍无法得到列强们的同情和支持。在他们眼中，只有忠实维护其利益的集团或个人，才是所谓的“中国合适的领导人”。袁世凯就是在帝国主义的支持下最终迫使革命党人让步，从而窃取了辛亥革命胜利果实的。在辛亥革命失败后资产阶级革命派的历次奋斗中，帝国主义的阻挠和反对也是无处不在。事实证明，要使中国摆脱半殖民地的弱国地位，成为一个独立的资本主义国家，就必须彻底地毫不妥协地进行反对帝国主义的斗争。否则，帝国主义列强势必会运用种种手段来扼杀近代中国革命性的变革，摧毁中国成为独立资本主义国家的一切可能性。

(2) 中国民族资产阶级的软弱性是资本主义建国方案不能成功的根本原因。中国民族资本主义的发展一直非常曲折，它自产生之日起就受到外国资本的压迫、本国官僚和买办资本的排挤、军阀官僚政府的压榨，无法得到较为自由和充分的发展。在近代中国的国民经济中，个体农业经济占据十分明显的优势。资本主义经济在整个国民生产总值中只占很小的比例，其经济实力和政治影响力都十分有限。在民族资本主义经济中，商业资本和金融资本占的比重较大，轻工业有所发展，但重工业基础十分缺乏，不能构成一个较为完整独立的工业体系，因此不能不长期依赖于外国资本和本国官僚资本；中国民族资本的积累途径较为复杂，不少民族资本家是由官僚或买办转化而来，还有相当多的民族资本家前身就是地主，其资本积累源于地租剥削所得。有些地主在成为资本家后，仍占有大量土地，以传统的租佃方式剥削农民，成为地主兼资本家。他们与帝国主义和封建势力有着相当密切的联系。

中国民族资本主义上述状况决定了半殖民地半封建中国的民族资产阶级，是带有鲜明两重性的阶级。一方面，他们受帝国主义、本国的专制政治和封建主义的压迫和束缚，与帝国主义、本国封建势力之间有深刻的矛盾，因而是革命力量之一，并在近代中国的相当一段时期内成为革命的领导者；另一方面，由于他们在经济上同帝国主义列强和本国封建势力之间有着千丝万缕的联系，所以导致他们在政治上的软弱性，他们缺乏彻底反帝反封建的勇气和力量。他们不能或不敢提出彻底的民主革命纲领；在革命过程中脱离人民群众，完全漠视农民阶级的利益和要求，因此无法得到人民群众对其革命的理解和支持；其内部组织涣散，难以形成坚强的领导核心；也一直没有建立强有力的饱含革命精神的独立武装力量，而更多的是依靠军阀们进行政治投机。民族资产阶级的软弱性和妥协性，决定了它不能领导中国的民主革命走向胜利，也不可能让中国顺利地走上资本主义发展道路，不可能在中国建立真正的资产阶级共和国。

(3) 近代以来世界革命的发展潮流决定了中国将走上非资本主义的道路。世界历史进入20世纪，随着十月革命的胜利和世界形势的发展，世界革命进入到无产阶级社会主义革命的历史新阶段。作为世界社会主义革命的一部分，中国革命也必然将实现从旧的资产阶级民主主义革命向新的资产阶级民主主义革命的转变。而随着中国社会生产力的发展，中国工人阶级的成长壮大和阶级意识的成熟，无产阶级将取代资产阶级成为中国革命的领导者，成为新民主主义革命的领导阶级。以无产阶级为领导力量，以农民阶级为主力军，联合城市小资产阶级和民族资产阶级而进行的新民主主义革命，将彻底打倒帝国主义、封建主义和官僚资本主义，使中国摆脱半殖民地半封建的地位，并逐步走向社会主义。

重点3：人民解放战争是爱国的正义的革命战争

1946—1949年，中国共产党领导人民进行的全国解放战争，是一场爱国的正义的革命战争。

(1) 抗战胜利后，美帝国主义企图代替日本帝国主义，在中国取得独占的地位。为此，它采取一切可能的手段来削弱以致消灭坚决维护中国民族独立的人民革命力量，以便在中国维持一个亲美的政权。蒋介石所进行的战争，正是适应了美帝国主义的这种需要，具有明显的反人民性质。

美国政府是蒋介石的主要支持者。没有美国大量的军事和经济援助，蒋介石是不敢发动内战的。作为接受美国援助的交换条件，国民党当局多次为美国侵略势力深入中国提供便利，它还与美国政府签订了一系列公开或秘密的丧权辱国的条约或协定。

(2) 国民党的反动统治是以封建势力作为自己的社会支柱的。在近代中国的经济生活中，占优势地位的是封建经济。封建剥削制度是以地主占有土地，剥削农民的剩余劳动乃至必要劳动为前提的。在近代中国，占农村人口不到10%的地主和富农，占有全国70%～80%的土地，而占农村人口90%以上的贫农、雇农、中农及其他人民，共同占有土地20%～30%。以地主土地所有制为基础的封建剥削制度，是中国最广大的劳动群众——农民遭受苦难的根源，是中国的现代化、民主化的主要障碍。国民党发动战争以维护半殖民地半封建的旧中国，这就意味着它力图使中国广大农民继续受封建势力的压迫和剥削，并且阻碍中国走向现代化和民主化。正是这一点，突出地显示了它所进行的这场战争所具有的反人民、反民主的性质。

为了进行这场反人民战争，国民党统治集团在农村征收各种苛捐杂税。与此相反，中国共产党领导的战争是一场反帝反封建的革命战争，其目的是为了铲除农村的封建势力，普遍地彻底地解决农民的土地问题。

(3) 以蒋、宋、孔、陈四大家族为首的官僚资本，是蒋介石反动政权的经济基础。它集中了巨额的财产，垄断了全国的经济命脉。它是与反动的国家政权结合在一起的，是同外国帝国主义、本国地主阶级和旧式富农密切地结合起来的，是买办封建国家垄断资本主义。掌握官僚资本的官僚资产阶级即中国的大资产阶级，是控制蒋介石反动政权的主要阶级。蒋介石进行反人民战争的目的，是为了维护这个阶级的利益，维护官僚资本在社会经济中的垄断地位。

蒋介石以战争的手段来维护腐朽的生产关系，他发动内战的反动性质是显而易见的。与此相反，中国共产党把没收官僚资本归新民主主义的国家所有，确定为新民主主义革命的基本任务之一。党所领导的人民解放战争的胜利发展，将从根本上摧毁官僚资本的统治，从而也就为工农业生产的发展、民族工商业的繁荣创造了条件。从这里，也可以明显地看到人民解放战争正义的、进步的、革命的性质。

综上所述，抗战胜利后中国发生的内战，对于国民党统治集团来说，是为了维护帝国主义、封建主义、官僚资本主义的利益，是为了维护半殖民地半封建的旧中国；对于中国共产党来说，则是为了反对帝国主义、封建主义、官僚资本主义，是为了建设新民主主义的新中国。正因为如此，人民解放战争的胜利发展，同反动政权的崩溃和人民政权的建立、同旧制度的灭亡和新制度的诞生，是同一个过程。也正是这一点，从根本上决定了国民党必败、共产党领导的人民革命力量必然胜利的结果。

三、深度阅读

《和美国记者安娜·路易斯·斯特朗的谈话》

写作背景

1946 年 6 月底，国民党以大举进攻中原解放区为起点，挑起了全国性的内战。全面内战爆发时，中国共产党面临的形势是极为严峻的，与国民党相比，在经济、军事、财政等方面处于明显的劣势。

面对国民党气势汹汹的进攻，毛泽东坚定地指出：我们能够打败蒋介石。这是因为，蒋介石军事力量的优势和美国的援助，只是临时起作用的因素；而蒋介石发动的战争是反人民的，人心的向背，则是长久起作用的因素，在这方面，我们占着优势。人民解放战争所具有的爱国的正义的革命的性质，必然能获得全国人民的拥护，因而必然会取得胜利。1946 年 8 月，毛泽东在与美国记者安娜·路易斯·斯特朗的谈话中，提出了"一切反动派都是纸老虎"的著名论断。

原著节选

斯特朗问：你觉得中国的问题，在不久的将来，有政治解决、和平解决的希望没有？

毛答：这要看美国政府的态度。如果美国人民拖住了帮助蒋介石打内战的美国反动派的手的话，和平是有希望的。

问：如果美国除了它所已经给的以外不再帮助了，那末蒋介石还可以打多久？

答：一年以上。

问：蒋介石在经济上可能支持那样久吗？

答：可以的。

问：如果美国说明此后不再给蒋介石以什么帮助了呢？

答：在现时还没有什么征象，表示美国政府和蒋介石有任何在短时期内停止战争的愿望。

问：共产党能支持多久？

答：就我们自己的愿望说，我们连一天也不愿意打。但是如果形势迫使我们不得不打的话，我们是能够一直打到底的。

问：如果美国人民问到共产党为什么作战，我该怎样回答呢？

答：因为蒋介石要屠杀中国人民，人民要生存就必须自卫。这是美国人民所能够理解的。

……

问：这是一个很好的说明。但是如果美国使用原子炸弹呢？如果美国从冰岛、冲绳岛以及中国的基地轰炸苏联呢？

答：原子弹是美国反动派用来吓人的一只纸老虎，看样子可怕，实际上并不可怕。当然，原子弹是一种大规模屠杀的武器，但是决定战争胜败的是人民，而不是一两件新式武器。

一切反动派都是纸老虎。看起来，反动派的样子是可怕的，但是实际上并没有什么了不起的力量。从长远的观点看问题，真正强大的力量不是属于反动派，而是属于人民。在一九一七年俄国二月革命以前，俄国国内究竟哪一方面拥有真正的力量呢？从表面上看，当时的沙皇是有力量的；但是二月革命的一阵风，就把沙皇吹走了。归根结蒂，俄国的力量是在工农兵苏维埃这方面。沙皇不过是一只纸老虎。希特勒不是曾经被人们看作很有力量的吗？但是历史证明了他是一只纸老虎。墨索里尼也是如此，日本帝国主义也是如此。相反的，苏联以及各国爱好民主自由的人民的力量，却是比人们所预料的强大得多。

蒋介石和他的支持者美国反动派也都是纸老虎。提起美国帝国主义，人们似乎觉得它是强大得不得了的，中国的反动派正在拿美国的“强大”来吓唬中国人民。但是美国反动派也将要同一切历史上的反动派一样，被证明为并没有什么力量。在美国，另有一类人是真正有力量的，这就是美国人民。

拿中国的情形来说，我们所依靠的不过是小米加步枪，但是历史最后将证明，这小米加步枪比蒋介石的飞机加坦克还要强些。虽然在中国人民面前还存在着许多困难，中国人民在美国帝国主义和中国反动派的联合进攻之下，将要受到长时间的苦难，但是这些反动派总有一天要失败，我们总有一天要胜利。这原因不是别的，就在于反动派代表反动，而我们代表进步。

原著解析

这是毛泽东在中国抗日战争和世界反法西斯战争结束不久，关于国际形势和国内形势的一篇很重要的谈话。在这篇谈话里，毛泽东提出了“一切反动派都是纸老虎”的著名论点。这个论点，在思想上武装了中国人民，加强了中国人民的胜利信心，在人民解放战争中，起了极其伟大的作用。同列宁把帝国主义看成“泥足巨人”一样，毛泽东把帝国主义和一切反动派看成纸老虎，都是从它们的本质说的。这是革命人民的一个根本战略思想。从土地革命战争时期以来，毛泽东曾经多次指出：革命者必须在战略上，在全体上，藐视敌人，敢于同他们斗争，敢于夺取胜利；同时，又要在战术上，在策略上，在每一个局部上，在每一个具体斗争的问题上，重视敌人，采取谨慎态度，讲究斗争艺术，根据不同的时间、地点和条件，采取适当的斗争形式，以便一步一步地孤立敌人和消灭敌人。

新中国成立后的1958年，毛泽东专门写了《关于帝国主义和一切反动派是不是真老虎的问题》这篇文章，全面地论述了这一论点。毛泽东指出："同世界上一切事物无不具有两重性（即对立统一规律）一样，帝国主义和一切反动派也有两重性，它们是真老虎又是纸老虎。历史上奴隶主阶级、封建地主阶级和资产阶级，在它们取得统治权力以前和取得统治权力以后的一段时间内，它们是生气勃勃的，是革命者，是先进者，是真老虎。在随后的一段时间，由于它们的对立面，奴隶阶级、农民阶级和无产阶级，逐步壮大，并同它们进行斗争，越来越厉害，它们就逐步向反面转化，化为反动派，化为落后的人们，化为纸老虎，终究被或者将被人民所推翻。反动的、落后的、腐朽的阶级，在面临人民的决死斗争的时候，也还有这样的两重性。一面，真老虎，吃人，成百万人成千万人地吃。人民斗争事业处在艰难困苦的时代，出现许多弯弯曲曲的道路。中国人民为了消灭帝国主义、封建主义和官僚资本主义在中国的统治，花了一百多年时间，死了大概几千万人之多，才取得一九四九年的胜利。你看，这不是活老虎，铁老虎，真老虎吗？但是，它们终究转化成了纸老虎，死老虎，豆腐老虎。这是历史的事实。人们难道没有看见听见过这些吗？真是成千成万！成千成万！所以，从本质上看，从长期上看，从战略上看，必须如实地把帝国主义和一切反动派，都看成纸老虎。从这点上，建立我们的战略思想。另一方面，它们又是活的铁的真的老虎，它们会吃人的。从这点上，建立我们的策略思想和战术思想。"

毛泽东《和美国记者安娜·路易斯·斯特朗的谈话》，揭露了蒋介石国民党外强中干的实质，从思想上武装了解放区军民，鼓舞人民要敢于同貌似强大但本质虚弱的敌人作斗争，坚决打败国民党反动派的进攻。

四、案例解析

延安的政治

延安是一个混杂的地方。3万名下层的人民是当地土生的；他们的祖先不知若干世纪以前即已安居在这里。他们和所有中国的北方人吃着同样的食物，说着同类的语言，穿着同类的衣服。当晨光熹微的时候，尖锐的号角声回旋在山间，配合人们的欢欣与鼓舞。这样的混杂是可以得到解释的，那只有当你认定延安不是一个政治首都，不是一个政治上的实验站，也不是一个中国一般的县份，而是一个军营，一个战区司令部，一个临时的指挥站，随时准备着遭受攻击，随时准备着明天就要转移。这个军营是以两个主要建筑为中心——中国共产党的总部和中共军队的总部。党的总部是挤叠在山下的两座灰砖房子；除毛泽东以外，党的高级人员和家庭都住在附近洁白的窑里。军队的总部设置在一所旧栅垣里，四围有清澈美丽的花园，离延河不过几百米的距离。这两个总部就是整个中共活动的指挥中枢。从他们那里发出了指示，鼓舞着、训练着，并且塑造着12 000多个居住和工作在窑里的党员，无数的窑洞散布在这城围几英里长的山坡上。也就是从这些总部里发出了命令和指示，传达各地，从东北到广州，从汉口到上海，动员着构成整个运动的基础的几百万农民。

中国共产党的领袖们是一个十分有趣的团体。单从外表看去不可能了解他们，因为他们内部会议的一切都是绝对秘密的。他们最主要的特点就是他们团结的意识。他们都共同作过20年来的斗争，对付国民党，后来又对付日本人；他们的家人被严刑拷打了，被暗杀了，以致失踪了。他们一直受到警察的一切检查和压迫。弱者已经倒下了，动摇的已经投降了，那些还留下的就都是韧如皮革，坚如钢铁。他们互相信任，紧紧地团结在一起，没有一点宗派主义的裂缝。如果他们有所争论，都一定紧锁在他们自己的圈里，甚至大多数党员们也不会知道，在最高机构政治局里是谁反对谁。

这些领袖都有着中坚人物的性格；他们骄傲，有的甚至于藐视一切。在他们肩上没有压着使重庆官员们烦恼的勾心斗角和例行公事的担子。和他们谈话可以坐下来不慌不忙而且愉快地漫谈；他们往往不惜用冗长的时间来反映他们的政策；访问他们时，他们可以对他们认为重要的某一点理论滔滔不绝地言之不休。他们不受那种纸上文章的无谓纠缠，他们一切都从远大处着眼，而由所信赖的干部去执行他们的决定。这些领袖从没有重庆的高级官员们的奢华生活，虽然他们住的是比下级人员较为清洁和良好的房子。他们并不迷信所谓的平等主义。在这里看不到像重庆的部长老爷与他的战栗而褴褛的书记之间那种鸿沟；然而，安适与便利上的自然区分是被认为合理的。

虽然这些领袖都被认为是中坚的人物，他们依然骄傲于他们的民主，并且为他们自己立下一种模范的规则来配合他们的职位。党的政策在国民党1941年实行封锁以来即展开了一个生产运动，要使延安边区达到自足的境地。所有的农民都被鼓励于扩展他们的播植和收割。所有的政府官员和党员都得耕地，这样来生产他们自己的粮食，同时也就减除了当地农民身上的负担。这次的生产运动获得了最大的成功；党和党的工作人员赖以为生的不是税收，而是他们自己额头上的汗水。毛泽东管理着一块烟田，在战前，他抽着便宜的中国香烟，可是现在，为了使他自己能有烟抽，他辛勤地耕耘着他的烟田，结果他所生产的烟叶足够所有党的总部的消耗。总司令朱德种的是白菜。大多数的领袖都骄傲于他们的易于接近。是的，毛泽东是居住在离城几里的郊外，而且受到比一般人较高的尊敬。但是，其他的领袖对于所有的来宾都是非常殷勤的。在共产党军队总部每星期经常举行的周末晚会里，伴奏着号筒，笙管和本地弦乐的杂凑的音乐，朱德沉着地和小女孩子们跳着华尔兹舞；魁伟的参谋长叶剑英愉快地接受着任何勇气十足的女孩的邀请，轻松地跳着双步快舞。

……

毛泽东的人格支配着整个延安。毛是一个身材奇伟的湖南人，一张圆脸，没有一根皱纹，奇特地爽朗；比起蒋介石的那副道貌岸然的样子，他的脸是活泼得多而且堆着更多的笑容。毛总是用一种对话式的语气——问问题，说双关的谐语，做种种的手势，来抓住他的听众。在共产党里，他们没有正式的等级区分，可是毛泽东却是受着最高的爱戴和尊敬。他对于党的无可置疑的支配力，比起蒋介石对他左右的支配力来，是更为密切的，也更难以形容。这一部分是由于一种真实的爱戴，一部分是由于他的无可匹比的知识上的杰出。他领导了中国共产党已经将近20年的工夫，1935年和长征的英雄们一起从华南徒步跋涉而来，并且曾经和党一起度过饥饿的日子。和蒋一样，毛多少像个传教士似的，党把他看作是一个圣者。由于他的领导，党从一个贫乏的地下状态变成了在这次战争与国际事务中一支强大的力量。他的领导是理论化的，但是理论一经他的解释和运用就成了有用的东西，而且在实地工作里得到了成就。

……

延安方面认为这是一种有效的民主。在行政方面，批评和讨论的自由的确毫无限制的，对于一个方针的执行不当，对于无论文武当局的失措，任何人都可以予以批评。事实上，共产党人在进行着自我检讨的整风工作。他们总是用一面放大镜在那里检验着他们自己的过失。他们痛击着自己的胸膛以保证自我的改进，他们为自己的失错而悲哀和忏悔。在各地，这种行政上的批评自由形成了中国农民所从未有过的最民主的政治制度。地方上的会议可以接受他们的控诉和满足他们的需求，可以说有史以来第一次他们成了这个社会里的平等公民。但是，中共最高决策却是采取另一种形式。政治局把经过了上层领袖们讨论的最高决策往下级传达，延安方面不作什么批评。在延安，对于政策的同意是全体一致的——这恰好和重庆成了一个对比，在重庆，中共的报纸有力地批评政府，无党无派的报纸也以能漏过检查老爷的网为一大快事。在延安只有一张报纸，没有人大声噜苏政府应该或是不应该做些什么(至少外国人看来是这样)。这张报纸经常地把它的篇幅公开给党员们对党的政策与执行的缺点作严厉的剖析，但是这里却没有重庆那种紧张的空气；在重庆，专以讥诮为能事的国民党官僚们，整天在叽叽吱吱，经常地勾心斗角，互相嘲骂。

至于延安的一致精神，你可以按照自己的意思去加以评判。有一种解释说，延安着重的是行动，而不是政治；人们都忙于他们的工作，他们实在没有时间去作政治争论。同情共产党的说，这种一致性是源于全部的协议，但是恐怕很少有这样完善的政治制度，自然就会得到一致的协议。攻讦争执是政治当中重要的一部分，如果缺了它，某种自由的气氛也就短少了。国民党说，延安的团结是一种极权性的，延安是靠特务，靠集中营，以及靠其他各种国民党所有的然而它却不承认的方式，来统治一切。但是，我在延安却找不出这种压制性机构的任何迹象；我在那里只有短短的几个星期，但是其他留在那儿几个月之久的美国人，也同样找不出中共有任何像重庆那种独裁专制性的机构。在各个地方，的确有一些中共对付土豪大地主的残暴事实，在沦陷区里，也确有许多中共炮手在做地下工作，过去也曾经盛传一时，中共的恐怖分子曾打击并杀戮国民党间谍和共产党的叛徒。但是，所有这些都是战争的一部分。

重庆方面辩护说，中央政府准许一张共产党报纸在它首都出版，虽然在严厉的检查制度之下，然而在延安却没有一张反对派报纸准许出版啊。对于这一点，中共有一个非常适当的答复，很难于把它驳倒。他们现在出版他们这张报纸的印刷机器过去都是从一个日本占领下的城市偷运出来的。他们公开地说，假如国民党愿意在延安出版报纸，那就让国民党自己运来一部印刷机和足够的纸张，这样的话，他们是乐于准许它印行的。中共保证过，在战争结束以后，所有团体都得完全自由地出版他们自己的报纸。他们指出，外国记者从延安发出的电稿，从来没有被检查过。关于这一点，我曾经向他们的最上层领袖之一尖锐地提出这样一个问题："你的意思是不是说，任何人都可以随心所欲地说话，不管他说的是什么，就像在美国一样？""是的，"他回答说，"只要他不与人民为敌，他们就可以随心所欲地说话。"至于谁来决定怎样是与人民为敌以及应该用什么样标准来作评断，他却没有解释。

(资料来源：(美)白修德，贾安娜．中国的惊雷[M]．北京：新华出版社，1988.)

案例点评

中国共产党建设的效果，通过党的正确的思想路线、政治路线、组织路线的贯彻，优良作风的发扬，党的上下级领导之间的关系，党与群众的关系，以及党所领导的政治与行政工作的民主性和高效率等方面表现出来。白修德和贾安娜对延安共产党的政治、党的核心领导的思想工作作风及其威信、党的决策贯彻的感受，特别是通过与国民党及其统治区域的对比，以事实批驳国民党对中国共产党的造谣污蔑，提供了了解中国共产党自身建设效果的一个观察点。在他们的眼里，中共党内是平等的、民主的、自我批评的，党的领导人是坚强、自信、理论联系实际和密切联系群众的。中国共产党的力量正是从这里体现出来的。

在领导中国革命和建设的历程中，毛泽东始终高度重视党的建设。他不仅正确指出了党的建设的基本原则，更善于根据不同的历史时期的形势特点，创造性地制定路线、方针、政策，解决党的建设中所面临的不同问题。在解放战争时期，毛泽东高度重视党的建设，并根据战争形势的发展变化，结合土改和接收全国政权的需要，在思想上着重纠偏防"左"，在组织上进行整党，在制度上健全党委制，建立请示报告制度，加强纪律性，并及时提出"两个务必"的思想，为解放战争的迅速胜利和全国政权的顺利建立奠定了基础，也为后来乃至我们今天党的建设提供了许多有益的经验。

五、实践项目

项目 1

研读文献心得

篇目

(1) 毛泽东：《抗日战争胜利后的时局和我们的方针》(1945 年 8 月 13 日)。

(2)《中国土地法大纲》(1947 年 9 月 13 日)。

(3)《中国民主同盟一届三中全会宣言》(1948 年 1 月 19 日)。

(4) 毛泽东：《论人民民主专政》(1949 年 6 月 30 日)。

(5)《中国人民政治协商会议共同纲领》(1949 年 9 月 29 日通过)。

流程

(1) 教师向学生提供阅读文献信息：可从图书馆借阅的参考书目，可供下载的比较可靠的网络地址，电子版的可阅读文献需设置并发送到公共邮箱供学生下载。

(2) 教师在课堂上对阅读文献作简单讲解，提出撰写读书心得报告的具体要求。

(3) 学生阅读文献，撰写并按时提交读书心得报告。成果可以以 PPT、经过整理的资料片、学术论文等形式呈现。

(4) 教师评定成绩并进行简要小结、反馈。

评价

考核指标	考核结果			
	优	良	中	差
学习态度				
自主学习能力				
合作学习能力				
知识运用能力				
学习效果				
总体评价				

项目 2

观看音像资料

资料

《暴风骤雨》

1946 年，萧队长奉命率一支农村土改工作队到东北某解放区元茂屯进行土地改革。由于群众对党的土改政策还缺乏了解，再加上恶霸地主韩老六指使窃取农会主任职务的狗腿子张富英暗中捣乱破坏，所以土改工作遇到了很大的阻力和困难。工作队一面深入发动群众，一面揭露韩老六的阴谋，并撤销了张富英的职务，改组农会。苦大仇深的赵玉林深信工作队是为穷苦农民谋利益的，便串联了郭全海、白玉山等贫雇农中的积极分子，配合工作队开展工作，使土改得以顺利进行 。

韩老七不甘心失败，他不但到处造谣破坏，还用假分地的手段收买人心。当他毒打给工作队送信的小猪倌时，萧队长和已经发动起来的群众将他抓起关押。逃到大青山里的韩老六率国民党残余武装袭击元茂屯，组织起来的农民自卫队英勇战斗，保卫家乡，在县大队骑兵的增援下，消灭了残匪，击毙了韩老七，但赵玉林却不幸壮烈牺牲。韩老六被人民政府依法惩办。元茂屯的翻身农民积极生产，踊跃报名参军，有力地支援了解放战争 。

《开国大典》

1948 年年底—1949 年年初，毛泽东、中共中央在河北省平山县西柏坡村指挥了举世闻名的三大战役。解放了的西柏坡乡亲们在庆祝胜利，毛泽东、朱德、刘少奇等领导人来到乡亲们中间。此时的蒋介石官邸在举行宴会，国民党要员们木然地听着张群宣读蒋介石的《新年文告》。人民解放军在全国战场不断取得胜利，国民党军队连连受挫，蒋介石迫于形势宣布下野，推出李宗仁为代总统。为了保护古城北平，毛泽东、党中央多次做国民党将领傅作义的工作，希望他率军起义，和平解放北平。经过大量的工作，傅作义终于认清形势，顺乎民意。蒋介石下野，凄然地飞离南京。但他完全抛开李宗仁，对重要文件和人员进行了安排。受斯大林派遣的苏联特使米高扬秘密访华，受到毛泽东等中央领导的热烈欢迎。一个月后，中共七届二中全会在西柏坡召开。

党的领导机关迁移北平后，蒋介石更加不安。蒋介石被告之：北平正在举行阅兵式。周恩来与张治中开始了国共和谈，进展甚微。毛泽东发出了向全国进军的命令，打响了渡江战役，百万雄师渡过了长江天险。南京解放，人民解放军占领了总统府。邓小平和陈毅进入南京，并制定了《入城守则》。蒋介石最后一次拜别蒋母墓，一家老小登上军舰，悄然离开了大陆。进入北平后，毛泽东在中南海会见了起义将领程潜，也接待了湖南来的老乡，为开国大典做了最后的准备工作。9月30日，毛泽东等国家领导人在天安门前为人民英雄纪念碑奠基。10月1日下午3时，毛泽东在神圣的礼炮声中，庄严地向全世界宣布：中华人民共和国中央人民政府成立了！人们欢声雷动，整个广场沸腾了。

流程

(1) 教师提供音像资料来源，提出撰写观后感的评审标准和要求。

(2) 学生在观看影视资料的基础上撰写观后感。观后感可有多种形式，包括学术论文、PPT、经过整理的资料片等。

(3) 学生提交观后感并进行交流。

(4) 教师根据学生完成情况评定成绩并计入平时成绩。

项目3

参观革命遗迹

内容1

参观佳木斯市西林公园。

时间

与课堂教学内容同步。

地点

佳木斯市西林公园。

流程

(1) 教师根据课堂教学情况，确定参观的最佳时机。

(2) 教师与学校有关部门协商参观的时间、用车等各项事宜。

(3) 教师向学生通知参观的时间等事项，并讲明若干要求。

(4) 教师组织、带领学生参观。

(5) 参观后，教师与学生(以行政班或教学班为单位)交流体会。

简介

佳木斯市西林公园，始建于1940年。占地面积6公顷，有杨、柳、榆、杏、梨、松等数十个树种。当时东园为日本神社，西园为东宫公园。因1946年孙西林烈士葬于此，东西两园统称为西林公园。

1945年，中国人民抗日部队和苏联红军进驻佳木斯。在光复和剿匪斗争中英勇牺牲的革命先烈被埋葬于原东宫公园院内。1946年1月佳木斯市民主政府正式成立，当月31日孙西林副市长被潜伏的国民特务邬捷飞等人暗杀，同时牺牲的还有闻讯赶来的公安局副局长高英杰。二位烈士均被安葬于原东宫公园(孙西林、高英杰等烈士墓于2005年迁到佳木斯烈士陵园)。为纪念孙西林等革命烈士,佳木斯市委、市政府决定将东宫公园改名为西林公园。西园东北隅建有一座苏联红军烈士纪念塔,塔的周围有在解放佳木斯的战斗中英勇牺牲的苏联红军烈士合冢。

1949年7月,在全国上下迎接建国之际,为了纪念为中华民族解放事业而牺牲的革命先烈,在西林公园西院修建一座高30余米的烈士纪念塔。塔身为凸楞方形,水刷石面,上端镶着红色五星,塔身上刻有原松江省长冯仲云书写的"为祖国独立人民解放而死难的烈士永世光辉"的题词。塔周青松环绕,庄严肃穆。每逢清明佳节人们纷纷来园祭扫陵墓,敬献花圈挽联。

内容2

参观刘英俊烈士陵园。

时间

与课堂教学内容同步。

地点

刘英俊烈士陵园。

流程

(1) 教师根据课堂教学情况,确定参观的最佳时机。

(2) 教师与学校有关部门协商参观的时间、用车等各项事宜。

(3) 教师向学生通知参观的时间等事项,并讲明若干要求。

(4) 教师组织、带领学生参观。

(5) 参观后,教师与学生(以行政班或教学班为单位)交流体会。

简介

刘英俊烈士陵园始建于1967年,占地面积3公顷,为纪念勇拦惊马救儿童的革命烈士刘英俊而修建。后来,佳木斯市委、市政府筹集资金200多万元,动迁园内36户居民,拆迁陵园周边69户违章建筑,重新改建了刘英俊烈士墓和墓后屏壁,用黑色大理石贴面,镶有钛金制作的金色题字"人民的好儿子",在园内中央修建5.45米高的刘英俊勇拦惊马大型铸铜雕塑一座。佳木斯市政府又投资40万元,对刘英俊烈士纪念馆进行维修和改造,室内重新布展对外开放。2003年,佳木斯市委、市政府决定扩大纪念馆的使用面积和展示内容,将刘英俊烈士纪念馆建设为全市最大的爱国主义教育基地,以缅怀先烈、教育后人。经过重新布展,将刘英俊烈士单设一个展室,革命烈士纪念馆设5个展室,展出佳木斯市建党初期、抗日战争时期、解放战争时期、抗美援朝时期和社会主义建设时期58名革命英烈的事迹,并于10月13日举行了"佳木斯革命烈士纪念馆暨刘英俊烈士纪念馆开馆仪式"。

多年来,刘英俊烈士陵园和纪念馆充分发挥基地作用,在烈士牺牲纪念日、清明节、"五四"青年节、建党、建军等重大节日以及大、中、小学校开学和驻佳部队新兵入伍、老兵退役之际,广泛开展了爱国主义教育、革命传统教育、国防教育和青少年思想道德教育。据不完全统计,每年参观人数在35000人左右,其中未成年人占65%以上,全部实行免费开放。刘英俊烈士陵园和纪念馆曾先后被黑龙江省委、省政府、省国防教育委员会、团省委授予"爱国主义教育基地"、"国防教育基地"、"青少年思想教育基地"和"省重点烈士纪念建筑物保护单位"等光荣称号。

下　篇

马克思主义基本原理概论

第一章　世界的物质性及其发展规律

一、知识提要

通过实践教学过程，使学生从理性和感性上学习和把握马克思主义唯物论与辩证法的基本原理，着重了解世界的物质统一性和实践的基本观点，掌握唯物辩证法的基本规律和根本方法，为树立科学的世界观打下理论基础。

二、重点搜索

重点 1：哲学及哲学的基本问题

1）关于哲学的定义

哲学就是“爱智慧”。可以说，这是哲学最古老的定义，又是至今最广为人接受的、最具权威性的哲学定义。

哲学就是要对不证自明的前提提出疑问、分析乃至批判和否定。也就是说，在人们最习以为常的地方发现破绽，发现问题，这正是哲学的智慧所在。

哲学是“概念思辨”。所谓“概念思辨”指的就是使用抽象概念对抽象原理的逻辑进行推演。这是研究哲学必须使用的手段。

哲学研究终极问题。哲学研究的问题都是一些最大的问题，是超出一切科学知识界限的大问题，如世界的本质、存在的意义、存在与意识的关系、真善美、上帝是否存在、意志是否自由、灵魂是否不朽等。总之，哲学是对人类面临的一些深层次问题的深层次思考。

2）关于哲学的基本问题

在关于“什么是哲学的基本问题”这一问题的回答中，恩格斯这样说道：“全部哲学，特别是近代哲学的重大基本问题，是思维和存在的关系问题。”按照恩格斯的规定，这个哲学基本问题又包括两个方面：第一个方面，思维与存在“谁为第一性”的问题。第二个方面，思维和存在“有无同一性”的问题。

古代哲学中的存在问题。首先，希腊文化中哲学与科学。在古希腊乃至整个古代世界，科学与哲学是搅在一起研究的，二者并不相互独立。其次，米利都学派关于万物始基的学说。古希腊第一位哲学家是泰勒斯，他认为万物的始基是水，万物产生于水又复归于水。第二位是阿那克西美尼，他认为万物的始基是气。第三位希腊哲学家叫阿那克西曼德，他认为万物的始基是一种更简单更原始的“元质”，这种元质无边无际无始无终地存在于天地间，万物均由之产生。再次，巴门尼德的存在学说。巴门尼德的建树在于两点：第一，他第一次提出“存在”这个概念，以前没有；第二，巴门尼德创造了一种很规范的哲学论证形式，对后代哲学发展产生了很大影响。巴门尼德的存在学说中两个最重要的命题，即“存在是‘一’”和“思想和存在是同一的”。最后，康德的著名论题——“存在不是谓词”。这里主要是从词义上探讨“存在”这个词的特殊性。

近代哲学中的存在问题。首先，思维与存在的关系问题在近代哲学中的意义。在关于哲学基本问题的理解上，恩格斯在《费尔巴哈论》中曾提出一个观点：“思维与存在的关系问题，只是在近代哲学中才被十分清楚地提了出来，并且才获得了它的完全的意义。”恩格斯之所以这么说，正是由于从哲学发展的历史与逻辑上看，近代哲学实现了认识论转向，才使哲学基本问题获得完全的意义。其次，近代哲学中的“认识论转向”。在哲学界，业内专家把从古代本体论哲学向近代认识论哲学的转变过程称为哲学发展的“认识论转向”。它具有两点重要意义：一是它从“内容”上考察了思存关系，明确区分了“客观世界”与“意识内容”，也就是明确区分了“意识外的存在”与“意识界的存在”。二是它进一步从“形式”上考察思存关系，也就是对意识界本身进行考察，从而开拓出一个完整的内在化研究领域。最后，近代认识论哲学的谱系。近代认识论哲学由法国的笛卡儿开创，划分为大陆唯理论和英国经验主义两大派。唯理论主张一切知识的来源和真理性根据就在于人类先天的理性结构(代表人物是斯宾诺莎、莱布尼茨)。经验论主张一切知识的来源和真理性根据都在于人类的经验，包括感觉、知觉、表象等(代表人物是洛克、贝克莱、休谟)。后来康德综合经验论和唯理论的争论，写出《批判》，并由此开创德国古典哲学，(代表人物是康德、费希特、谢林、黑格尔、费尔巴哈)。

重点 2：世界的物质统一性

世界上的万事万物有没有统一性，即有没有共同的本质或本原？马克思主义哲学认为，世界的本原是物质，不仅自然界是物质的，人类社会也具有物质性，世界的真正统一性在于它的物质性。而自在世界与人类世界、客观世界与主观世界分化和统一的基础是实践，它决定着社会的人的本质、决定着社会生活的本质。离开实践就不可能理解自然和社会的关系，不可能理解社会的物质性，因而也就不可能真正说明世界的物质统一性。

第一，世界是物质的，而物质是运动的。运动是物质的存在方式和根本属性。运动是标志一切事物和现象的变化及其过程的哲学范畴。物质和运动是不可分割的。运动是物质的存在方式、根本属性，物质是运动着的物质，脱离运动的物质是不存在的。物质是一切运动变化和发展过程的实在基础和承担者，世界上没有离开物质的运动。任何形式的运动，都有它的物质主体。无条件的绝对运动和有条件的相对静止构成了事物的矛盾运动。只有把握了运动和静止的辩证关系，才能正确理解物质世界及其运动形式的多样性，才能理解认识和改造世界的可能性。

第二，时间和空间是物质运动的存在形式。物质运动与时间和空间的不可分割证明了时间和空间的客观性。一切以时间、地点、条件为转移，具体问题具体分析，是马克思主义活的灵魂。物质、运动、时间、空间具有内在的统一性。从根本上说，世界上除了运动的物质，什么也没有。一切事物、现象，共同的本质和本原是物质，都统一于物质。

第三，人类社会的物质性。在马克思主义产生之前，这个问题长期没有得到正确的解决。旧唯物主义不理解人的实践活动本身是一种客观存在，不理解物质生产实践在社会生活中的地位和作用，把历史过程看成是人的主观意志的产物，因而得出社会意识决定社会存在的错误结论。马克思主义揭示了人类实践的客观实在性，认为物质资料生产方式是人类社会存在和发展的基础，正确解决了社会存在于社会意识的关系问题，从而使得社会历史现象得到了唯物主义的解释。

社会的物质性主要表现在：首先，人类社会依赖于自然界，是整个物质世界的组成部分。人和人类社会是自然界长期发展的产物。在人类社会产生以后，人类的社会实践活动还要以自然界为基础。离开了自然界，人类的社会实践活动便无法进行，脱离一定的自然环境的社会是不可能存在的。其次，人们谋取物质生活资料的实践活动虽然有意识作指导，但仍然是以物质力量改造物质力量的活动，仍然是物质性的活动。仅仅停留在意识或思想的范围内，人类是无法获取物质生活资料的。最后，物质资料的生产方式是人类社会存在和发展的基础。生产力和生产关系的客观性与自然物的客观性完全一样，即社会存在的物质性与自然存在的物质性完全一样，而且，对人们的意识起决定作用的恰恰是人们的社会存在。

总之，包括自然界和人类社会在内的整个世界，其真正统一性在于它的物质性。这是马克思主义哲学的基石，一切从实际出发是唯物主义一元论的根本要求。

重点 3：事物联系发展及其规律性

唯物辩证法克服了形而上学唯物主义的缺陷，实现了唯物论与辩证法的统一，唯物辩证法既是世界观又是方法论。

联系的观点和发展的观点是唯物辩证法的总特征。事物的联系具有客观性、普遍性和多样性。掌握联系的观点，要求人们要善于分析事物的具体联系，确立整体性、开放性的观点，从动态中考察事物的普遍联系。事物的相互联系包含事物的相互作用，而相互作用必然引起事物的运动变化。发展的实质是新事物的产生和旧事物的灭亡。掌握发展的观点，要求人们在一切工作中要发展地看问题，要与时俱进、勇于创新，反对因循守旧、故步自封。

事物的发展是有规律的，对立统一规律、质量互变规律、否定之否定规律是事物发展的普遍规律。其中对立统一规律是事物发展的根本规律，是唯物辩证法的实质和核心。教材就是以对立统一规律为核心来展开事物发展规律的论述的。在理解对立统一规律时，主要弄清矛盾斗争性和矛盾统一性及其在事物发展中的作用、矛盾普遍性和矛盾特殊性的辩证关系等原理。在理解矛盾是事物发展的动力时，要弄清矛盾斗争性和矛盾统一性是相互联系、不可分割的。无条件的绝对的斗争性和有条件的相对的统一性相结合，构成事物的矛盾运动，推动事物的发展。

唯物辩证法是人们认识世界和改造世界的根本观点和方法。无论是对自然、社会、思维这三大领域的矛盾运动规律的宏观把握，还是对实际工作中错综复杂的矛盾的具体分析，唯物辩证法都具有普遍的方法论意义。“按辩证法办事”，就是要善于运用事物联系和发展的观点、遵循事物发展的规律去分析矛盾和发展的观点，遵循事物发展的规律去分析矛盾和解决矛盾。毛泽东指出：“辩证法的宇宙观，主要的就是教导人们要善于去观察和分析各种事物的矛盾的运动，并根据这种分析指出解决矛盾的方法。”

重点 4：客观规律性与主观能动性的辩证统一

首先，规律及其规律性表现为规律是事物运动发展中本质的、必然的、稳定的联系，具有客观性、普遍性、稳定性和必然性等特点。任何事物都有其自身的发展规律，人们不能创造和消灭规律。但是，人们可以认识和利用规律，可以改变规律发生作用的条件，使事物朝着有利于人类的方向发展。

其次，意识的能动作用是人所特有的积极反映世界和改造世界的能力和活动。具体表现为意识活动具有目的性和计划性，意识活动具有创造性，意识具有指导实践的作用，意识具有指导、控制人的行为和心理的作用。总之，人的意识不仅能反映世界，而且能通过实践活动改变世界。

最后，客观规律性与主观能动性的辩证统一。这是唯物辩证法的重要原理，有着重要的世界观和方法论意义。实事求是这一原理的内在要求，是这一原理在实际工作中的创造性运用。掌握这一原理关键在于注意两者的辩证统一。首先要了解客观规律性和主观能动性是对立的，客观规律性是事物固有的、不以人的意志为转移的本质联系，而主观能动性则是在主体自身意识指导下的能力和作用。两者是有区别的。其次要了解客观规律性与主观能动性又是统一的。这种统一性表现在：其一，客观规律性和主观能动性是相互依存的。主观能动性的发挥依赖于客观规律性，没有对客观事物规律性的认识和把握，就不能形成符合实际的正确认识，违背客观规律的思想行为必然遭受失败。所以，主观能动性的形成和发挥，都必须建立在认识、尊重、利用客观规律的基础上。其二，客观规律性与主观能动性是相互渗透和转化的。当人们认识了客观事物的规律后，它就成为人的思想内容，成为主观能动性的重要因素。而实践把人的主观意图转化为客观现实的过程，就是在主客观结合的实践观念指导下，主观意图一步步得以实现的过程，是主观能动性利用客观规律改造客体的过程。实践的结果则体现为发挥主观能动性创造出的事物的新形式和新状态。

重点 5：马克思主义的世界观和方法论

人类在谋求物质生活资料以维持自身生存和不断改善自身生活条件的长期劳动实践中，形成了世界观和方法论。世界观是人们对整个世界的总体看法和根本观点。方法论是人们认识世界和改造世界所遵循的根本方法的学说和理论体系。方法论同世界观是统一的。哲学既是世界观又是方法论。

辩证唯物主义和历史唯物主义是马克思主义科学世界观和方法论的哲学基础。具体表现如下。

（1）世界物质统一性的原理。这一原理确立了辩证唯物主义的物质概念和实践概念，阐明了物质世界的客观性、实践是自然与人类社会分化和统一的基础、实践是社会生活的本质等理论。它要求人们树立物质第一性和实践是基础的观点，坚持一切从实际出发的根本原则。

（2）唯物辩证法原理。此原理是以事物的普遍联系与永恒发展为总特征，阐明了以对立统一规律为核心的自然、社会、思维发展的一般规律以及事物发展的客观规律和人的主观能动性的辩证统一的理论。它要求人们树立唯物辩证的观点，善于分析矛盾和解决矛盾。

（3）主观与客观、理论与实践具体地历史地统一的原理。这是辩证唯物主义认识论的高度概括，阐明了认识的本质和发展规律，真理的客观性、绝对性与相对性，以及真理与价值的辩证统一等理论。它要求人们树立实践是认识基础的观点，坚持解放思想、实事求是、与时俱进,在实践中检验真理和发展真理。

(4) 社会存在于社会意识辩证关系的原理。这一原理划清了唯物史观与唯心史观的根本界限,阐明了社会存在决定社会意识、社会意识对社会存在具有能动作用的原理,为认识社会历史和社会生活提供了科学的理论基础和方法论指导。

(5) 社会基本矛盾的原理。它阐明了生产力与生产关系的矛盾、经济基础与上层建筑的矛盾是贯穿人类社会发展过程中的基本矛盾,生产关系一定要适应生产力发展要求的规律、上层建筑一定要适应经济基础要求的规律是人类社会发展的基本规律,从而正确地回答了人类社会为什么会发展及其怎样发展的问题。它要求人们遵循社会发展的客观规律去认识和改造世界,要求无产阶级政党遵循社会发展的客观规律,制定正确的纲领、路线和方针、政策,争取实现社会进步和人类解放。

(6) 阶级和阶级斗争的理论。这是阶级社会基本矛盾的具体表现,是阶级社会发展的直接动力。阶级与阶级斗争虽然只存在于社会发展的一定历史阶段,但这一理论在马克思主义原理中具有特殊意义的,它为认识阶级社会及其发展提供了一条新的基本线索,为无产阶级和革命群众打碎旧世界找到了一条根本途径。在社会主义历史时期,要十分注意正确认识和处理阶级斗争问题,正确处理人民内部矛盾。

(7) 人民群众是历史创造者的原理。它阐明了人民群众是历史的主体,社会规律的实现离不开人民群众的创造性活动,社会历史的发展是无数个人合力的结果。它要求人们树立相信群众、依靠群众、全心全意为人民服务的群众观点,无产阶级政党必须维护好、实现好、发展好人民群众的根本利益。

马克思主义所实现的伟大变革,首先是世界观的变革,是以实践为基础的新唯物主义对旧唯物主义的批判性否定。学习马克思主义的世界观和方法论,应当深入领会其丰富内涵和意义,并且要学会马克思主义科学世界观和方法论考察和分析社会生活,分析社会历史的发展,学会解决问题。

三、深度阅读

《关于费尔巴哈的提纲》

写作背景

《关于费尔巴哈的提纲》(以下简称《提纲》)的写作是适应了时代发展的要求。19 世纪三四十年代,欧洲资本主义国家先后完成了工业革命,同时也产生了数量庞大的无产阶级,从而构成了资本主义社会的基本矛盾,即资产阶级与无产阶级的矛盾。随着资本主义社会基本矛盾日益加深,无产阶级作为独立的政治力量登上了历史舞台,他们在反对资产阶级的斗争中,需要有科学的世界观、方法论作为指导,需要无产阶级自己的哲学作为理论武器。马克思认为,唯物主义是无产阶级哲学的方向与基点,但是,当时唯物主义哲学的最高成就即费尔巴哈的人本主义唯物主义,它依然是形而上学唯物主义,是资产阶级的世界观和方法论,不能指导无产阶级的革命斗争。于是,创建无产阶级哲学就成为十分迫切的任务。因此,必须批判黑格尔的唯心主义观点和费尔巴哈的旧唯物主义错误,同时发展唯物主义,使之真正成为无产阶级哲学的合理构件。

1845 年春，马克思在布鲁塞尔写成了《提纲》。原名为《关于费尔巴哈》，写在马克思的 1844—1847 年旅居巴黎和布鲁塞尔时期用的笔记本上。最初它只是一份仅供自己进一步研究用的笔记，所以写得比较简要、概括，其生前没有公开发表。考虑到《提纲》内容的重要意义——“历史唯物主义的起源”，恩格斯在 1888 年出版《路德维希·费尔巴哈和德国古典哲学的终结》时，把它稍加整理和修改，作为该书的附录首次公之于世。

原著节选

一

从前的一切唯物主义——包括费尔巴哈的唯物主义——的主要缺点是：对事物，现实，感性，只是从客体或者直观的形式去理解，而不是把他们当作人的感性活动，当作实践去理解。所以，结果竟是这样，和唯物主义相反，唯心主义却发展了能动的方面，但只是抽象地发展了，因为唯心主义当然是不知道真正现实的，感性的活动本身的。费尔巴哈想要研究跟思想客体不同的感性客体，但是它没有把人的活动本身理解为客观的活动，所以它在《基督教的本质》一著中仅仅把理论的活动看做是真正人的活动，而对于实践则只是从它卑污的犹太人活动的表现形式去理解和确定。所以，他不了解“革命的”，“实践批判的”活动的意义。

二

人的思维是否具有客观的真理性，这并不是一个理论的问题，而是一个实践的问题。人应该在实践中证明自己思维的真理性，及自己思维的现实性和力量，亦即自己思维的此岸性。关于离开实践的思维是否具有现实性的争论，是一个纯粹经院哲学的问题。

三

有一种唯物主义学说，认为人是环境和教育的产物，因而认为改变了的人是另一种环境和改变了的教育的产物，——这种学说忘记了：环境正是由人来改变的，而教育者本人一定是受教育的。因此，这种学说必然把社会分成两部分，其中一部分高出于社会之上(例如在罗伯特·欧文那里就是如此)。

环境的改变和人的活动的一致，只能被看做是并合理地理解为革命的实践。

四

费尔巴哈是从宗教上的自我异化，从世界被二重化为宗教的、想象的世界和现实的世界这一事实出发的。他致力于把宗教世界归结于他的世俗基础。他没有注意到，在做完这一工作之后，主要的事情还没有做哪。因为，世俗的基础使自己和自己本身分离，并使自己转入云霄，成为一个独立王国，这一事实，只能用这个世俗基础的自我分裂和自我矛盾来说明。因此，对于世俗基础本身首先应当从他的矛盾中去理解，然后用排除这种矛盾的方法在实践中使之革命化。因此，例如，自从在世俗家庭中发现了神圣家族的秘密之后，世俗家庭本身就应当在理论上受到批判，并在实践中受到革命改造。

五

费尔巴哈不满意抽象的思维而诉诸感性的直观；但他把感性不是看作实践的，人类感性的活动。

六

费尔巴哈把宗教的本质归结于人的本质。但是，人的本质并不是单个人所固有的抽象物。在其现实性上，它是一切社会关系的总和。

费尔巴哈不是对这种现实的本质进行批判，所以他不得不：

(1) 撇开历史的进程，孤立地观察宗教感情，并假定出一种抽象的——孤立的——人类个体。

(2) 所以，他只能把人类的本质理解为“类”，理解为一种内在的，无声的，把许多个人纯粹自然地联系起来的共同性。

七

所以，费尔巴哈没有看到，“宗教感情”本身是社会的产物，而他所分析的抽象的个人，实际上是属于一定的社会形式的。

八

社会生活在本质上是实践的。凡是把理论导致神秘主义方面去的神秘东西，都能在人的实践中以及对这个实践的理解中得到合理的解决。

九

直观的唯物主义，即不是把感性理解为实践活动的唯物主义，至多也只能做到对“市民社会”的单个人的直观。

十

旧唯物主义的立脚点是“市民”社会；新唯物主义的立脚点则是人类社会或社会化了的人类。

十一

哲学家们只是用不同的方式解释世界，而问题在于改变世界。

原著解析

《提纲》共有 11 条，不到 1 500 字，但是它却包含着丰富的内容和思想。《提纲》论述的中心内容是实践问题，其全部内容都是围绕认识对实践的关系和实践在社会生活中的作用展开的。马克思把实践引进唯物史观和认识论，并把它作为认识论的基础。《提纲》的基本思想体现在以下几个方面。

第一，马克思批判了以费尔巴哈为代表的旧唯物主义的根本局限性，指出从前的一切旧唯物主义包括费尔巴哈的唯物主义，其主要缺点是只从直观的形式去理解事物，而不是把它当作实践去理解，因此，他们不了解实践在认识中的决定作用。马克思突出强调了社会实践的作用和意义，认为人的现实的实践活动不仅是人的全部认识的基础，而且首先是人类社会存在和发展的基础。

第二，马克思批判了费尔巴哈消极的反映论，阐明实践是检验认识的真理性的标准。费尔巴哈和其他旧唯物主义一样，虽然主张人们的认识是对客观世界的反映，人们的思维可以正确地认识客观存在，但由于没有科学的实践观点，因此始终没有正确地说明真理的标准问题。马克思认为，客观世界既是人们认识的对象，又是人们改造的对象，人们对客观世界的认识，正是在改造客观世界的实践活动中实现的，人们的认识和理论是否具有客观的真理性，这并不是一个理论的问题，而是一个实践的问题。只有通过实践，才能判定人的思维是否正确地反映了客观实际、是否为真理。离开实践去争论思维是否具有真理性，纯粹是经院哲学的问题。

第三，马克思进一步提出，不仅人的认识基于实践，全部人类的社会生活在本质上也是实践的。《提纲》深刻地揭示了社会生活的实践本质，科学地说明了人的社会性本质，正确地阐述了社会实践是历史发展的动力。在文中，马克思批判了费尔巴哈抽象地考察人的方法，主张把人放在现实的具体的社会关系中去认识，指出所谓人的本质在其现实性上是一切社会关系的总和。

第四，马克思揭露了旧唯物主义的不彻底性是最终导致唯心史观的根源。在《提纲》中，马克思运用科学的实践观，通过对旧唯物主义在人与环境的关系、社会的本质、人的本质等重大的历史观问题上不彻底性的分析，深刻地说明，导致旧唯物主义不彻底性，并最终导致唯心史观的根源，就是它不了解社会实践的意义。

第五，马克思说明了马克思主义哲学的基本特征就是它的阶级性和实践性，即马克思主义哲学（新唯物主义）与旧唯物主义的本质区别。马克思明确把科学的实践观作为自己创立的“新唯物主义”与一切旧哲学，特别是旧唯物主义相区别的根本标志。新哲学与以往一切哲学的根本区别在于它不只说明世界，更重要的是“改变世界”。

《提纲》十分简短，但确如恩格斯所说，它是“非常宝贵的”，是“包含着新世界观的天才萌芽的一个文件”。它彻底批判了费尔巴哈和一切旧唯物主义的直观性和不彻底性；更重要的是把实践的观点引入了认识论，揭示了社会实践在社会历史中的基础地位，从而确立了马克思主义实践观。在随后马克思和恩格斯合著的《德意志意识形态》中，《提纲》中的基本思想得到了进一步系统的阐述，可见这两部著作是唯物主义历史观诞生的标志。

四、案例解析

案例 1

关于世界的统一性

材料 1：关于世界的统一性，历史上的许多学者做过经典的论述。贝克莱认为：“存在就是被感知，人的各种感觉构成了事物。”黑格尔认为，整个世界是“绝对观念”的“外化”和产物。笛卡儿认为，物质和精神是两种绝对不同的实体，精神的本性是思维，物质的本性是广延，广延不能思维，思维不具有广延。物质和精神互不相通，彼此独立，两者都是世界的本原。斯宾诺莎认为，物质自然界是唯一的实体，其余的一切都是它的属性和具体样式。思维和广延不是两个独立的实体，而是唯一的物质实体的两种不同属性。一切物质都具有思维的属性，一切个体事物都有心灵，只有程度不同。杜林认为，世界统一于存在。中国古代有五行说，西周末年，史伯提出“以土与金、木、水、火杂，以成百物”，后来“五行说”不断发展，并被进一步用于解释自然和社会的演变法则，对中国古代思想文化和社会生活产生了深远的影响。

材料 2：德国哲学家、唯意志主义哲学的创始人叔本华认为，世界的本质就是生存意志，生存意志是世界万物的本原。叔本华指出，“物是我的表象”这个命题是无须论证的，人们随时都能清楚明白地感知到它。他认为，我们抬头看到火红的、圆圆的太阳，它是我们的表象，即是我们的感觉的复合；我们俯身触摸大地，大地是大的、硬的、冷的，这也是我的表象，即是我的感觉的复合；天地间的万物都是我的表象，即是我的感觉的复合；这些都是无可怀疑的。叔本华说："……一切存在物，即整个世界，只是观察者的观察物，简言之就是表象，——没有比这更无疑问，更不依赖于一切其他东西，更不需要证明的真理了。"叔本华认为，从"世界是我的表象"这个"千真万确"命题中可以推导出另一个真理，那就是"自我"是存在的。因为，表象必须有主体，一切表象都是我的表象，没有我就没有表象。自我是什么呢？叔本华所说的自我不是生物的自我，而是心理的自我，不是理性的自我，而是非理性的自我，即是一种盲目的欲望冲动。它是一种求生存的欲望冲动，即生存意志。它的基本要求是获取食物以求生存，发展自身以求美好的生活，战胜他物以求延缓生命。因此，自我的本质就是那种求生存的意志。生存意志不仅是其他欲望的基础，也是整个世界的基础。而生存意志如何产生世界万物呢？叔本华认为，宇宙的生存意志创造或外化为万物是通过理念来实现的，各种抽象程度不同的理念是生存意志外化为万物的中介。生存意志先产生理念，然后外化为时、空中的具体的表象，即自然万物。

材料 3：从哥白尼创立太阳中心说，经过伽利略、开普勒、牛顿等人的继续工作，逐步揭示了太阳系的运动规律；康德和拉普拉斯的星云说，用物质的引力和斥力的对立统一观点来解释天体的发展过程，证明了每个天体的存在和发展都有其自身的原因。现代天文学关于地球形成的学说，各派之间尽管存在着很大的分歧，但都认为地球是在宇宙中逐步形成的天体，是人的意识之外的存在物。地球作为宇宙行星中的一个星球，至今已经历了五六十亿年的历史。现代科学依靠射电望远镜、光谱分析法，对宇宙射线和陨石化学成分的分析，都证明遥远的天体也是由已知的化学元素或基本粒子组成的。宇宙飞船取回的月球岩样，经过化学分析，也证明它同地球上的物质成分大体是一样的。

材料 4：现今地球上有一百多万种生命形态，它们都是蛋白体的存在方式，这种存在方式的特点在于通过同化和异化作用，同周围的物质环境进行新陈代谢，从而不断地更新自己的化学成分。它们的物质基础都是由核酸和蛋白质的成分组成；生物体的一个分子通常由几千甚至几十万个原子组成，结构很复杂，但它们的基本结构单位却不复杂。蛋白质只有二十几种不同的氨基酸组成；核酸只有四种主要核苷酸组成。由于它们的化学结构和空间排列不同，构成了丰富多彩的生物世界。现代生物学已经可以用人工合成牛胰岛素和核糖核酸；遗产工程的研究和实验可以改良物种和创造新物种。

（资料来源：（英）乔治·贝克莱. 人类知识原理[M]. 关文运，译. 北京：商务印书馆，2010.

北京大学哲学系外国哲学史教研室. 十六—十八世纪西欧各国哲学[M]. 2 版. 北京：商务印书馆，1975.

北京大学哲学系外国哲学史教研室. 十八世纪末—十九世纪初德国哲学[M]. 2 版. 北京：商务印书馆，1975.

（德）叔本华. 作为意志和表象的世界[M]. 3 版. 石冲白，译. 北京：商务印书馆，1997.）

案例点评

在材料 1 中，贝克莱的观点是主观唯心主义一元论，黑格尔是客观唯心主义一元论，两者都颠倒了物质和精神的本原和派生的关系、第一性和第二性的关系。笛卡儿的观点属典型的二元论，他认为物质和精神都是世界的本原。其错误在于否认世界的统一性，把物质和精神绝对对立起来，最后仍然导致唯心论。物质和精神只是在何者为第一性这个范畴内才是绝对对立的，超出这个范围，精神是物质的产物，是物质的反映。世界是统一的，它的统一性在于物质性。斯宾诺莎反对笛卡儿的二元论，其观点虽然属于唯物主义一元论，但同时具有“物活论”的倾向，而且只承认自然界的物质性，并没有说明自然界和人类社会的物质统一性。杜林的“世界统一于存在”是折中主义观点，它调和了唯物主义与唯心主义的对立。存在只是世界统一性的前提，物质和精神都是存在，但精神根源于物质，世界的统一性不在于它的存在，而在于它的物质性。中国古代的“五行说”用具体的物质形态金、木、水、火、土来回答世界的本原问题，属于古代朴素唯物主义。材料 2 介绍了唯意志主义哲学家叔本华的观点，他把非理性的生存意志当作世界的本原，认为世界万物统一于生存意志，注意到了人的存在和社会生活中非理性因素的作用，但夸大了这种作用。材料 3 说明整个宇宙天体都是物质的，不存在宗教神学宣扬的神的世界。材料 4 说明生命现象的基础是物质，生命是物质的一种较高级的发展形态，是物质自身长期发展的结果，生物界和非生物界以及各种生物体之间都具有统一性。

案例 2

关于物质与运动

材料 1：17 世纪英国哲学家、机械唯物主义的重要代表霍布斯认为，运动是一切事物的最一般的原因，一切变化都在于运动。运动就是物体“不断地放弃一个位置，又取得另一个位置”。霍布斯认为运动和静止都是绝对的，动者恒动，静者恒静。他说：“任何一件静止的东西，若不是在它以外有别的物体以运动力图进入它的位置使它不再处于静止，即将永远静止。”“同样情形，任何一件运动的东西，除非在它以外有别的物体使它静止，即将永远运动。”他还指出，运动是与时间和空间相关的，时间是运动中先后的影像，空间则是心外之物的影像。“设想某件东西可以离开时间而运动，就等于设想没有运动的运动，这是不可能的。”

材料 2：2000 多年前，古希腊哲学家巴门尼德认为，世界的本原是“存在”，“存在”只能从一种存在变为另一种存在，存在不会变为不存在，因而“存在”是不变的。巴门尼德的学生、古希腊哲学家芝诺则进一步提出：运动变化是不可能的。为了论证他的观点，芝诺提出了四个悖论，其中最为著名的是“阿基里斯追不上乌龟”。阿基里斯是古希腊神话中的英雄，海洋女神忒提斯的儿子，他健步如飞，能日行千里。然而芝诺却断言：阿基里斯永远追不上跑得很慢的乌龟。芝诺说：如果乌龟在前，阿基里斯在后，同时起跑，阿基里斯要追上乌龟，必须首先到达乌龟的起点处，但当他到达乌龟起点处时，乌龟却已向前跑到另一地点，而当阿基里斯到达这一地点时，乌龟又到达另一新地点。如此类推下去，以至无穷。所以，阿基里斯永远追不上乌龟。此外，芝诺还提出了“飞矢不动”的论断。芝诺认为，既然任何事物在刹那间都只能占有和自身相等的空间，那么，飞矢也是如此。飞矢在飞行的过程中，这一刹那间在这一点，那一刹那间在另一点。这样，飞矢实际上经过的只不过是无数个静止的点。把无数静止的点加起来的总和，仍然是静止，而不会形成运动。所以，飞矢实际上是不动的。根据上述两个命题，芝诺得出结论说：运动变化是不可能的，甚至连位置移动都是不可能的。

材料 3：浩浩长江，奔腾汹涌，一泻千里，流向大海。正如古人诗词所写：“无边落木萧萧下，不尽长江滚滚来。”长江从西向东流入大海，这是最基本的常识。然而，人们很少能够想到，长江并非从来就是由西向东流的，最早的长江是由东向西流的，万里长江有过倒流的历史？地质学家的研究表明：在1.5亿年以前，万里长江地带经历了从汪洋大海逐步演变为陆地的过程。长江形成后，在1亿年的漫长岁月里，它发源于现在的三峡地区的山地，沿东高西低的地形走势，向西流入地中海。一直到5000万年前，由于印度洋板块与亚欧板块的挤撞，在地中海的东部隆起、形成了原始的青藏高原，从而使原来东高西低的地势演变成西高东低，长江也就由向西流入地中海变为向东流入太平洋。由于青藏高原的高度逐渐增高，长江的源头也由三峡地区转移到唐古拉山主峰——海拔6621米的各拉丹冬雪峰。同样，举世闻名的喜马拉雅山的珠穆朗玛峰也并非自古就是如此。地质资料表明，喜马拉雅山是由喜马拉雅海变化而来的。一直到18亿年前，现在的喜马拉雅山地区还是一片汪洋大海，海中生活着当时在水族中称霸的喜马拉雅鱼龙。后来，由于地壳造山运动，喜马拉雅山升出海面，此后不断上升。现在，珠穆朗玛峰仍在缓慢地增高。最为明显的例证是，杜鹃花现在生长在峰区3400～3900米的高度，但在1万年前则生长在4300米的高度。可见，珠穆朗玛峰在1万年间有过剧烈上升的运动。

（资料来源：尚九玉．“马克思主义哲学原理”课教学案例解析[M]．北京：高等教育出版社，2004.）

案例点评

材料1是机械论者的运动观，霍布斯把运动仅仅理解为空间位置的变化，并且否认运动与静止之间存在转化关系。材料2阿基利斯追不上乌龟和飞矢不动是承认静止、否认运动的例子，其思想倾向是对感性认识的怀疑，导致诡辩论。材料3“倒流的长江与喜马拉雅海”描述了自然界的运动变化，说明人类所直接接触到的自然界也是运动变化的产物，并且仍然在运动变化。

案例3

关于意识

材料1：大脑是人体最奇妙的器官。尽管人们的大脑可以产生各种各样的想法，但大脑本身却是物质的。研究表明：大脑的四周包着一层含有静脉和动脉的薄膜，这层薄膜里充满了感觉神经。但是大脑本身却没有感觉，即使将脑子一切为二，人也不会感到疼痛。人的大脑平均为人体总体重的2%，但它需要使用全身所用氧气的25%，相比之下肾脏只需12%，心脏只需7%。每一秒钟，人的大脑中进行着10万种不同的化学反应。如能把大脑的活动转换成电能，相当于一只20瓦灯泡的功率。人的大脑有100多亿个神经细胞，根据神经学家的部分测量，人脑的神经细胞回路比今天全世界的电话网络还要复杂1400多倍。人的大脑每天能记录生活中大约8600万条信息，其记忆存储的信息超过任何一台电子计算机。据估计，人的一生能凭记忆储存100万亿条信息。人脑子里储存的各种信息，可相当于美国国会图书馆的50倍，即5亿本书的知识。人体5种感觉器官不断接受的信息中，仅有1%的信息经过大脑处理，其余99%均被筛去。大脑神经细胞间最快的神经冲动传导速度为400多公里每小时。

材料2：根据牛顿万有引力定律，如果行星只受到太阳的引力，它的轨道就是一个确定的椭圆，但是各个行星之间也存在着万有引力，所以要确定每颗行星某时刻的真实位置还必须考虑相邻的行星对它的引力所引起的摄动。在太阳系中，对于土星和木星，用万有引力定律计算得到的理论结果与实际观测的结果完全一致。但是，对于天王星，考虑到土星引力引起的摄动后，理论计算的结果与实际观测的结果还是不一致。人们对天王星做过许多次观测，观测的结果是可靠的。于是，一些科学家怀疑牛顿万有引力定律的正确性，另外一些科学家则认为天王星外边还有一颗尚未发现的行星，它对天王星的引力没有被考虑到，结果导致了理论与观测结果的矛盾。1845 年，英国剑桥大学 23 岁学生亚当斯(J. Adms)根据万有引力定律和天王星的真实轨道逆推，经过两年时间的计算，预言了新行星不同时刻所在的位置。令人遗憾的是，亚当斯的报告并没有引起英国科学家的注意。同年，法国一位技术学校的助教勒威耶(Le Verrier)也推算出了同样的结果，并把预言的结果寄给了柏林天文学家加耳(Gall)。收到勒威耶推算结果的当天晚上，加耳把望远镜对准勒威耶指定的位置，果然发现有一颗新的行星。这震撼世界的新发现使牛顿的名字誉满全球，再次证明了牛顿引力理论的正确性。人们按神话的传统把这颗行星定名为海王星(Neptune)。在英国，亚当斯公布了秘藏着的论文。人们发现这两位学者的成果是一致的，而且是各自独立完成的。海王星发现之后，人们发现它的轨道也与理论计算的不一致。于是，有些科学家们就用亚当斯和勒威耶的方法预言另一颗新的行星的存在。1930 年，汤博(Tom Baugh)发现了这颗行星，人们把它命名为冥王星(Pluto)。冥王星的实际观测轨道与理论计算的一致，所以人们确认，冥王星是太阳系最外一颗行星。

材料 3：几乎每个人都有过似曾相识的体验：有时人们身处在一个全新场景时，会有几秒钟时间，觉得完全了解或确切经历过这样的场景。你有没有过对一个陌生人产生似曾相识的感觉？有没有过“灵魂出窍”的体验？其实，这些可能都是大脑出错后玩的“鬼把戏”。科学家最近对“似曾相识”等几种大脑错觉进行了研究，揭开了其中的奥秘。是一个声音，一种味道或某一瞬间的场景，都可能激起一个人这种再次回忆的感觉。这种现象到底是怎么回事？最新研究表明，这是大脑中一个叫做“海马回”的区域“作祟”。麻省理工学院的生物学教授利根川进最近专门研究了大脑海马回上一些特定的神经末梢。当实验鼠被切除了这部分的神经末梢时，它们置身于一间从未到过的房间时的反应，与置身于一间只与平常常见的房间略微不同的房间的反应是一样的，即这些实验鼠无法区分类似场景。海马回位于控制学习和记忆活动的中枢，主要负责形成和储存长期记忆。其实，记忆是被强大的化学作用联系在一起的脑细胞群。唤起某种记忆相当于找到特定脑细胞群并激活它。海马回可帮我们根据现在的经历，在记忆中寻找相同或相似的回忆。找到后，就将现在的印象认为是发生过的或认成这个典型的、似曾相识的感觉。有时海马回也会因疏忽出现错误：它们将现在的观感归入到曾经发生的感觉中，即使这种“记忆”是从未发生过的，于是就产生了前世记忆般的“似曾相识”。镜反射触觉有些人特别能感受别人的痛楚。当看到一对恋人幸福相拥时，他们也会感到自己正在被拥抱；当看到电影中主角将坏人踢飞时，他们则会感到切肤之痛。日常生活中，有些人特别能感受别人的痛楚研究发现，“镜反射触觉”是“移情”(指体谅别人苦衷并有亲身感受的感情)能力的基础。测试过程中，研究人员为镜反射触觉试验组和对照组(没有镜反射触觉的人)施加一个真实的力——可能与看到的他人受碰触位点是同一位点，可能不是同一位点。结果显示，如果位点相同的话，镜反射触觉感强的人能够快速、准确地报告出碰触位点；当自己与他人的碰触发生在不同位点时，镜反射触觉感强的人会把两样弄混，认为自己身上两处都发生了碰触，无镜反射触觉能量的人却不会混淆。沃德认为，镜反射触觉感强的人在“切身体会”别人感受方面并不比普通人强多少，只不过，他们的视觉移情是自发的，而不是下意识的。人们的感觉从本质上来说是由神经细胞触发的。对于镜反射触觉感强的人来说，他们的神经细胞过度敏感，不单可以由触觉激发，而且还可由视觉来激发。“灵魂出窍”人们常常听到这样的故事：一名心脏病患者说，在心脏病发作后，他看到自己浮在空中，看着医护人员将他救活。最新公布的研究成果证实，“濒死体验”是一种具有科学依据的生物性体验。美国新泽西医药和牙科大学的神经学家阿修勒最近完成了一个DIY式(自己动手完成)的“灵魂出窍”实验。他首先将两面镜子面对面地放在一起，这样镜中的同一影像就可无穷地映照下去，然后让一个人站在两面镜子当中，稍微将头倾斜，使得他在镜中看不到自己的眼睛。这个时候，用手敲打他的下巴，他会觉得镜中是另一个陌生人的下巴被敲打了。阿修勒解释说，这种感觉的产生是因为大脑认不出镜中的人脸是自己的。研究表明，大脑正确地接收感官反馈是非常重要的。在听力、视力、嗅觉、触觉、味觉和平衡的官能当中，如果一种感官向大脑“汇报”的感觉与另一种感官“汇报”的不一样，大脑就会无所适从，就有可能造成类似“灵魂出窍”的感觉。有些人有时会产生这样的诡异感觉：感到有人在背后盯着自己，可是自己明明是单独待在一个房间里。瑞士联邦理工学院的神经学家在研究一名癫痫病人时发现，如果刺激这名女病人的大脑左颞顶交界区，她就会突然感到背后有人在盯着她。而背后的这个“人”有时候是默默地坐在一旁，有时却是将手臂伸向她。此女病人没有精神病记录。因此，科学家推断，这种诡异感觉是出于脑部左颞顶交界区受电极刺激的影响所致。颞顶交界区是个关于自我意识的部位，整合听觉、视觉、触觉等身体各感官的信息，从而综合出自己身在何处、在做什么。布兰克认为，电极电流干扰了这些身体信息整合，令女病人产生身后有人的错觉。这一研究成果可能能解释精神分裂症患者为何总是产生莫名的幻觉，能帮助科学家更好地了解“例如妄想狂、被迫害狂等精神病症状”。

(资料来源：人民教育出版社课程教材研究所物理课程教材研究开发中心.普通高中课程标准实验教科书物理2必修[M].北京：人民教育出版社，2011.)

案例点评

列宁指出意识的对象和内容是客观物质世界，客观物质世界是第一性的，意识是对客观世界的主观映像。材料1提供了一系列关于人类大脑的数据，这些数据实际上说明产生意识的大脑不过是物质的一种具体表现形态，表明了意识是物质的产物。材料2说明了意识具有预测性和计划性，科学家们正是通过理论计算预测了海王星和冥王星的存在，并且按照这种预测去进行观察，才发现了这两颗行星。材料3是通过科学实验揭示一组诡异现象的奥秘，说明无论产生什么样的意识(感觉等)都会有现实的根据和原因，这说明，意识产生的生理机制——人脑的工作的客观性，说明无论正确的认识或者虚幻颠倒的认识都有现实基础。

案例4

关于联系

材料1：探测高能粒子运行轨迹的仪器——“气泡室”的发明原理，是发明者——美国物理学家格拉塞尔在喝啤酒时，看到酒杯中一串串上升的气泡，猛然想到自己一直在研究的课题——怎样探测高能粒子的飞行轨迹。于是，他用啤酒代替高能粒子穿越的介质，顺手拿起几粒碎小鸡骨头代替高能粒子，等到酒杯中的气泡冒完后，将其丢入杯中啤酒里，随着碎骨的沉落，周围不断冒出气泡，气泡显示了碎骨粒下降过程的轨迹。他立即回到实验室，经过不断实验，当带电粒子穿越液态氢时，其所经过的路线同样出现了一串气泡，终于以这种方法清晰地呈现出高能粒子飞行的轨迹。格拉塞尔因此荣获诺贝尔物理学奖。

材料 2：中国古代的“桑基渔塘”是一种很好的生态农业模式。这种“基种桑、塘养鱼、桑叶饲蚕，蚕屎饲鱼、两利俱全，十倍禾稼”的生产格局和水陆相互促进的生态系统在中国已有了上千年的历史。农业生态系统是一个包括自然、经济、社会要素的复合人工生态系统。通常情况下农业生态系统具有多目标性，只是在某一特定时期或某种特定情况下，才优先满足某一目标。而农业生态系统的理想状态是多个目标能够同时得到满足。“四位一体”生态农业模式正是基于此，从提高作物单产、复种指数、畜禽转换率和循环总量，降低饲料浪费度的角度出发，将四种设施组合成一个整体，辅以四种高效技术，使之成为一个稳定高效的系统。同时各组分之间存在适当的比例关系和明显的功能分工与协调机制，使“四位一体”生态农业模式能够在系统内顺利完成能量、物质、信息、价值的转换和流通，并使系统的整体功能达到最高。多业结合，集约经营。该模式把生产者、消费者、分解者有机结合起来，加强了物质循环利用，形成无污染和无废料农业。养殖与种植以沼气为纽带，紧密联系在一起，形成一个完整的生产循环体系。这种循环体系以它采用先进的生产技术，达到集约化经营，以期获得三大效益的增长。由于将沼气池、畜（禽）圈（舍）、厕所建于日光温室内，使彼比之间相互依赖、相互利用、相互依存。温室为沼气池、畜（禽）圈（舍）提供了良好的光照、温度和湿度条件，畜（禽）呼吸和沼气燃烧不仅能使温室温度增高，更重要的是其二氧化碳的气肥效益能促进温室内果蔬增产，反之温室内果、蔬光合作用所产生的氧气又可供畜禽呼吸所用。人畜粪便进入沼气池发酵生产沼气，残余的沼液、沼渣不仅是上好的肥料，而且有多种其他用途。“四位一体”组分之间关系协调，构成了循环再生路径，使该系统生物种群增多，食物链结构延长，能流、物流循环加速。该组合充分体现了“整体、协调、循环、再生”的生态农业基本原理。

材料 3：著名生物学家达尔文在他的著作《物种起源》一书中谈到：英国有一种俗称蝴蝶花的植物（学名三色堇，属于兰科植物）。它的盛衰就与猫的多少密切相关。它们当然不是直接联系在一起的。猫多蝴蝶花就多，猫少蝴蝶花就少的联系是经过了一些中间环节的，这些细小环节就是熊蜂和田鼠。达尔文在《物种起源》中具体说明了这种联系。他指出，一个地区如果猫少，田鼠就会多；而田鼠喜欢吃熊蜂窝里蜜汁和幼虫，田鼠一多熊蜂就会少，可是蝴蝶花就是靠熊蜂把雄蕊的花药传送到雌蕊的柱头上，才能结出果实，繁殖茂盛，所以熊蜂少，必然就要造成蝴蝶花少。这个联系就是猫少—田鼠多—熊蜂少—蝴蝶花少，猫多—田鼠少—熊蜂多—蝴蝶花多。这就是猫多花就多的原因。达尔文的这个说明，使我们清楚地看到猫的多少决定花的多少就不是什么怪事了，这种联系不是一眼就能看出的直接联系，它是经过了一些中间环节的间接联系。

（资料来源：张培栋.“四位一体”生态农业模式特征研究[J].甘肃农业，2005，(6).）

案例点评

材料 1 说明任何一项科学研究都离不开生活实践经验的积累。格拉塞尔正是把科学研究中的问题，与生活中的喝酒经历联系起来，从而得到了启迪，完成了自己的实验课题，并荣获诺贝尔奖。这个案例说明了在实践中要善于把握事物的普遍联系，联系是事物之间以及事物内部各要素之间相互影响相互制约的关系。联系是普遍的、客观的，整个世界是一个普遍联系的统一整体，我们想问题办事情必须坚持联系的观点。材料 2“桑基鱼塘”从农业生态系统内部各因素出发探讨了联系的客观性和普遍性。材料 3“猫多花就少” 分析了事物之间互相联系的多种多样性，证明列宁所说的：“任何个别经过千万次的转化而与另一类的个别（事物、现象、过程）相联系。”

案例 5

关于矛盾

材料 1：博弈论可以概括为研究具有斗争或竞争性质现象的理论和方法。博弈论的出现本身就是基于对于世界万物之间矛盾对立统一的认识。所得到的博弈结果就是原本很难调和的矛盾达到暂时平衡而相对地得到解决。博弈论中有名的囚徒困境就是矛盾调和的一个例子。在囚徒困境中，A、B 两个囚徒都被困在了坦白与不坦白的矛盾困境当中。与此同时，连结果也都是富有矛盾性的：两个人原本是完全可以得到最少关押期限的，而且两人都带着这样的想法对自己的矛盾作了解决方案，但最终结果是两个人加起来的关押期限是所有组合中最长的。博弈论在生活中处处存在。往往单方带着最高的期望所作的决定其实是最不利的决定。

材料 2：缺点与特长。美国南北战争初期，林肯总统先是选拔没有缺点的人任北军统帅。这些修养甚好、几乎没有任何缺点的统帅，却没有才华，一个个被南军的将领打败，连华盛顿都差点丢掉。林肯受到了极大的震动，他分析了对方的将领，从杰克逊起，几乎个个都有明显的缺点，同时又都有个人的特长。他得出了如下的结论——“李将军能善用其手下的长处，打败了自己任命的看来没有任何缺点，同时也不具有什么特长的北军将领”。为此，林肯毅然任命了酒鬼格兰特为北军将领，当时舆论哗然，人们说“昏君”用“庸才”，北军完了。好多人晋见林肯，说格兰特好酒贪杯，难当大任。林肯不为所动坚持任用格兰特。事实证明，正是由于对格兰特的任命，成了美国南北战争中北军取胜的转折点。

材料 3：自古以来，传染病就是人类的大敌。一代一代的科学家在预防和治疗传染病方面进行了不懈的努力。科学研究发现，细菌是传染病的罪魁祸首。于是人们千方百计地寻找能杀死传染病细菌的新药。青霉素发现后，传染病几乎无法治疗的时代彻底结束了，人类的平均寿命也得以延长。青霉素是英国细菌学家亚历山大·弗莱明发现的。1928 年，弗莱明在检查培养皿时发现，在培养皿中的葡萄球菌由于被污染而长了一大团霉，而且霉团周围的葡萄球菌被杀死了，只有在离霉团较远的地方才有葡萄球菌生长。他把这种霉团接种到无菌的琼脂培养基和肉汤培养基上，结果发现，在肉汤里这种霉菌生长很快，形成一个又一个白中透绿和暗绿色的霉团。通过鉴定，弗莱明知道了这种霉菌属于青霉菌的一种，于是他把经过过滤所得的含有这种霉菌分泌物的液体叫做“青霉素”。接着，弗莱明又把这种霉菌接种到各种细菌的培养皿中，他发现葡萄球菌、链球菌和白喉杆菌等都能被它抑制。这极大地鼓舞了正急于寻找一种能治疗化脓性感染药物的弗莱明，经过一系列的试验和研究，弗莱明认为青霉素可能成为一种可以全身应用的抗菌药物。但在当时，青霉素的提纯仍然是个问题。1935 年,英国病理学家弗洛里和侨居英国的德国生物化学家钱恩合作,重新研究青霉素的性质、分离和化学结构,终于解决了青霉素的提纯问题。当时正值“二战”期间,青霉素的大量生产,拯救了千百万伤病员,成为第二次世界大战中与原子弹、雷达并列的三大发明之一。这一巨大贡献使弗莱明、钱恩和弗洛里共同获得了 1945 年诺贝尔生理学和医学奖。青霉素的发现是人类发展抗菌素历史上的一个里程碑。直到今天,它仍是流行最广、应用最多的抗菌素。青霉素能杀灭各种病菌,还可以治疗各种炎症,而且它对人体几乎没有毒性。因此除了极少数对青霉素过敏的人,大多数病人都能借助青霉素恢复健康。自 1928 年弗莱明发现青霉素后,科学家们又发现了类似青霉素的物质,诸如链霉素、氯霉素等,人们将它们合称为“抗生素”。抗生素是征服病菌、控制传染疾病的“杀手锏”,它的出现,使人类的平均寿命延长了 10 年。但是,在病菌领域内纵横驰骋八面威风的抗生素,却对病毒引起的疾病诸如感冒、肝炎、脑炎、麻疹等束手无策。病毒是比病菌更小、用电子显微镜才能看见的病原体。因为它小得能通过滤菌器,所以又叫“滤过性病毒”。如果将病菌比做篮球的话,那么病毒比一颗绿豆还小。因此,征服病毒成了继抗生素出现之后医学界的一大挑战。1957 年,科学家艾萨克斯和林登曼发现,一旦任何一种病毒感染生物体时,生物体的组织细胞都会产生一种“法宝”来干扰病毒的新陈代谢,从而达到抵抗病毒和消灭病毒的目的,因此,艾萨克斯和林登曼将它取名为“干扰素”。那么,干扰素到底是什么样的物质?它为什么能抵抗病毒呢?经过 20 多年的努力,科学家们发现,生物体内的干扰素是一种蛋白质,它由不同氨基酸按一定数目和排列次序组成。当人体细胞接到病毒入侵告急信息时,细胞就发出紧急命令,施放出干扰素,依附到病毒身上,在病毒体内产生两种对病毒不利的酶。一种酶会将磷酸盐引入病毒,使病毒无法进行自身蛋白质的合成;另一种酶会对病毒核酸(即 DNA 和 RNA)起瓦解作用,使病毒失去传宗接代的能力。此外,干扰素还能加强人体内专门吞吃癌细胞的天然吞噬细胞的能力。临床证明,干扰素对骨癌、淋巴癌等 10 多种癌症都有疗效。现在,科学家们已经发现了三大类干扰素,分别是 α 干扰素、β 干扰素和 γ 干扰素。在这三类干扰素中,以 γ 干扰素对抗病毒的能力最强,故又被称为“免疫干扰素”。不过,由于价格高和提纯难等原因,直到今天,干扰素在医学上的运用仍非常有限。为了得到更多质优价廉的干扰素,人们还在不懈努力。

(资料来源:(美)戴尔·卡耐基.林肯传[M].白马,张雷,译.杭州:浙江文艺出版社,2009.
佚名.青霉素的由来[J].发明与创新(综合版),2007,(10).)

案例点评

材料 1 介绍了现代信息经济博弈论的观点,反映了现代社会科学对于矛盾的看法。从这些观点可以看出,不管是什么哲学派别,不管是社会生活的哪个方面,都会涉及存在于世界万事万物的矛盾这个课题,要么认识它,要么努力平衡矛盾双方。材料 2 说明金无足赤,人无完人,在用人问题上,要注重用人所长,避其所短。任何事物都包含既对立又统一的两个方面,要善于坚持一分为二的矛盾分析法,对矛盾作全面的分析。材料 3 说明,传染病与健康是一种普遍的矛盾,但是导致传染病的原因却是不同的,不同的传染病包含着不同的矛盾,因而治疗的手段也不相同。最初人们发现细菌是传染病的病因,就努力寻找对付细菌的药物,于是发现了青霉素等抗生素。后来发现病毒也是导致传染病的原因,抗生素不能对付病毒,于是人类又发现可用干扰素来对付病毒。

案例 6

关于现象和本质

材料 1：现象学是现代西方哲学中一个著名流派，它对现代西方哲学其他流派的发展产生了很大的影响，其主要代表人物是德国哲学家胡塞尔(1859—1938 年)。现象学认为，我们面对的是事实本身，事实背后或事实之外没有任何东西存在，事实就是最基本的对象。所以，应当放弃一切偏见、成见、习惯看法，"回到事情本身"，直观人的认识活动中直接亲身体验到的东西，对事物按照其直接向我们显现的样子进行分析、描述。由于我们所能认识的对象只是意识范围内的对象，所以现象就是意识。根据现象学的观点，认识了现象，就认识了本质，因为现象就是本质。

材料 2：拉瓦锡最引人注目的成就是他在化学和物理方面的贡献，尤其是他通过长期的实验，发现了一种能助燃、助呼吸的气体，即我们今天所说的氧气。早在 17 世纪，欧洲人通过燃烧和呼吸的研究，发现空气中存在着两种截然不同的气体。但当时流行的"燃素说"统治了他们的思想，禁锢了他们对空气的进一步研究。瑞典的化学家舍勒在 1773 年以前，就通过实验得到了纯净的氧气。但由于受"燃素说"的影响，他错误地将这种气体叫做"火气"，并且认为燃烧是火气与燃烧物中的燃素结合的过程，火和热是火气与燃素化合的产物。几乎与此同时，英国的化学家普利斯特列也通过实验得到了这种气体。普利斯特列发现，将蜡烛放在这种气体中，它的火焰比在空气中更加炽热明亮。而将老鼠放进去，也比它在等体积的寻常空气中存活的时间约长 4 倍。但普利斯特列也没有继续研究。当科学的珍珠出现在舍勒和普利斯特列面前时，他们没有鉴别出来，而是将它看成了鱼目，从而与机遇女神失之交臂。拉瓦锡则不同。他发现当时盛行"燃素说"存在着许多破绽。比如，既然金属在煅烧中逸出燃素，那为什么重量反倒增加呢？而蜡烛在燃烧之后却一无所剩，似乎全部消失了？为了弄清事实的真相，拉瓦锡开始了严格的实验。他首先仔细地称量了装有空气和固态物质的密闭容器，然后用放大透镜将阳光聚集在物质上，或者用火加热。当物质燃烧完后，再重新称量装有反应物的容器。他通过对各种不同的物质反复进行实验，结果都表明，密封容器的重量在燃烧前后都不变。经过深入的思考，拉瓦锡终于得出结论：原来在没有密封的燃烧物当中，空气中有一种新的物质元素参与了反应，使得物质燃烧前后重量不一样。金属生锈、重量增加的秘密终于被揭开了。拉瓦锡将这种气体命名为酸素，也就是我们今天所说的氧气。由此，拉瓦锡推翻了流传多年的"燃素说"。他指出，由于人工或天然的操作都不能无中生有地创造任何东西，所以在每一次操作中，操作前后存在的物质总量是相等的，并且其要素的质与量保持不变，只是发生更换和变形。拉瓦锡的这一观点体现了"物质不灭定律"的基本精神。拉瓦锡的思想超越了他的同时代人，因为他不仅注意到了物质在化学反应中性质的变化，而且注意到了数量上的变化，从而使得化学科学割断了与古代炼金术的最后一根纽带，以一种崭新的面目蓬勃发展起来。

材料 3：1800 年 5 月底，当拿破仑亲率法国预备军团冒险翻过阿尔卑斯山的第一个险道——圣伯纳德山口，突然出现在皮埃蒙特平原上奥军的后方时，奥军统帅梅拉斯才如梦初醒：他又一次被拿破仑欺骗了。原来，梅拉斯和他的情报机构一直都认为，拿破仑的预备军团只不过是一支只有几千人的杂牌部队。那么,“几千人的杂牌部队”何以变成了越过天险、攻势如潮的数万人的大军呢?这要归功于拿破仑“以高明的泄密手段达到了保密的目的”。1799年法国“雾月政变”后,奥军重新占领了意大利北部,这不仅使拿破仑在意大利之战中所取得的胜利前功尽弃,而且对法国本土也构成了极大威胁。拿破仑认为,法国必须及早投入新的强大军团,才能打败奥军。由于其他军团无力向意大利战场机动,拿破仑决心秘密组训一个6万人的预备军团。尽管已经采取了许多严格的保密措施,但英奥等国的间谍还是发现了这支预备军团的蛛丝马迹。对此,拿破仑意识到:要对预备军团的组织训练绝对保密已无法办到。如果“辟谣”,反而欲盖弥彰,倒不如顺水推舟,设法给敌人造成错觉。于是拿破仑决定,不仅由军政大臣亲自把组训预备军团的消息公之于众,而且把预备军团的编制、实力经加工后泄露出去。1800年4月,拿破仑又在巴黎正式宣布:预备军团正在第戎地区集结,他将亲往检阅这支新的生力军。与此同时,拿破仑将预备军团的主力秘密转移到新的便于隐蔽的集结地,第戎只保留少量供间谍“刺探”的部队。为了达到预期目的,拿破仑不断地采取欺骗措施,以至于在政府《通报》上登载“要闻”,在报刊上编发消息,引得大批间谍从欧洲各地直到了第戎。虽然他们“证实”了预备军团的存在,却没有发现值得一提的正规军。除了刚刚招募来的、连军事常识都不懂的新兵,剩下的全是不堪一击的老弱残兵。至于那些所谓的军、师司令部,更是编制不满、装备不齐、未经训练、军纪松懈。总之,这支预备军团毫无战斗力可言,根本不值得重视。拿破仑倒是言行一致,如期赶到第戎检阅了他的预备军团。检阅刚一结束,拿破仑的预备军团就成了国内外绅士们的谈资笑料。拿破仑又下令法国谍报人员对此推波助澜;有的贴出讽刺画,上有12个童子军和一个装有木腿的残疾人,下标“拿破仑的预备军团”;有的则散发传单,披露拿破仑组训预备军团时的一些可笑故事。这样,许多人认为,预备军团只不过是拿破仑为了牵制奥军,别有用心编造出来的圈套。就连奥军统帅梅拉斯也一再强调:用来威胁我们的预备军团只不过是一群乌合之众,法国人把我们看得太简单了。然而,就是这支预备军团,已在法国南部做好了进攻意大利的准备,并在拿破仑的亲自指挥下,于1800年6月进行的马伦戈决战中击败了梅拉斯,将奥军逐出了意大利北部。最后,奥军被迫求和,从而结束了第二次反法联盟中的法奥战争,并使此次反法联盟彻底瓦解。

(资料来源:(德)埃里希·卡勒尔.德意志人[M].黄正柏,等译.北京:商务印书馆,1999.
http://www.jxteacher.com/jjhx/column7111/8dfb0bd8-58a6-4703-8b9d-027d31efd8f9.html.
http://www.gmw.cn/01gmrb/2003-07/08/13-336404CD7284946848256D5C0083BE70.htm.)

案例点评

材料1中现象学认为,我们只能认识我们意识到的,这就是事实本身。材料2拉瓦锡推翻“燃素说”说明,要发现科学的真理,必须深入地研究现象,通过现象把握本质。化学家舍勒和普利斯特列对于氧气所引起的现象都没有深入研究下去,而拉瓦锡则进行了深入的研究,结果发现了氧气,彻底推翻了“燃素说”。材料3则说明,兵不厌诈,军事上故意造成现象与本质的分离是取得胜利的重要手段,而不能通过现象来把握本质则必然导致失败。同学们可联系现象与本质的原理,说明其能够在军事上广泛应用的道理。

案例 7

关于内容与形式

材料 1：古希腊哲学家为说明事物的构成和变化，提出了形式和质料的范畴。质料本来指木料、柴火或构成一物的材料。在亚里士多德哲学中，质料指构成万物的材料，也指事物生成变化的基质，如种子为树的基质。和质料相对立的是形式。形式是每一事物的本质，也是事物的“原型”、模型、形状。例如，“圆的图形”中的“圆”，就是一切圆的事物的形式，也是它们的本质。亚里士多德认为，形式既是质料追求的目的，又是使质料变化的动力，形式是能动的、现实的，质料是被动的、潜在的，只有接受了形式，才能现实地存在。所以，形式是在先的、第一性的。

材料 2：据说，一位工程师和一位哲学家相约出去旅行。有一天，哲学家在宾馆写旅行日记，工程师则独自出去逛街。忽然听见一位老妇人叫喊：“卖猫呀！卖猫呀！”只见老妇人身旁摆着一只黑色的玩具猫，标价 500 美元。老妇人解释说，这只猫是祖传宝物，只因孙子病重，才不得已卖了它来作为住院治疗费。工程师用手掂量这只猫，感到猫身很重，看起来像是黑铸铁制成的。不过，那一对猫眼则是一对珍珠。于是工程师以 300 美元买下了那对猫眼。他回到宾馆，高兴地对哲学家说：“我只花了 300 美元就买下了两颗硕大的珍珠！”哲学家一看这两颗珍珠至少要值上千美元，忙问是怎么回事。等工程师说完缘由，哲学家忙问：“那位妇人是否还在原处?”工程师答道：“她还在那里，想卖掉那只没有眼珠的黑铁猫。”听完，哲学家忙跑到街上，用 200 美元买下了铁猫。工程师见后，嘲笑道：“你呀，花 200 美元买个没眼珠的铁猫！”哲学家找来一把小刀，用小刀刮猫脚，当黑漆脱落之后，露出的是黄灿灿的一道金色的印迹。他高兴地大叫：“正如我所料，这猫是纯金的！”原来，当年铸造这只金猫的主人怕金身暴露，便把金猫涂上黑漆，变成了“黑铁猫”。工程师后悔不已。

材料 3：鲁国有个爱好钓鱼的人，用桂木香料做鱼饵，锻制黄金的鱼钩，镶嵌上银丝和青绿色的玉石，用翡翠鸟毛做的绳子垂钓。他拿钓鱼竿的手势和钓鱼站的位置都是对的，然而他钓到的鱼却没有多少。

（资料来源：http://www.chinabaike.com/article/baike/1000/2008/200805111461708.html.
http://res.hersp.com/content/1691620.
http://baike.baidu.com/view/3488558.htm.）

案例点评

材料 1 叙述了古希腊哲学家亚里士多德的“形式”概念。材料 2 玩具猫的铸造者用黑漆的形式掩盖了猫的内容——黄金，结果工程师只注意到了形式的东西——黑色玩具猫的珍珠眼睛，而哲学家运用推理的方法，推出与珍珠猫眼相配的猫身必定也是贵重的材料——金身。材料 3 说的是过分追求形式，实际却没有多少真正的内容，说明形式要服务于内容，否则就没有效果。

案例 8

关于偶然与必然

材料 1：古希腊哲学家、原子论的主要代表人物德谟克里特认为，世界万物都是相互联系的，受因果必然性和客观规律性的制约。原子在虚空中彼此碰撞形成的旋涡运动是一切事物形成的原因，这就是必然性。自然界的一切作用都是必然性的结果，一切都遵照必然性而产生，不存在偶然性。

材料 2：19 世纪 80 年代，在美国佐治亚州亚特兰大市有一家药店，虽然规模不算大，但架子上摆放了许多新药、特药。药店的老板约翰·潘伯顿博士是一位医药行家，有一套独特的经营之道。潘伯顿认为，经营药店必须要有疗效好的新药、特药，才能有效益。基于这种认识，他非常注意医药市场的动态，以捕捉市场的信息。一次，潘伯顿注意到某医学杂志的一篇报道，提到了 1884 年美国医生柯勒从古柯树中提取出一种叫做古柯碱的物质，具有止痛功效。经过深入研究和多次实验，潘伯顿发现用古柯树叶和柯拉树籽做原料，配制成药水可治疗头痛，而且效果相当好。他将这种药水命名为“古柯柯拉”。于是，在他的药店里又多了一种新药。1886 年 5 月的一天，住在药店附近的贺斯先生因头疼到药店寻药，此前他听说过“古柯柯拉”，便向药店伙计打听。可不巧，潘伯顿配制的药水都用光了。平时，伙计经常看潘伯顿配药，因此一般简单的常用药也能配制。他顺手拿了一瓶其他治头痛的药水，配上苏打水糖浆，交给了贺斯。没过多久，又有一位顾客来店卖药，自称是贺斯的朋友，头也有点难受，喝了贺斯买的药水，感觉味道不错而且能解渴，于是也想来买几瓶。由于药店伙计对于自己刚才是怎么配的药水已经记不清了，经过多次配制仍未能配出跟刚才一模一样的药水来，引得顾客厉声呵斥。这时，潘伯顿闻声赶来，向伙计打听事情的原委。当得知顾客要买古柯柯拉时，潘伯顿就上楼去配制药水了。当潘伯顿将配好的药水交给顾客时，他发现不是所要的那种“深红色的药水”。尽管潘伯顿解释说这就是真正的古柯柯拉，但顾客仍然坚持要原来的那种。无奈之下，顾客只好空手离去。潘伯顿觉得很奇怪，经过再三追问，伙计只好说出自己胡乱配药的事情，潘伯顿严厉地批评了他。事情本该到此画上句号，但潘伯顿是一个思维活跃的人，他思量那深红色的药水说不定正好是一种新型饮料的配方。于是，潘伯顿反复地将多种药水按不同的比例配制。一个月后，他终于配出了风味独特、爽口解渴的深红色饮料。由于这种饮料是错配古柯柯拉的结果，潘伯顿也将它叫做“古柯柯拉”。后来，这种饮料传到中国，被译为“可口可乐”。

材料 3：16 世纪的欧洲，在进行外科手术时，医生们通常是将伤员绑在粗笨的椅子上，由几名壮汉手持锯子强行锯下伤员受伤的腿。在截肢手术完成后，为了止血，医生从燃烧的炭火中拍出红红的烙铁迅速烙在伤口上，使创面局部结疤，止住流血。这种近乎野蛮的外科手术常常使伤员在治疗中痛得昏死过去，令人不忍目睹。巴雷是法国一位长年在军队中从事外科手术的外科医生。他看到伤员做手术要经受如此残酷的折磨，便开始思考如何改进外科手术的方法，以减轻病人的痛苦。巴雷根据自己多年积累的丰富经验改进了许多手术器械，并将过去用沸腾的油洗涤伤口的方法改为用温水洗涤，在相当程度上减轻了病人的痛苦。不过，外科手术中仍然存在着不少问题。最突出的便是如何找到一种新的止血方法来处理手术中的大血管出血问题。偶然的一次，一个刚动过手术的伤员大血管正在大量出血，而慌乱的助手却没有把烙铁准备好。情急之下，巴雷用手里的手术刀按住了大血管，流血停止了。这一意外的发现使巴雷认识到，如果用夹子夹住大血管就可以止住流血。然而，夹子不能较长时间留在伤员的躯体上，几次试验之后，巴雷终于发明了一种用丝线结扎血管的新方法——结扎法。结扎法在临床应用中效果奇佳。巴雷每次使用结扎法之前，都要先把丝线放在锅里加热蒸煮，消毒之后再用于手术当中将血管扎住。这种用结扎血管来代替烧灼组织的结扎法，使外科中的截肢术取得了重大的进展。巴雷在一系列外科治疗上的根本性改革，破除了几百年来西方外科学上带有迷信色彩的粗暴治疗手段，将外科治疗提高到科学的基础上。因此，后世把这位法国外科医生称为“外科医学之父”。

（资料来源：http://baike.baidu.com/view/543358.htm.
http://jishi.xooob.com/sj/200810/347913.htm.）

案例点评

材料1中，“德谟克里特的观点”代表了在偶然与必然关系上的一种重要倾向，即只强调必然性而否认偶然性。材料2说明偶然性很重要，必须善于抓住偶然性。药店老板潘伯顿正是从药店伙计错配药水引起意外效果这个偶然事件中看到了商机，从而发明了畅销世界的“可口可乐”饮料。材料3说明，抓住偶然、利用偶然在科学发明中十分重要，不过并不是随随便便就可以抓住偶然有所发现的，在抓住偶然的过程中贯穿着必然。一些新事物、新方法的发现，作为当事人的科学家都是从事相关工作多年的人，始终在思考着相关的问题，苦苦寻求解决问题的方案。否则，就很难抓住偶然的机遇，完全有可能对机遇视若无睹。因此，机遇是偶然的，能否抓住机遇却不是偶然的。比如，错配药水的药店伙计就没有成为可口可乐的发明者；外科医生手术中出现巴雷那种事件的也并非巴雷一人，却只有巴雷注意到了这种止血现象并深入研究下去。

案例9

关于可能与现实

材料1：在西方哲学史上，古希腊哲学家亚里士多德第一次论述了可能与现实的关系。他提出了“潜能”的概念，就相当于我们今天所说的可能性。亚里士多德认为，现实是已经存在的东西，潜能则是尚未存在但能够成为存在的东西。他说：“现实之于潜能，犹如正在进行建筑的东西之于能够建筑的东西，醒之于睡，正在观看的东西之于闭着眼睛但有视觉能力的东西，已由质料形成的东西之于质料，已经制成的东西之于未制成的东西。”亚里士多德也看到了可能与现实的关系，他认为“我们可以用对立的一方来解说现实而用另一方来解说潜能”。

材料2：在绝大部分的人类历史中，所有的陆地运输都是通过一种推进力的模式进行的，即脚力。无论旅行者是依靠自己还是借助于其他动物的四肢，都有同样的缺点：行进速度缓慢，易受天气变化影响，需要中途休息或寻找食物等。早在13世纪，英国实验科学的先驱罗吉尔·培根就曾经天才地预言过：“在将来，马车不用马拉，并会以难以置信的速度飞驰。”这是一个大胆而新颖的设想，然而培根的这个预言与他的其他思想都被视为“异端邪说”。18世纪后半叶，蒸汽机得到了广泛应用，社会生产力得到了极大的发展。但是在当时，陆地的交通运输仍旧依赖人力和畜力，这远远不能满足社会化大生产的需求。在火车出现之前，已有了少量的“马车铁路”，用马拉着四轮车在铁轨上行走，这使得运输效率略有提高。最早的蒸汽车（本身既是机车又是货车）可以承载的货物很少，走得也比马车慢，还经常出轨或损坏铁路。19世纪初，许多人都想到了把蒸汽机作为运输牵引力来改变落后的陆地交通运输状况。一些富有创造精神的人开始了这方面的探索。法国人顾诺经过反复的试验,制成了一台三轮"蒸汽街道车",它可以行驶在马路上。这种蒸汽车的构造极为简单,速度也较慢。法国陆军部对这种蒸汽车很感兴趣,想用他来装备部队,提高行军速度。陆军部仿制了一辆类似的车辆,这台蒸汽车重12吨,马力36千瓦,每小时前进7000米。然而不幸的是,有一次这辆蒸汽车在巴黎大街上行驶时竟然翻倒,从此以后就被禁止使用。1784年,瓦特的助手、英国人默克多也制成了一台蒸汽车。有一天晚上,他把蒸汽车模型拿到离镇子1600米外的平坦小路上做试验。不凑巧的是,当他点着了锅炉,机车呼啸着向前驶去时,正好教会的一位牧师从教堂里走出来。他看到喷着火焰、发出奇怪叫声的蒸汽车冲过来,以为受到了恶魔的袭击,吓得大叫救命。这件事闹得满城风雨,人们谈"车"色变。默克多的老板知道后,不准默多克再去试验那吓人的"怪物"。默克多的试验没能得到人们的理解和支持,他不得已只好放弃了有关蒸汽车的研制。英国人特勒维西克继承了默克多的事业,在1803年制造出了一台蒸汽机车,并在伦敦公开展出,一时引起极大的轰动。但由于驾驶不慎,撞坏了一幢楼的墙根,机车表演因此停止。1804年,特勒维西克又制成了一台蒸汽机车。这是世界上第一台在铁轨上行驶的机车,总重量为5吨,每小时可拉十多吨的货物行驶8000米。由于机车本身很重,又必须载上许多水和煤,所以在载重量上和速度上都不如马拉的铁道车辆。然而,这辆蒸汽机车却是以后出现的在铁轨上行驶的"火车"的雏形。1808年,特勒维西克制成了又一台蒸汽机车,这台机车行驶在直径约30米的圆形轨道上,几千人兴致勃勃地坐上了它,人们感到"马车不用马拉"的梦想终于实现了。但有一天,这台机车突然翻倒摔坏了,蒸汽机车于是被认为是危险的"怪物",人们对它望而生畏。特勒维西克本人也心灰意懒,没有兴趣做进一步的改进。1812年,英国人莫莱等人设计并制造了一种使用齿轮的蒸汽机车,并使它行驶在有齿轨道上。然而在实际使用过程中,齿轮经常损坏,以致机车不得不经常停驶。对于"马车不用马拉"的这一设想,许多人做了各种各样的努力。尽管真正实用的蒸汽机车没有制造出来,但却积累了丰富的经验。这些经验为后来火车的出现奠定了重要的基础。

材料3:"我来到这个国家是为了介绍一个崭新的社会,把愚昧而自私的社会制度改变为一种开明的社会制度,这一种制度将逐渐把一切利益结合起来,并消除引起个人之间一切纷争的原因。我已买下了这片产业,并且亲自来到这里实行这种办法。"这是英国空想社会主义者罗伯特·欧文于1825年10月在美国发表的演讲。欧文1771年出生在一个贫苦的手工业者家庭。7岁就开始参加劳动,9岁时开始在伦敦的一个小店里当学徒,20岁起在纱厂里当职员。由于从小目睹资产阶级对广大工人和劳动人民所进行的残酷剥削和压迫,并亲身经受资本主义带来的苦难,欧文对被压迫者非常同情,他认为世界充满财富,但到处笼罩着贫困。因此,他想建立一个没有剥削、没有压迫、人人劳动、财产公有的社会。1800年,欧文与苏格兰一个工厂主的女儿结婚,并被任命为这个厂的经理,管理2500多个工人。这样,欧文开始有条件把自己的理想一步步落实。他在自己的厂里开始了第一步实验。首先,他把工人的劳动时间,由每天13~14小时缩减为10个半小时,禁止使用9岁以下的童工,把各种对工人实行的罚款制度一一取消。其次,他从工人的福利待遇出发,尽力改善工人的工作条件,办起了工人消费合作社、工人食堂、幼儿园等;设立工人学校,给青年工人有学习文化的机会;还设立了医疗费和养老金制度,对有病或年老的工人进行照顾。欧文的这个工厂实际变成了贫困阶层的“福利工厂”,得到人们很高的评价和赞扬。欧文在管理这个工厂时有意识地积攒了一大笔钱。1823年他提出了建设共产主义新村的计划,试图让他的理想更大规模地变为现实。1824年,欧文变卖了所有家产,带着四个儿子和一批朋友,还有百余名志同道合者,从英国出发,横渡大西洋,驶向美国。他要尝试建立一个人类社会迄今为止的最为理想的社会,如果这个社会事实证明是可行的,那么世界将为此而改观!到了美国印第安纳州,欧文立刻去寻找最适合他建立新社会的地方。他用20万元购买了3万英亩土地,建立起一个完全新型的“世外桃源”——“新和谐公社”。在这里,一个个村落建立起来了,一个个工厂烟囱林立,机器声隆隆。村外是红花绿草,交相辉映,青山绿水,蜿蜒曲折。林内街道整齐,树木成列,各种公用设施一应俱全,会议室、阅览室、学校、医院,甚至临时休息室,应有尽有。街心花园恬静幽雅,温馨和谐。这一切与充满血腥的资本主义社会的其他地方形成了鲜明而强烈的对比。欧文带领全体公社成员共同劳动,共享劳动成果。他们规定,全体公社成员按照年龄大小从事各种有益的劳动。5～7岁的儿童,一律无条件入学。8～10岁的儿童,除学习外,还要参加公社各种有益活动和必要劳动,如修整花园、做家务等,从中掌握课本上学不到的知识。12岁以上的青少年,在学习知识的同时,还必须要在工厂、作坊等学习一定的手工技能,以便将来为参加工作做好准备。20～25岁的青年人是公社建设的主力,因分工不同,有的在工厂做工,有的在农田参加农业劳动,或是参加一定的脑力劳动。公社的未来发展全靠这个年龄段的主力军。25～30岁的人,每天只需参加两个小时的生产劳动,其余时间则从事公社的保卫工作和参与产品的分配工作,也有一部分人从事科学研究和艺术工作等脑力劳动。30～40岁的人负责管理、组织和领导各个部门的生产工作。40～50岁的人,则主持对外交往、接待宾客或是产品交换等。60岁以上的老人组成老人集体,负责捍卫宪法,维护宪法的尊严,监督宪法的实施落实等。这样,“新和谐公社”所有成员各司其职,各尽所能,“和谐”相处。“新和谐公社”的建立引起了全世界的注意,人们从世界各地纷纷赶来,想看一看这个公社是如何“和谐”的,尤其是处于被压迫、被剥削境地的劳动者更是带着惊奇和羡慕涌来,希望在这个公社里有自己的一席之地,甚至连当时一些著名的科学家如美国费城科学院院长威廉·麦克留尔、经济学家和博物学家约西亚·华伦等人也纷纷前来,热情地参加和谐公社的建设。“新和谐公社”的建立获得了普遍的赞扬,即使是那些反对者也连声感叹。但是,“新和谐公社”并不是与世隔绝的,它处在整个资本主义的重重包围之中。而且,前来参加公社的人形形色色,各有不同的目的和想法,所以,社员之间不久就产生了各种矛盾,变得不如预想的那么“和谐”了。更何况,“新和谐公社”的总设计师欧文的建设理论也有致命的弱点。按照欧文的理论,公社成员的活动目的只要满足本社成员的需要就可以了,这就导致公社产品成品缺少,生产少,消费多,产生矛盾。因成员的觉悟水平不一,导致脑力劳动者日趋增多,而体力劳动者日渐减少,以至于技术工和一般工人匮乏,工厂、作坊经常停产关门,甚至连当时最先进的机器也不得不闲置起来。如公社的一家染坊能与当时美国最完善的染坊相抗衡,但由于无活可干,一个日生产能力为400磅棉纱的纺织厂和日生产能力为60桶的面粉厂,都不得不时时停工。还有一块3 600英亩的麦田因缺少足够的劳动力耕种而收入微薄。面对这种情况,欧文自己也没有钱来补贴,公社日益亏损。四年之后,“新和谐公社”终于宣告破产。“新和谐公社”的实验虽然失败了,但以欧文为代表的空想家们毕竟在资本主义统治的条件下,对人人平等的理想社会进行了一次有意义的尝试。

这种尝试及其思想，为后来马克思主义的产生起了重要作用。

（资料来源：http://www.hbjy88.com/Article/ShowArticle.asp? ArticleID=8536. 佚名.欧文与“新和谐公社”[J].作文升级，2011，(9).）

案例点评

亚里士多德的“潜能说”表明，古代哲学家已经意识到可能性与现实性的关系问题，并且提出了一些合理的看法，这些看法对于我们今天了解马克思主义哲学的观点具有重要的启发意义。材料2说明，科学技术的重大发现或发明是从“可能”逐步变为“现实”的。在用畜力拉动的传统马车中已经包含着用更为先进动力驱动的运输工具——不用马拉的马车——的可能性，蒸汽机的发明使得这种可能性逐步变为现实。在火车出现之前西方人所做的这种试验和努力，都是把马车不用马拉这种可能性变为现实性的必要的条件。可以说，如果没有传统马车、没有这些试验和努力，就不会有今天的火车。材料3欧文的“新和谐公社”虽然存在着许多缺点，但这种理想中包含着人类的追求和向往，符合人类发展的方向。欧文的实验尽管失败了，但是其可能性还是存在的。后来，马克思主义在吸收空想社会主义思想的基础上，提出了科学社会主义的主张，在今天已经成为现实。这充分说明，可能的事物在具备了一定的条件之后，就会转化为现实。

案例10

意识的能动作用

材料1：20世纪的越战时期，美国一所新兵训练营从劳教所接受了一批新兵，这些新兵肚子里的墨水不多，但身上的恶习却不少。怎样才能把他们训练成合格的军人显然是一个令人头疼的问题。训练营的军官们发明了一个“怪招”。军官们有计划地把一些精选的家信发给那些大字不识几个的新兵，要求他们学着读，照着抄。这些精选的家信内容并不复杂，也没有什么新奇之处，无非是告诉家人自己在军队养成了新的生活习惯，如每天早上刷牙，晚上睡前洗脚，不酗酒，不打架等。奇怪的是，一段时间之后，这些原本具有这样那样恶习的新兵还真的克服了原来的许多坏习惯，变得军容整齐，精神焕发了。后来有人对此作了进一步的分析研究和实验，把这种现象概括为心理暗示效应。

材料2：第二次世界大战爆发后，德国潜艇在大西洋和地中海上神出鬼没，从1940年6月起，一年内就击沉了英国及其盟国和中立国船只总计达300万吨位，给英国和美国的运输船队造成了巨大的威胁。原来，早在战前德国海军便制定了对付英国的海上战略——打击英国的海上补给线。为此，德军潜艇部队发明了利用多艘潜艇集中攻击敌船的“狼群战术”，德军运用这一战术屡屡得手。由于被击沉的船只不断增多，英国不得不采取各种措施对付德国潜艇，如大力加强护航运输体系，实行新的绕道航行办法，积极研制声纳技术等。此外，英国军队还利用了海鸥。原来，大战期间，一位英军潜艇司令在海滨散步时看见大群海鸥紧随航行的舰队上下翻飞，原来这些海鸥是跟在舰船后面寻觅食物。看到这一现象，这位英军潜艇司令忽发奇想：难道不能用这些海鸥来发现德国潜艇吗？于是，英军开始用自己的潜艇经常性地在水下向海面施放海鸥喜爱的食物，引诱海鸥前来聚餐。经过多次重复，海鸥们便形成了“条件反射”，只要一看见水下潜艇的黑影，就把它当作进食的信号，一齐围拢过来，紧随潜艇贴近海面盘旋。从此，每当德国潜艇在水下航行时，成群结队的海鸥便紧追不舍，结果为英国海军反潜部队指示了目标。当德国的“海狼”刚浮上水面时，已做好战斗准备的英国反潜部队便靠近它们，使德国潜艇遭到猝不及防的攻击，损失惨重。英国反潜部队自从有了海鸥“侦察兵”指示目标之后，大大提高了反潜作战的效率，英国及其盟国运输舰船的损失也大为减少。

材料3：东汉末年的神医华佗（约141—203年），医术精妙，名扬中原，留下了不少妙手回春的佳话。当时，有个名叫李成的军中小吏，不知得了何病，咳嗽得非常厉害，而且不时地吐出脓血，这使他痛苦不堪，常常彻夜不能安眠。于是他找到了华佗，请求华佗为他治疗。华佗对他说：“你的病是肠道溃疡，比较严重，已经化脓。你咳嗽出来的血不是来自肺中。我给你散药两钱，服下后会继续吐出几升脓血。脓血吐尽之后，你好好休养。一个月后，你的病情将得到控制。如果继续好好保养一年，便可恢复健康，逐渐强健起来。但你的病18年之后还会复发，那时只管再服下两钱散药，即可治愈。你千万要记住，将来复发时，如果没有散药，恐怕就没救了。”于是，华佗又给了李成两钱散药。过了五六年，李成有个亲戚也得了同样的病。这位亲戚央求李成把华佗的散药借给他。那位亲戚对李成说：“你如今身体强健，我却快要死了，你怎能忍心看着我死去，而自己将药留着，防备病发呢？”李成见他说得有理，又十分可怜，便把散药给他服了。那人服药后，病果然好了。李成跑到华佗家乡谯县（今安徽亳州），请求华佗再给他点药。不料正赶上曹操派人抓捕华佗，面对那种残暴而凄惨的情景，那人不忍心再找华佗，空手回了家。又过了几年，李成的病果然复发，由于无药可医，不久便死了。李成死去那年，人们一算，正好是华佗当年给他治病留药后的第18个年头。这与华佗当年的预言，果然一点不差。

（资料来源：http://www.yxedu.net/show.aspx? id=49153&cid=123.《世界上下五千年》编委会.世界上下五千年（彩图版）[M].长春：吉林人民出版社，2011.）

案例点评

上述三个故事既说明了意识是物质的产物，也说明了意识的能动作用。材料1中，训练营的军官正是奇妙地通过强化新兵们的良好生活习惯意识，使新兵们在不知不觉中改正了不良习惯，养成了良好习惯。材料2中，人们对于海鸥在海面飞翔的现象司空见惯，习以为常，然而这位英国海军潜艇司令却产生了与常人不同的想法——用海鸥来发现德国潜艇，并把这种想法付诸实践，结果取得了成功。这说明人的意识对于客观世界的反映具有选择性、创造性和现实对象性，能够影响人的活动，反作用于物质世界。材料3“华佗料病如神”中，华佗根据多年的行医经验，结合小吏的病情，断定其未来的病情发展，为后来事情的发展所证实，说明了人的意识的预见作用。

案例11

关于规律

材料1：自宇宙产生以来，天体运动就遵循着一定的规律，天文现象也有一定的规律，日食和月食的发生就是如此。当新月和满月出现在黄白交点的一定界限之内，即“食限”内的时候，日食、月食就会发生。计算表明，对日食而言，如果新月在黄道和白道的交点附近18°

左右的范围内，就可能发生日食；如果新月在黄道和白道的交点附近16°左右的范围内，则一定有日食发生。对月食而言，如果望月在黄道和白道的交点附近12°左右的范围内，就可能发生月食；如果望月在黄道和白道的交点附近10°左右的范围内，则一定有月食发生。归根结底，日食和月食的产生是由地球公转时地轴倾斜所致。地球在公转时，地轴与黄道面（地球公转轨道面）呈23.5°的夹角，进而导致了黄道面与白道面（月球轨道平面）的夹角。太阳和月球在两个面交点附近的位置变化就产生了日食和月食的规律。地轴倾斜还导致了其他一些自然规律的产生，如太阳直射点在南北回归线之间的周期移动，地球上各地昼夜长短的年际变化等。

材料2：公元10世纪以前，蒙古还处于原始社会时期，氏族制度是当时社会的主要社会制度。公元10世纪前半叶开始，铁器在蒙古国开始得到普遍使用，蒙古国与周边地区互市交换规模也在不断扩大，促进了蒙古地区生产力的发展。生产力的发展促进了蒙古社会形态和制度的变迁。11世纪前半叶，孛端察儿和成吉思汗六世祖都与他们所掠获的大批兀良哈人、札剌亦儿人杂居，蒙古人的部落不再是由具有血缘关系的成员组成，而是开始建立越来越多的包括非血缘关系成员在内的非血缘部落。这种部落联盟，已完全超出了血亲部落间联盟的性质，"不过他们已经开始了粉碎氏族制度的枷锁了"（参见《家庭、私有制和国家的起源》，《马克思恩格斯选集》第四卷，人民出版社，1995年，第144页）。到了12世纪初，随着私有制的发展，越来越多的蒙古人开始不满足于部落中的共享制度，渐渐脱离了部落，以家庭为生活中心。这使得个体家庭成为一种力量并且以威胁的姿态与氏族抗争。成吉思汗统一前后，蒙古社会中物物交换的交换关系早已显露出种种弊端，人们开始摒弃用牲畜交换生活日用品这种十分不方便的做法。于是，货币便应运而生。忽必烈时代，蒙古社会首次使用了金银货币。蒙古社会的交换关系从物物交换发展到了用货币交换的阶段，这证明氏族制度退出了历史舞台，因为恩格斯非常明确地指出过："氏族制度同货币经济绝对不能相容。"10世纪以后蒙古氏族制度逐渐瓦解，到成吉思汗统一之前，以奴隶制生产关系占主要地位的奴隶社会已经确立。随着氏族的衰败，原来的部落首领制已经不再适应统治要求了。于是从海都汗时期开始，蒙古统治者逐步建立了汗和汗权制度，并实行汗权世袭。汗和汗权的产生是游牧民族奴隶制政权的标志。而合不勒汗时（12世纪初），就一度形成较统一的蒙古奴隶制大汗政权。为满足统治需要，蒙古统治者在成吉思汗祖辈时就开始建立刑法，即"祖宗的成法"和军队等维持阶级社会政权的暴力手段。这些刑法所反映出当时蒙古人传统的法制观念是惩罚奴隶的奴隶制法规，其军队则是维护阶级社会的暴力组织。成吉思汗创建蒙古国之后，由于统一的需要，大量使用奴隶于军中，使成批世袭奴隶、家内生产奴隶脱离了奴隶地位，自觉不自觉地使奴隶关系逐步解体。这一时期，蒙古社会的生产力得到了前所未有的发展，游牧经济对农业经济的依赖增强。特别在向外扩张的西征前后，手工业经济也得到了较快的发展。由于越来越多的奴隶脱离了奴隶地位，而农业和手工业经济的发展又加大了对劳动力的需求，成吉思汗在这一时期就实行了与原有大汗政权不同的统治体制，即分封制。具体地说就是将全蒙古草原牧民，不论原来是奴隶，还是自由民，不论原属哪个部落，重新分封给各千户长做属民，称"百姓"。发给千户长的这些"百姓"与奴隶阶级不同，他们虽然是被以死刑威胁将其依附于千户领地上的属民，"依照其领主的安排进行放牧"，但以"交纳许多实物贡赋"的形式从事生产，而且拥有一定的财产和"人身自由"。由此可见，他们与千户长的关系，是早期游牧封建社会牧奴、牧民与封建领主的关系。此时蒙古国实行的十进位分封制实质上就是一种“封建等级制度”。此外，成吉思汗还扩建怯薛军和确立司法机构——断事官等封建君主政权。这一时期虽然奴隶制关系并未正式宣布废除，但与经济发展相适应的是蒙古社会出现了封建关系的政治体制。

材料3：18世纪资本主义在法国部分地区已相当发达，金融资本雄厚。资产阶级成为经济上最富有的阶级，但在政治上仍处于无权地位。农村绝大部分地区仍保留着封建土地所有制，并实行着严格的封建等级制度。由天主教教士组成的第一等级和贵族组成的第二等级，是居于统治地位的特权阶级。资产阶级、农民和城市平民组成第三等级，处于被统治地位。特权阶级的最高代表是国王路易十六。特权阶级顽固维护其特权地位。18世纪末第三等级同特权阶级的矛盾日益加剧。1789年5月5日路易十六在凡尔赛宫召开三级会议，企图对第三等级增税，以解救政府财政危机。第三等级代表则要求制定宪法，限制王权，实行有利于资本主义的改革。6月17日第三等级代表宣布成立国民议会，后改称制宪议会。路易十六调集军队企图解散议会，激起巴黎人民的武装起义。7月14日群众攻克象征封建统治的巴士底狱。在议会中君主立宪派起主要作用。在农民起义的影响下，制宪议会于8月4—11日通过法令，宣布废除封建制度，取消教会和贵族的特权。8月26日通过《人权与公民权宣言》，确立人权、法制、公民自由和私有财产权等资本主义的基本原则。由于路易十六企图勾结外国力量消灭革命，广大群众要求废除王政，实行共和，但君主立宪派则主张维持现状，保留王政。君主立宪派从雅各宾派中分裂出去，另组斐扬俱乐部，枪杀集会的群众，同时迫使路易十六批准制宪议会的宪法，即实行君主立宪制的1791年宪法。1792年4月，法国抗击外来武装干涉的战争开始，路易十六的反革命面目充分暴露。立宪派的保守妥协态度愈加不得人心，巴黎人民再次掀起共和运动的高潮。1792年8月10日巴黎人民第二次武装起义打倒波旁王朝，推翻立宪派的统治。8月10日巴黎人民起义后，吉伦特派取得政权，成立了法兰西第一共和国。1793年1月21日，国民公会经过审判以叛国罪处死路易十六。吉伦特派把主要力量用于反对以罗伯斯庇尔为首的雅各宾派、巴黎公社和巴黎无套裤汉。1793年2—3月，以英国为首的欧洲各国组成反法联盟，加强武装干涉；国内也发生了大规模王党叛乱。在革命处于危急的时刻，巴黎人民于5月31日—6月2日发动第三次起义，推翻吉伦特派的统治，建立起雅各宾派专政。新政权建立后，被推翻的吉伦特派趁机在许多地区煽起武装叛乱。雅各宾派政权联合广大人民群众，采取激烈的革命措施使革命力量加强，形势迅速好转。1793年年底—1794年年初外国干涉军全部被赶出国土，国内的叛乱基本平息。随着胜利的取得，“平民方式”的革命完成了使命。以丹东为首的一部分雅各宾派要求停止实行恐怖统治。以巴黎公社副检察长埃贝尔为首的一派则坚持继续加强恐怖统治，进一步限制和打击资产阶级。受到两面夹攻的以罗伯斯庇尔为首的执政派先后逮捕并处死两派领导人，继续扩大恐怖政策。1794年6月，国内反对恐怖统治的势力加强，国民公会中占多数的平原派同原丹东派、埃贝尔派及一切反罗伯斯庇尔的势力联合在一起于1794年7月27日发动热月政变，推翻雅各宾派专政。热月党人废除雅各宾派限制和打击资产阶级的政策，封闭雅各宾俱乐部，使资产阶级解脱恐怖时期的束缚，并于1795年10月解散国民公会，成立新的政府机构督政府。督政府实行忽而打击王党，忽而打击民主派的政策，历史上称为秋千政策，反映出政局不稳。1799年英国又组成第二次反法联盟，法国在军事上面临困难。在这种形势下，以西哀士为首的资产阶级右翼势力要求借助军人力量控制局面。1799年11月9日(共和八年雾月18日)拿破仑·波拿巴将军发动政变，结束了督政府的统治，建立起临时执政府。

（资料来源：http://baike.baidu.com/view/1031628.htm.
http://baike.baidu.com/view/7189.htm? fromID=275408.）

案例点评

材料1说明了日食、月食、太阳直射点的回归运动、昼夜长短变化等自然规律的产生都是地轴倾斜这一自然力作用的结果。也就是说，自然规律是自然力盲目作用的结果，不受人的意志所控制，体现了自然规律的客观性。材料2说明了生产力与生产关系的矛盾推动人类社会从低级向高级的社会形态发展的规律。与自然规律的作用方式不同的是，社会规律是在人的活动中体现出来并通过人的主体选择实现的。蒙古人民先是由于生产需要将部落扩充成为部落联盟，而后由于不满部落内部的分配制度而选择了以个体家庭作为社会活动的基本单位。氏族制度及部落联盟的衰败促使统治者建立新的统治秩序，即汗和汗权的奴隶制统治制度并建立刑法和军队以巩固阶级统治。随着农业和手工业的发展，以及奴隶制生产关系的衰落，统治者改变统治手段并以分封制作为替代，领主与“百姓”间变为不完全占有关系，并将“百姓”束缚在了土地上，客观上确立了封建君主政权。材料3简述了法国大革命的曲折过程。先是大资产阶级掌握领导权，制定了宪法，建立了君主立宪制，革命取得重大成就。但是，封建统治者与外国封建势力相勾结，革命又面临严重危机，为了挽救革命，吉伦特派、雅各宾派等政治势力相继上台执政，1894年又爆发“热月政变”。在广大人民群众以及各派政治势力的自主、自觉活动中，法国大革命经历前进、倒退、再前进的曲折发展，才最终确立了资产阶级的正常统治，这就体现出了历史发展中前进性与曲折性统一的社会规律，也体现了资本主义生产方式最终要替代封建制度而支配世界的历史规律。从材料2和材料3中可以看出，社会规律不仅形成于人的实践活动之中，而且是通过社会主体的自主、自觉活动实现的。

五、实践项目

项目1

社 会 调 查

方案

本章我们学习了马克思主义的世界观和方法论，同学们不仅要理解其理论的基本内容与基本内涵，还要领会其精髓，最重要的是，要尝试着运用我们学习该理论的某些心得来指导我们的学习生活。目前同学们获取知识的最主要渠道就是课堂与书本，我们可以结合本专业中到某一理论，选一个题目来进行社会调查，可以独立进行，也可以自行编组集体进行。调查后，说明一下，现实中的该知识点是一个什么样的具体情况，与自己的理解有何偏差，与书本中的理论有多大差距；总结一下，你对该知识理论有何深入的或者不同的认识；思考一下，实践对于学生获取知识与课堂理论学习相比有何不同。调查过程中，要求学生做好调查数据的记录，并最终形成报告。

时间

第四教学周（周六或周日）。

地点

佳木斯市区内。

流程

（1）在指导教师带领下，选取本课第一章某一理论和教学目的，选择调查题目（例如目前佳木斯地区旅行社运行规范调查），制订调研目标与提纲。

（2）召开社会调查动员会，作调查前准备，例如按调研目标将学生划分调研小组，分解任务，确定小组负责人；联系调查单位，制定调查日程。

（3）组织学生按任务进行实地考察，并记录考察数据、内容，总结、计算结果。

（4）各调研组就所调研的内容写出调查报告，调查报告内容：调查对象的选择及依据、调查问题设计、数据统计及分析、结论及个人感悟；提交报告。

评价

（1）调研过程中带队教师对学生的表现进行记录，分出优、良、中、差。

（2）召开调研汇报会，交流调查过程中的经验与不足，选出优秀调研报告，结合调查过程中的表现评奖并颁发证书。

项目2

实事评论

方案

结合本章节学到的马克思主义的基本理论、方法和观点，例如从辩证唯物主义的观点或者马克思主义科学实践观的视角，对历史实事或当前国内外实政、社会热点问题做出评论与分析，题目自拟。

时间

教学第四周（利用学生团活、业余社团时间或者实践教学专题时间）。

地点

大学生活动中心或各院会议室、活动中心等。

流程

（1）选择主题：如何认识与评价清明祭扫方式的现状与改革。

（2）布置活动任务（做好活动的宣传工作），提出活动原则及活动要求。

（3）指导学生如何做辩论准备工作。

（4）聘请任课教师、辅导员、学团领导做评委，开始组织活动。

（5）做好总结工作。

评价

根据学生的参与情况及表现打分，计入平时成绩。

项目 3

课程小论文

方案

题目由学生自行拟定；内容上对学习本课感悟与心得予以总结；字数在 1 500 左右。阅后可纳入平时成绩。

题目

马克思主义的实践观之我见。

评价

选择优秀的，或联系校报发表，计入平时成绩。

第二章　认识世界和改造世界

一、知识提要

理解和把握马克思主义认识论的基本观点，了解认识的本质及其发展规律，真理的客观性、绝对性和相对性原理，以及真理与价值的关系，在调查研究的基础上坚持理论创新和实践创新，不断提高在实践中认识世界和改造世界的能力。

关于认识的本质和规律，主要阐述实践在认识中的地位和作用，突出反映如下问题。

(1) 认识主体—认识中介—认识客体构成认识的基本结构，在主体与客体的相互关系中最根本的关系是实践关系，即改造与被改造的关系；其次是认识关系，即反映与被反映的关系。

(2) 实践决定认识：实践是认识的基础，实践产生了认识的需要，实践为认识提供了可能，实践是认识发展的动力和检验认识的标准。

(3) 认识的本质是在实践的基础上主体对客体的能动反映。在认识的本质问题上，历来存在着"由物到感觉和思想"和"由思想和感觉到物"的唯物主义和唯心主义两种根本对立的认识路线；存在着把实践和辩证法引入认识论的辩证唯物主义反映论和机械的、直观的反映论的对立。

(4) 实践、认识、再实践、再认识，循环往复以至无穷，一步步地深化和提高，就是认识发展的总过程。在实践基础上对主体与客体关系的界定开始，进而说明实践在认识中的决定作用，揭示科学的实践观基础是区分唯物主义认识论与机械直观认识论的关键所在，由认识来源于实践到认识还要回到实践中才能得到检验和发展，逐层次证明实践是认识论的首要的基本的观点。

关于真理与价值，其要点如下。

(1) 真理的客观性：真理的内容是客观的，检验真理的标准是客观的。

(2) 真理的辩证性：真理是绝对性和相对性的统一，真理与谬误是辩证统一的，实践检验真理具有绝对性和相对性，真理与价值是辩证统一的。应首先把握真理与价值的客观性与唯物主义特征，同时又应把握其辩证性，理解在真理和价值问题上的辩证法。结合真理与价值内容学习，全面领会建设社会主义核心价值体系的思想。

关于认识与实践的统一，要认识到认识与实践的统一，是马克思主义认识论的本质规定。在实际工作中，应全面贯彻辩证唯物主义和历史唯物主义的思想路线，做到坚持一切从实际出发，在实践中坚持和发展真理，正确认识世界和改造世界。从实事求是与解放思想的辩证关系中，深刻理解马克思主义认识论原理并作为实践中必须坚持的原则。

二、重点搜索

重点 1：关于实践和认识的主体与客体

唯心主义哲学的共同点在于他们认为认识的主体是精神、是意识，认识的客体是精神、意识的对象化。旧唯物主义哲学则认为认识的主体是人，认识的客体是物质世界，人的认识是消极地、被动地反映和接受外界对象。马克思主义哲学认为认识的主体是指处于一定历史条件下和社会关系中的、从事着实践活动和认识活动的人。作为认识主体的人是实践与认识、物质与精神相统一的社会存在物。认识的客体从广义上理解是整个物质世界，而在现实中是指进入主体认识活动范围的认识对象，具有客观性、变化性和多样性的特点。马克思主义在实践的基础上对认识的主体与客体的说明与规定，对唯心主义和旧唯物主义的不足和错误进行了克服和批判。

认识的主体和客体是通过认识的中介相互作用的。认识的中介是指认识的主体和客体在相互作用过程中所利用的一切条件，包括物质方面和精神方面的各种条件，物质方面的条件是指主体借以认识客体的物质性手段和方法的总和，精神方面条件是指主体在认识过程中所运用的既有知识和思维方法等。马克思主义认为，认识结构的形成和认识发展的动力存在于人的实践活动当中，作为认识活动主体的人首先是实践的主体，人的认识的需要和能力都是在实践中产生和发展的；认识的客体不是自在的、仅仅被认识主体反映的对象，而是主体实践和改造的对象；认识的中介也是随着实践的发展而发展着的。

重点 2：实践作为检验认识真理性标准的绝对性和相对性的统一

列宁曾指出：实践标准实质上绝不能完全地证实或驳倒人类的任何表象。这个标准也是这样的不确定，以便不让人的知识变成绝对；同时它又是这样的确定，以便同唯心主义和不可知论的一切变种进行无情的斗争。这深刻地说明实践作为检验真理的唯一标准，既有绝对性又有相对性。

实践标准的绝对性也就是确定性是指：实践是检验真理的唯一标准，除此之外，再没有其他的检验真理的标准。其中有两层含义：第一，凡是经过实践检验被证实了的真理，新的实践能丰富它、完善它和发展它，却不能推翻它；第二，即使某些认识一时还不能由实践作出检验，但是，无限发展着的实践必将会对认识是否具有真理性作出确定的检验。

实践标准的相对性也就是不确定性是指：实践对认识真理性的检验具有条件性，因为任何实践都受到一定具体条件的制约，都存在着一定的局限性。其中有两层含义：第一，处于一定历史发展阶段的具体实践，都不能完全证实或驳倒一切认识，而只能证实或驳倒当时的部分认识，要随着实践的发展不断地进行检验，才能使认识获得发展；第二，即使是已经被实践证实了的具有真理性的认识，随着实践的进步和发展，还要接受新的实践的检验。

实践标准的绝对性和相对性辩证统一原理，要求我们在实践中坚持真理并且不断发展真理。

重点3：解放思想和实事求是的关系

实事求是就是要求一切从实际出发，做到具体问题具体分析。它是辩证唯物主义和历史唯物主义基本原理的集中体现和高度概括，是马克思主义的精髓。坚持实事求是，必须解放思想。解放思想就是在马克思主义指导下打破陈旧观念和主观偏见的束缚，研究新情况，解决新问题。邓小平指出："解放思想就是使思想和实际相符合，使主观和客观相符合，就是实事求是。"解放思想和实事求是是辩证统一的，深刻地体现了彻底的唯物论和彻底的辩证法的统一。

三、深度阅读

《实践论》

写作背景

《实践论》是毛泽东1937年在延安抗日军政大学讲授哲学时所写的《辩证法唯物论（讲授提纲）》中的第二章第11节。经修改后，于1950年12月29日正式发表于《人民日报》。

针对党内有一部分人把马克思主义教条化，特别是王明等人，生吞活剥马克思主义著作中的只言片语，脱离中国国情和革命实践经验，给中国革命带来重大损失，同时，党内也存在着一部分拘泥于自身片面经验，不了解理论对革命实践重要性的经验主义，这两种错误都属于主观和客观相脱离、认识和实践相分裂的主观主义。为了从思想路线上总结马克思主义普遍真理同中国革命具体实际相结合的经验，毛泽东进行了一系列的理论创作，《实践论》就是最重要的哲学著作之一。《实践论》以实践为中心线索，阐述了认识对实践的依赖关系，总结了认识的发展规律，极大地丰富了马克思主义认识论思想。

原著节选

马克思以前的唯物论，离开人的社会性，离开人的历史发展，去观察认识问题，因此不能了解认识对社会实践的依赖关系，即认识对生产和阶级斗争的依赖关系。

首先，马克思主义者认为人类的生产活动是最基本的实践活动，是决定其他一切活动的东西。人的认识，主要地依赖于物质的生产活动，逐渐地了解自然的现象、自然的性质、自然的规律性、人和自然的关系；而且经过生产活动，也在各种不同程度上逐渐地认识了人和人的一定的相互关系。一切这些知识，离开生产活动是不能得到的。在没有阶级的社会中，每个人以社会一员的资格，同其他社会成员协力，结成一定的生产关系，从事生产活动，以解决人类物质生活问题。在各种阶级的社会中，各阶级的社会成员，则又以各种不同的方式，结成一定的生产关系，从事生产活动，以解决人类物质生活问题。这是人的认识发展的基本来源。

人的社会实践，不限于生产活动一种形式，还有多种其他的形式，阶级斗争，政治生活，科学和艺术的活动，总之社会实际生活的一切领域都是社会的人所参加的。因此，人的认识，在物质生活以外，还从政治生活文化生活中（与物质生活密切联系），在各种不同程度上，知道人和人的各种关系。其中，尤以各种形式的阶级斗争，给予人的认识发展以深刻的影响。在阶级社会中，每一个人都在一定的阶级地位中生活，各种思想无不打上阶级的烙印。

马克思主义者认为人类社会的生产活动，是一步又一步地由低级向高级发展，因此，人们的认识，不论对于自然界方面，对于社会方面，也都是一步又一步地由低级向高级发展，即由浅入深，由片面到更多的方面。在很长的历史时期内，大家对于社会的历史只能限于片面的了解，这一方面是由于剥削阶级的偏见经常歪曲社会的历史，另方面，则由于生产规模的狭小，限制了人们的眼界。人们能够对于社会历史的发展作全面的历史的了解，把对于社会的认识变成了科学，这只是到了伴随巨大生产力——大工业而出现近代无产阶级的时候，这就是马克思主义的科学。

马克思主义者认为，只有人们的社会实践，才是人们对于外界认识的真理性的标准。实际的情形是这样的，只有在社会实践过程中（物质生产过程中，阶级斗争过程中，科学实验过程中），人们达到了思想中所预想的结果时，人们的认识才被证实了。人们要想得到工作的胜利即得到预想的结果，一定要使自己的思想合于客观外界的规律性，如果不合，就会在实践中失败。人们经过失败之后，也就从失败取得教训，改正自己的思想使之适合于外界的规律性，人们就能变失败为胜利，所谓“失败者成功之母”，“吃一堑长一智”，就是这个道理。辩证唯物论的认识论把实践提到第一的地位，认为人的认识一点也不能离开实践，排斥一切否认实践重要性、使认识离开实践的错误理论。列宁这样说过：“实践高于（理论的）认识，因为它不但有普遍性的品格，而且还有直接现实性的品格。”马克思主义的哲学辩证唯物论有两个最显著的特点：一个是它的阶级性，公然申明辩证唯物论是为无产阶级服务的；再一个是它的实践性，强调理论对于实践的依赖关系，理论的基础是实践，又转过来为实践服务。判定认识或理论之是否真理，不是依主观上觉得如何而定，而是依客观上社会实践的结果如何而定。真理的标准只能是社会的实践。实践的观点是辩证唯物论的认识论之第一的和基本的观点。

然而人的认识究竟怎样从实践发生，而又服务于实践呢？这只要看一看认识的发展过程就会明了的。

原来人在实践过程中，开始只是看到过程中各个事物的现象方面，看到各个事物的片面，看到各个事物之间的外部联系。例如有些外面的人们到延安来考察，头一二天，他们看到了延安的地形、街道、屋宇，接触了许多的人，参加了宴会、晚会和群众大会，听到了各种说话，看到了各种文件，这些就是事物的现象，事物的各个片面以及这些事物的外部联系。这叫做认识的感性阶段，就是感觉和印象的阶段。也就是延安这些各别的事物作用于考察团先生们的感官，引起了他们的感觉，在他们的脑子中生起了许多的印象，以及这些印象间的大概的外部的联系，这是认识的第一个阶段。在这个阶段中，人们还不能造成深刻的概念，作出合乎论理（即合乎逻辑）的结论。

社会实践的继续，使人们在实践中引起感觉和印象的东西反复了多次，于是在人们的脑子里生起了一个认识过程中的突变（即飞跃），产生了概念。概念这种东西已经不是事物的现象，不是事物的各个片面，不是它们的外部联系，而是抓着了事物的本质，事物的全体，事物的内部联系了。概念同感觉，不但是数量上的差别，而且有了性质上的差别。循此继进，使用判断和推理的方法，就可产生出合乎论理的结论来。《三国演义》上所谓“眉头一皱计上心来”，我们普通说话所谓“让我想一想”，就是人在脑子中运用概念以作判断和推理的工夫。

这是认识的第二个阶段。外来的考察团先生们在他们集合了各种材料，加上他们“想了一想”之后，他们就能够作出“共产党的抗日民族统一战线的政策是彻底的、诚恳的和真实的”这样一个判断了。在他们作出这个判断之后，如果他们对于团结救国也是真实的话，那末他们就能够进一步作出这样的结论：“抗日民族统一战线是能够成功的。”这个概念、判断和推理的阶段，在人们对于一个事物的整个认识过程中是更重要的阶段，也就是理性认识的阶段。认识的真正任务在于经过感觉而到达于思维，到达于逐步了解客观事物的内部矛盾，了解它的规律性，了解这一过程和那一过程间的内部联系，即到达于论理的认识。重复地说，论理的认识所以和感性的认识不同，是因为感性的认识是属于事物之片面的、现象的、外部联系的东西，论理的认识则推进了一大步，到达了事物的全体的、本质的、内部联系的东西，到达了暴露周围世界的内在的矛盾，因而能在周围世界的总体上，在周围世界一切方面的内部联系上去把握周围世界的发展。

这种基于实践的由浅入深的辩证唯物论的关于认识发展过程的理论，在马克思主义以前，是没有一个人这样解决过的。马克思主义的唯物论，第一次正确地解决了这个问题，唯物地而且辩证地指出了认识的深化的运动，指出了社会的人在他们的生产和阶级斗争的复杂的、经常反复的实践中，由感性认识到论理认识的推移的运动。列宁说过：“物质的抽象，自然规律的抽象，价值的抽象以及其他等等，一句话，一切科学的（正确的、郑重的、非瞎说的）抽象，都更深刻、更正确、更完全地反映着自然。”马克思列宁主义认为：认识过程中两个阶段的特性，在低级阶段，认识表现为感性的，在高级阶段，认识表现为论理的，但任何阶段，都是统一的认识过程中的阶段。感性和理性二者的性质不同，但又不是互相分离的，它们在实践的基础上统一起来了。我们的实践证明：感觉到了的东西，我们不能立刻理解它，只有理解了的东西才更深刻地感觉它。感觉只解决现象问题，理论才解决本质问题。这些问题的解决，一点也不能离开实践。无论何人要认识什么事物，除了同那个事物接触，即生活于（实践于）那个事物的环境中，是没有法子解决的。不能在封建社会就预先认识资本主义社会的规律，因为资本主义还未出现，还无这种实践。马克思主义只能是资本主义社会的产物。马克思不能在自由资本主义时代就预先具体地认识帝国主义时代的某些特异的规律，因为帝国主义这个资本主义最后阶段还未到来，还无这种实践，只有列宁和斯大林才能担当此项任务。马克思、恩格斯、列宁、斯大林之所以能够作出他们的理论，除了他们的天才条件之外，主要地是他们亲自参加了当时的阶级斗争和科学实验的实践，没有这后一个条件，任何天才也是不能成功的。“秀才不出门，全知天下事”，在技术不发达的古代只是一句空话，在技术发达的现代虽然可以实现这句话，然而真正亲知的是天下实践着的人，那些人在他们的实践中间取得了“知”，经过文字和技术的传达而到达于“秀才”之手，秀才乃能间接地“知天下事”。如果要直接地认识某种或某些事物，便只有亲身参加于变革现实、变革某种或某些事物的实践的斗争中，才能触到那种或那些事物的现象，也只有在亲身参加变革现实的实践的斗争中，才能暴露那种或那些事物的本质而理解它们。这是任何人实际上走着的认识路程，不过有些人故意歪曲地说些反对的话罢了。世上最可笑的是那些“知识里手”，有了道听途说的一知半解，便自封为“天下第一”，适足见其不自量而已。知识的问题是一个科学问题，来不得半点的虚伪和骄傲，决定地需要的倒是其反面——诚实和谦逊的态度。你要有知识，你就得参加变革现实的实践。你要知道梨子的滋味，你就得变革梨子，亲口吃一吃。你要知道原子的组织同性质，你就得实行物理学和化学的实验，变革原子的情况。你要知道革命的理论和方法，你就得参加革命。一切真知都是从直接经验发源的。但人不能事事直接经验，事实上多数的知识都是间接经验的东西，这就是一切古代的和外域的知识。这些知识在古人在外人是直接经验的东西，如果在古人外人直接经验时是符合于列宁所说的条件"科学的抽象"，是科学地反映了客观的事物，那末这些知识是可靠的，否则就是不可靠的。所以，一个人的知识，不外直接经验的和间接经验的两部分。而且在我为间接经验者，在人则仍为直接经验。因此，就知识的总体说来，无论何种知识都是不能离开直接经验的。任何知识的来源，在于人的肉体感官对客观外界的感觉，否认了这个感觉，否认了直接经验，否认亲自参加变革现实的实践，他就不是唯物论者。"知识里手"之所以可笑，原因就是在这个地方。中国人有一句老话："不入虎穴，焉得虎子。"这句话对于人们的实践是真理，对于认识论也是真理。离开实践的认识是不可能的。

为了明了基于变革现实的实践而产生的辩证唯物论的认识运动——认识的逐渐深化的运动，下面再举出几个具体的例子。

无产阶级对于资本主义社会的认识，在其实践的初期——破坏机器和自发斗争时期，他们还只在感性认识的阶段，只认识资本主义各个现象的片面及其外部的联系。这时，他们还是一个所谓"自在的阶级"。但是到了他们实践的第二个时期——有意识有组织的经济斗争和政治斗争的时期，由于实践，由于长期斗争的经验，经过马克思、恩格斯用科学的方法把这种种经验总结起来，产生了马克思主义的理论，用以教育无产阶级，这样就使无产阶级理解了资本主义社会的本质，理解了社会阶级的剥削关系，理解了无产阶级的历史任务，这时他们就变成了一个"自为的阶级"。

中国人民对于帝国主义的认识也是这样。第一阶段是表面的感性的认识阶段，表现在太平天国运动和义和团运动等笼统的排外主义的斗争上。第二阶段才进到理性的认识阶段，看出了帝国主义内部和外部的各种矛盾，并看出了帝国主义联合中国买办阶级和封建阶级以压榨中国人民大众的实质，这种认识是从一九一九年五四运动前后才开始的。

我们再来看战争。战争的领导者，如果他们是一些没有战争经验的人，对于一个具体的战争（例如我们过去十年的土地革命战争）的深刻的指导规律，在开始阶段是不了解的。他们在开始阶段只是身历了许多作战的经验，而且败仗是打得很多的。然而由于这些经验（胜仗，特别是败仗的经验），使他们能够理解贯串整个战争的内部的东西，即那个具体战争的规律性，懂得了战略和战术，因而能够有把握地去指导战争。此时，如果改换一个无经验的人去指导，又会要在吃了一些败仗之后（有了经验之后）才能理会战争的正确的规律。

常常听到一些同志在不能勇敢接受工作任务时说出来的一句话：没有把握。为什么没有把握呢？因为他对于这项工作的内容和环境没有规律性的了解，或者他从来就没有接触过这类工作，或者接触得不多，因而无从谈到这类工作的规律性。及至把工作的情况和环境给以详细分析之后，他就觉得比较地有了把握，愿意去做这项工作。如果这个人在这项工作中经过了一个时期，他有了这项工作的经验了，而他又是一个肯虚心体察情况的人，不是一个主观地、片面地、表面地看问题的人，他就能够自己做出应该怎样进行工作的结论，他的工作勇气也就可以大大地提高了。只有那些主观地、片面地和表面地看问题的人，跑到一个地方，不问环境的情况，不看事情的全体（事情的历史和全部现状），也不触到事情的本质（事情的性质及此一事情和其他事情的内部联系),就自以为是地发号施令起来,这样的人是没有不跌交子的。

由此看来,认识的过程,第一步,是开始接触外界事情,属于感觉的阶段。第二步,是综合感觉的材料加以整理和改造,属于概念、判断和推理的阶段。只有感觉的材料十分丰富(不是零碎不全)和合于实际(不是错觉),才能根据这样的材料造出正确的概念和论理来。

这里有两个要点必须着重指明。第一个,在前面已经说过的,这里再重复说一说,就是理性认识依赖于感性认识的问题。如果以为理性认识可以不从感性认识得来,他就是一个唯心论者。哲学史上有所谓"唯理论"一派,就是只承认理性的实在性,不承认经验的实在性,以为只有理性靠得住,而感觉的经验是靠不住的,这一派的错误在于颠倒了事实。理性的东西所以靠得住,正是由于它来源于感性,否则理性的东西就成了无源之水,无本之木,而只是主观自生的靠不住的东西了。从认识过程的秩序说来,感觉经验是第一的东西,我们强调社会实践在认识过程中的意义,就在于只有社会实践才能使人的认识开始发生,开始从客观外界得到感觉经验。一个闭目塞听、同客观外界根本绝缘的人,是无所谓认识的。认识开始于经验——这就是认识论的唯物论。

第二是认识有待于深化,认识的感性阶段有待于发展到理性阶段——这就是认识论的辩证法。如果以为认识可以停顿在低级的感性阶段,以为只有感性认识可靠,而理性认识是靠不住的,这便是重复了历史上的"经验论"的错误。这种理论的错误,在于不知道感觉材料固然是客观外界某些真实性的反映(我这里不来说经验只是所谓内省体验的那种唯心的经验论),但它们仅是片面的和表面的东西,这种反映是不完全的,是没有反映事物本质的。要完全地反映整个的事物,反映事物的本质,反映事物的内部规律性,就必须经过思考作用,将丰富的感觉材料加以去粗取精、去伪存真、由此及彼、由表及里的改造制作工夫,造成概念和理论的系统,就必须从感性认识跃进到理性认识。这种改造过的认识,不是更空虚了更不可靠了的认识,相反,只要是在认识过程中根据于实践基础而科学地改造过的东西,正如列宁所说乃是更深刻、更正确、更完全地反映客观事物的东西。庸俗的事务主义家不是这样,他们尊重经验而看轻理论,因而不能通观客观过程的全体,缺乏明确的方针,没有远大的前途,沾沾自喜于一得之功和一孔之见。这种人如果指导革命,就会引导革命走上碰壁的地步。

理性认识依赖于感性认识,感性认识有待于发展到理性认识,这就是辩证唯物论的认识论。哲学上的"唯理论"和"经验论"都不懂得认识的历史性或辩证性,虽然各有片面的真理(对于唯物的唯理论和经验论而言,非指唯心的唯理论和经验论),但在认识论的全体上则都是错误的。由感性到理性之辩证唯物论的认识运动,对于一个小的认识过程(例如对于一个事物或一件工作的认识)是如此,对于一个大的认识过程(例如对于一个社会或一个革命的认识)也是如此。

然而认识运动至此还没有完结。辩证唯物论的认识运动,如果只到理性认识为止,那末还只说到问题的一半。而且对于马克思主义的哲学说来,还只说到非十分重要的那一半。马克思主义的哲学认为十分重要的问题,不在于懂得了客观世界的规律性,因而能够解释世界,而在于拿了这种对于客观规律性的认识去能动地改造世界。在马克思主义看来,理论是重要的,它的重要性充分地表现在列宁说过的一句话:"没有革命的理论,就不会有革命的运动。"然而马克思主义看重理论,正是,也仅仅是,因为它能够指导行动。如果有了正确的理论，只是把它空谈一阵，束之高阁，并不实行，那末，这种理论再好也是没有意义的。认识从实践始，经过实践得到了理论的认识，还须再回到实践去。认识的能动作用，不但表现于从感性的认识到理性的认识之能动的飞跃，更重要的还须表现于从理性的认识到革命的实践这一个飞跃。抓着了世界的规律性的认识，必须把它再回到改造世界的实践中去，再用到生产的实践、革命的阶级斗争和民族斗争的实践以及科学实验的实践中去。这就是检验理论和发展理论的过程，是整个认识过程的继续。理论的东西之是否符合于客观真理性这个问题，在前面说的由感性到理性之认识运动中是没有完全解决的，也不能完全解决的。要完全地解决这个问题，只有把理性的认识再回到社会实践中去，应用理论于实践，看它是否能够达到预想的目的。许多自然科学理论之所以被称为真理，不但在于自然科学家们创立这些学说的时候，而且在于为尔后的科学实践所证实的时候。马克思列宁主义之所以被称为真理，也不但在于马克思、恩格斯、列宁、斯大林等人科学地构成这些学说的时候，而且在于为尔后革命的阶级斗争和民族斗争的实践所证实的时候。辩证唯物论之所以为普遍真理，在于经过无论什么人的实践都不能逃出它的范围。人类认识的历史告诉我们，许多理论的真理性是不完全的，经过实践的检验而纠正了它们的不完全性。许多理论是错误的，经过实践的检验而纠正其错误。所谓实践是真理的标准，所谓"生活、实践底观点，应该是认识论底首先的和基本的观点"，理由就在这个地方。斯大林说得好："理论若不和革命实践联系起来，就会变成无对象的理论，同样，实践若不以革命理论为指南，就会变成盲目的实践。"

说到这里，认识运动就算完成了吗？我们的答复是完成了，又没有完成。社会的人们投身于变革在某一发展阶段内的某一客观过程的实践中（不论是关于变革某一自然过程的实践，或变革某一社会过程的实践），由于客观过程的反映和主观能动性的作用，使得人们的认识由感性的推移到了理性的，造成了大体上相应于该客观过程的法则性的思想、理论、计划或方案，然后再应用这种思想、理论、计划或方案于该同一客观过程的实践，如果能够实现预想的目的，即将预定的思想、理论、计划、方案在该同一过程的实践中变为事实，或者大体上变为事实，那末，对于这一具体过程的认识运动算是完成了。例如，在变革自然的过程中，某一工程计划的实现，某一科学假想的证实，某一器物的制成，某一农产的收获，在变革社会过程中某一罢工的胜利，某一战争的胜利，某一教育计划的实现，都算实现了预想的目的。然而一般地说来，不论在变革自然或变革社会的实践中，人们原定的思想、理论、计划、方案，毫无改变地实现出来的事，是很少的。这是因为从事变革现实的人们，常常受着许多的限制，不但常常受着科学条件和技术条件的限制，而且也受着客观过程的发展及其表现程度的限制（客观过程的方面及本质尚未充分暴露）。在这种情形之下，由于实践中发现前所未料的情况，因而部分地改变思想、理论、计划、方案的事是常有的，全部地改变的事也是有的。即是说，原定的思想、理论、计划、方案，部分地或全部地不合于实际，部分错了或全部错了的事，都是有的。许多时候须反复失败过多次，才能纠正错误的认识，才能到达于和客观过程的规律性相符合，因而才能够变主观的东西为客观的东西，即在实践中得到预想的结果。但是不管怎样，到了这种时候，人们对于在某一发展阶段内的某一客观过程的认识运动，算是完成了。

然而对于过程的推移而言，人们的认识运动是没有完成的。任何过程，不论是属于自然界的和属于社会的，由于内部的矛盾和斗争，都是向前推移向前发展的，人们的认识运动也应跟着推移和发展。依社会运动来说，真正的革命的指导者，不但在于当自己的思想、理论、计划、方案有错误时须得善于改正，如同上面已经说到的，而且在于当某一客观过程已经从某一发展阶段向另一发展阶段推移转变的时候，须得善于使自己和参加革命的一切人员在主观认识上也跟着推移转变，即是要使新的革命任务和新的工作方案的提出，适合于新的情况的变化。革命时期情况的变化是很急速的，如果革命党人的认识不能随之而急速变化，就不能引导革命走向胜利。

然而思想落后于实际的事是常有的，这是因为人的认识受了许多社会条件的限制的缘故。我们反对革命队伍中的顽固派，他们的思想不能随变化了的客观情况而前进，在历史上表现为右倾机会主义。这些人看不出矛盾的斗争已将客观过程推向前进了，而他们的认识仍然停止在旧阶段。一切顽固党的思想都有这样的特征。他们的思想离开了社会的实践，他们不能站在社会车轮的前头充任向导的工作，他们只知跟在车子后面怨恨车子走得太快了，企图把它向后拉，开倒车。

我们也反对"左"翼空谈主义。他们的思想超过客观过程的一定发展阶段，有些把幻想看作真理，有些则把仅在将来有现实可能性的理想，勉强地放在现时来做，离开了当前大多数人的实践，离开了当前的现实性，在行动上表现为冒险主义。

唯心论和机械唯物论，机会主义和冒险主义，都是以主观和客观相分裂，以认识和实践相脱离为特征的。以科学的社会实践为特征的马克思列宁主义的认识论，不能不坚决反对这些错误思想。马克思主义者承认，在绝对的总的宇宙发展过程中，各个具体过程的发展都是相对的，因而在绝对真理的长河中，人们对于在各个一定发展阶段上的具体过程的认识只具有相对的真理性。无数相对的真理之总和，就是绝对的真理。客观过程的发展是充满着矛盾和斗争的发展，人的认识运动的发展也是充满着矛盾和斗争的发展。一切客观世界的辩证法的运动，都或先或后地能够反映到人的认识中来。社会实践中的发生、发展和消灭的过程是无穷的，人的认识的发生、发展和消灭的过程也是无穷的。根据于一定的思想、理论、计划、方案以从事于变革客观现实的实践，一次又一次地向前，人们对于客观现实的认识也就一次又一次地深化。客观现实世界的变化运动永远没有完结，人们在实践中对于真理的认识也就永远没有完结。马克思列宁主义并没有结束真理，而是在实践中不断地开辟认识真理的道路。我们的结论是主观和客观、理论和实践、知和行的具体的历史的统一，反对一切离开具体历史的"左"的或右的错误思想。

社会的发展到了今天的时代，正确地认识世界和改造世界的责任，已经历史地落在无产阶级及其政党的肩上。这种根据科学认识而定下来的改造世界的实践过程，在世界、在中国均已到达了一个历史的时节——自有历史以来未曾有过的重大时节，这就是整个儿地推翻世界和中国的黑暗面，把它们转变过来成为前所未有的光明世界。无产阶级和革命人民改造世界的斗争，包括实现下述的任务：改造客观世界，也改造自己的主观世界——改造自己的认识能力，改造主观世界同客观世界的关系。地球上已经有一部分实行了这种改造，这就是苏联。他们还正在促进这种改造过程。中国人民和世界人民也都正在或将要通过这样的改造过程。所谓被改造的客观世界，其中包括了一切反对改造的人们，他们的被改造，须要通过强迫的阶段，然后才能进入自觉的阶段。世界到了全人类都自觉地改造自己和改造世界的时候，那就是世界的共产主义时代。

通过实践而发现真理，又通过实践而证实真理和发展真理。从感性认识而能动地发展到理性认识，又从理性认识而能动地指导革命实践，改造主观世界和客观世界。实践、认识、再实践、再认识，这种形式，循环往复以至无穷，而实践和认识之每一循环的内容，都比较地进到了高一级的程度。这就是辩证唯物论的全部认识论，这就是辩证唯物论的知行统一观。

原著解析

第一，阐述了社会实践的内容和形式。马克思主义认为人类的生产活动是最基本的实践活动，决定人类其他一切活动，阶级斗争、政治生活、科学和艺术的活动也都是社会实践的重要方面。人类的生产实践活动，是一步一步由低级向高级发展着的。

第二，揭示了实践在认识过程中的地位和作用。实践是认识的来源，实践是认识发展的动力，实践是检验认识真理性的标准，实践是认识的目的。

第三，分析了认识发展的辩证过程。在实践的基础上一个具体的认识要经历两个阶段，也就是两次能动的飞跃：从感性认识上升到理性认识，再从理性认识回到实践。

第四，总结了认识发展的总规律。对于一个具体过程的认识也往往需要多次理论与实践之间的反复。认识必须随着客观事物的发展而发展。理论和实践具体的历史的统一。人类认识的总规律："实践、认识、再实践、再认识，这种形式，循环往复以至无穷，而实践和认识之每一循环的内容，都比较地进到了高一级的程度。"

《人的正确思想是从哪里来的》

写作背景

《人的正确思想是从哪里来的》是毛泽东在 1963 年 5 月为由他所主持起草的《中共中央关于目前农村工作中若干问题的决定(草案)》所写的前言。仅千余字的文章，却言简意赅地阐述了马克思主义认识论的基本原理。

1958 年，我国在社会主义建设过程中遭受一次严重挫折。由于对经济发展规律和中国经济基本情况认识不足，更因为党内滋长了骄傲自满情绪，急于求成，夸大主观意志和主观努力的作用，轻率地发动了"大跃进"和人民公社化运动，高指标、瞎指挥、浮夸风和"共产风"等"左"倾错误严重泛滥，1959 年的庐山会议则使错误延续了更长时间。从 1960 年冬天起，党中央开始纠正农村工作中的"左"倾错误，1962 年 1 月召开的"七千人大会"，初步总结"大跃进"的经验教训，开展批评和自我批评，使国民经济开始得到恢复和发展。在这时期，毛泽东和党中央再次强调了进行调查研究的重要性，要求广大干部深入基层，反对浮在上面夸夸其谈。在此背景下毛泽东写了此篇短文。

原著节选

人的正确思想是从哪里来的？是从天上掉下来的吗？不是。是自己头脑里固有的吗？不是。人的正确思想，只能从社会实践中来，只能从生产斗争、阶级斗争和科学实验这三项实践中来。人们的社会存在，决定人们的思想。而代表先进阶级的正确思想，一旦被群众掌握，就会变成改造社会、改造世界的物质力量。人们在社会实践中从事各项斗争，有了丰富的经验，有成功的，有失败的。无数客观外界的现象通过人的眼、耳、鼻、舌、身这五个官能反映到自己的头脑中来，开始是感性认识。这种感性认识的材料积累多了，就会产生一个飞跃，变成了理性认识，这就是思想。这是一个认识过程。这是整个认识过程的第一个阶段，即由客观物质到主观精神的阶段，由存在到思想的阶段。这时候的精神、思想(包括理论、政策、计划、办法)是否正确地反映了客观外界的规律，还是没有证明的，还不能确定是否正确，然后又有认识过程的第二个阶段，即由精神到物质的阶段，又思想到存在的阶段，这就是把第一个阶段得到的认识放到社会实践中去，看这些理论、政策、计划、办法等等是否能得到预期的成功。一般的说来，成功了就是正确的，失败了就是错误的，特别是人类对自然界的斗争是如此。在社会斗争中，代表先进阶级的势力，有时候有些失败，并不是因为思想不正确，而是因为在斗争力量的对比上，先进势力这一方，暂时还不如反动势力那一方，所以暂时失败了，但是以后总有一天会要成功的。人们的认识经过实践的考验，又会产生一个飞跃。这次飞跃，比起前一次飞跃来，意义更加伟大。因为只有这一次飞跃，才能证明认识的第一次飞跃，即从客观外界的反映过程中得到的思想、理论、政策、计划、办法等等，究竟是正确的还是错误的，此外再无别的检验真理的办法。而无产阶级认识世界的目的，只是为了改造世界，此外再无别的目的。一个正确的认识，往往需要经过由物质到精神，由精神到物质，即由实践到认识，由认识到实践这样多次的反复，才能够完成。这就是马克思主义的认识论，就是辩证唯物论的认识论。现在我们的同志中，有很多人还不懂得这个认识论的道理。问他的思想、意见、政策、方法、计划、结论、滔滔不绝的演说、大块的文章，是从哪里来的，他觉得是个怪问题，回答不出来。对于物质可以变成精神，精神可以变成物质这样日常生活中常见的飞跃现象，也觉得不可理解。因此，对我们的同志，应当进行辩证唯物论的认识论的教育，以便端正思想，善于调查研究，总结经验，克服困难，少犯错误，做好工作，努力奋斗，建设一个社会主义的伟大强国，并且帮助世界被压迫被剥削的广大人民，完成我们应当担负的国际主义的伟大义务。

原著解析

《人的正确思想是从哪里来的》对人的正确思想的来源、正确思想的能动作用、认识过程的两次飞跃和加强马克思主义认识论的教育等方面，以简练和通俗易懂的语言阐释了马克思主义认识论的基本原理，补充和深化了《实践论》中的思想。文章中毛泽东把社会实践的方式归结为生产斗争、阶级斗争和科学实验，是对马克思主义实践概念的新概括；文章把认识过程的两次飞跃概括为“物质变精神和精神变物质”，表述简明生动。毛泽东以极其通俗而又高度概括的语言阐述了马克思主义认识论的原理，并强调其在具体工作中的重要性，这对于向广大干部和公众普及认识论原理和普及马克思主义哲学都具有重要意义。

四、案例解析

案例 1

人类对热的本质的探索过程

人类对热本质的探索，很早的时候就开始了，那时，人们只能根据摩擦生热、冷暖转化等表面现象和外部联系直观地对热的本质作些朴素的猜测，如古希腊人认为热是由于物体运动而获得的。随着实践的发展，根据大量摩擦和碰撞生热的实践经验，人们认为热是一种特殊的运动。

英国的培根认为："热本身，热的本质精髓就是运动而不是别的。"法国的笛卡儿认为，热就是物质粒子的旋转运动。波义尔认为热就是由微小物质粒子的急速运动而产生。

18 世纪，人们对热现象的认识，走上了一条曲折的道路。英国物理学家布莱克提出了系统的"热质说"，认为热就是一种没有重量、不可称量、不生不变、存在于一切物体之中的可以自由流动的特殊物质，物体的冷热是由热质的多少决定的。热的传导，如同流水由高到低流动着热质，热膨胀是热质注入所致，太阳光透镜聚焦生热，也是由于热质集中等。这种观点统治了上百年，甚至在 1789 年，拉瓦锡仍把热摆在化学元素表中，属气体元素。

越来越深入的实践，推动着人们对热本质的认识。1797 年，英国工程师伦福德，通过生产炮筒的实践，揭露了"热质说"的非科学性，证实了"热动说"的正确性。他发现了筒子屑温度升高，产生大量的热，认识到热是物质运动的表现，是机械功产生的热，这种转化是等效的。他还测定了当量关系的近似值。

1799 年，戴维在伦福德的启示下，进行实验：使两块冰在真空中摩擦，而且使周围的温度低于实验设备和冰块的温度。结果，冰块融化为水。这样，实践再次以事实驳斥了"热质说"。

19 世纪中叶，蒸汽机的发明和使用，使"热动说"进一步完善，"热质说"终于破产。1842 年，德国医生迈尔经过对前人实践成果的研究和亲自实践，提出了能量转化守恒的思想。

（资料来源：军械技术学院政教室. 哲学趣例 300 题[M]. 石家庄：河北人民出版社，1985.）

案例点评

热现象本是日常生活中的一种常见现象，但是人类对它的正确认识却经历了漫长的历史，其间，既有早期朴素的正确认识，但是到了 18 世纪，随着化学的发展，人们对热的认识又有了新的看法，即认为热是物质，热是一种燃素，这种学说持续上百年，直到机械工业高速发展特别是到了蒸汽机的使用人们才完全放弃热质说。人们对热本质的认识经历了热动说—热质说—热动说的过程。这充分说明，人的认识是一个辩证发展的过程，具有反复性、无限性和上升性的特点，认识不是一次就能够完成的，人们对事物的认识往往要经过反复多次，才能达到全面的正确的程度，因为认识的手段在不断改进，认识的范围在不断扩大，人们的知识面在不断扩大，这样对同一个对象的认识完全有可能在反复认识中不断提高。这就是认识的反复性、无限性和上升性的规律。

案例 2

自由落体定律

古希腊哲学家亚里士多德在观察和研究了无数的自由落体现象后断言：物体从高空下落的速度与其重量成正比。这一认识结论曾得到人们的普遍认同。16 世纪时，意大利著名物理学家斯台文第一个向这一说法提出挑战，他拿了两个重量相差 10 倍的铅球从 30 英尺的高度同时抛下，结果仅需 1.4 秒便同时落地。但是，在当时的条件下难以对结果做出精确的测定。

后来，伽利略对亚里士多德的观点提出质疑。他先进行逻辑分析，指出：A 比 B 重，A

应当先落地，如果把两物捆在一起，亚里士多德的观点就会出现自相矛盾的情形。一方面，因为 A+B 比 A 重，它应先于 A 落地；另一方面，A 快 B 慢，B 就会减慢 A 的下落速度，A+B 比 A 后落地。这样，从同一前提出发就推导出来两个截然对立的结论。这一矛盾表明，亚里士多德的论断不能自圆其说。

1590 年，伽利略在比萨斜塔上做了“两个铁球同时着地”的实验，得出了重量不同的两个铁球同时下落的结论，以此推翻了亚里士多德“物体下落速度和重量成比例”的学说，纠正了这个持续了 1900 多年的错误结论。关于自由落体，伽利略做了大量的实验，他站在斜塔上面让不同材料构成的物体从塔顶上落下来，并测定下落时间有多少差别。结果发现，各种物体都是同时落地，而不分先后。也就是说，下落运动与物体的具体特征并无关系。无论木质球还是铁质球，如果同时从塔上开始下落，它们将同时到达地面。伽利略通过反复的实验，认为如果不计空气阻力，轻重物体的自由下落速度是相同的，即重力加速度的大小都是相同的。伽利略在此基础上总结出了自由落体定律。

（资料来源：http://baike.baidu.com/view/1541028.htm.）

案例点评

从亚里士多德的理论到“自由落体定律”的发现，说明实践检验是有条件的，是相对的。由于 16 世纪时实验条件的限制，斯台文的实验无法彻底否定亚里士多德的观点。而伽利略通过对亚里士多德的观点的逻辑分析，找出其中的矛盾，从理论上对亚里士多德的观点进行否定，这说明逻辑证明在对真理的检验过程中具有重要的辅助作用。但是，“批判的武器不能代替武器的批判”，最终，伽利略还是运用科学实验这一实践的基本形式，推翻了亚里士多德的错误观点，实现了科学认识的发展。

然而，物体之间的万有引力作用实际上是借助于物体之间的场产生作用。同样对于任意两个物体与地球之间的万有引力作用，也是借助于场产生作用。只有任意两个物体自身所带的场与地球场之间产生的万有引力作用都具有完全相同的规律时，万有引力定律才是严格成立的，产生的重力加速度才能够总是完全相同，两球才能够同时落地。但实际情况是，万有引力规律只是一种近似，任意两个物体场与地球场之间的作用规律一般来说并不完全严格的遵从万有引力定律，产生的重力加速度会存在一定差异，所以说，任意两个物体从同一高度做自由落体运动并不总是同时落地。这一学说还有待于用发展了的新的实践去进行检验和证明。

五、实践项目

项目 1

物质生产劳动实践、处理社会关系的实践和科学实验

方案

针对大学生在成长过程中普遍缺乏劳动体验的现况，结合理论学习，动员学生亲自参与工农业生产劳动、社会公益劳动、自我服务性劳动等，经受劳动锻炼，从切身实践中理解人类社会生活的本质，感受成长过程的艰辛，培养劳动习惯和劳动技能；参与社会组织管理和服

务工作，观摩学习先进的管理经验和优秀服务方法，从中领会处理社会关系的重要意义，锻炼社会交往能力；参观考察科研部门，了解科学研究的流程和方法，学习科学技术人员的钻研精神。让学生走出课堂，特别是让在城市长大的学生了解农村生活，让在农村长大的学生了解工业生产，使他们获得丰富的人生阅历，对他们的健康成长发挥积极影响。

时间

节假日随机进行。

地点

学生的家乡或选择附近的农村、厂矿、科研部门等。

流程

(1) 教学中分析指出学生在社会实践上存在的不足，启发动员学生走出校园，到社会大舞台去经受锻炼、施展才能。

(2) 针对学生的差异，提出不同的要求，进行个别指导。

(3) 组织学生进行座谈讨论，交流心得体会，相互学习和借鉴，共享实践锻炼的收获。

(4) 总结实践中的经验和教训，写出社会实践报告。

项目 2

参观纪念馆、博物馆、爱国主义教育基地等

方案

利用纪念馆、博物馆、爱国主义教育基地等教育内容丰富、专题性强等特点，引发学生热爱科学和关注社会的情感，通过直观的和生动的形式进行爱国主义教育和革命传统教育，培养学生的科学精神和人文精神。

时间

休息日或重要纪念日。

地点

佳木斯市博物馆、刘英俊纪念馆、日本侵华罪证展、鹤岗东山万人坑等。

流程

(1) 结合教学内容安排实践活动，达到对教学内容的巩固和引发学生把理论与实际结合起来。

(2) 活动之前有介绍和引导，活动之后有交流和总结。

(3) 通过撰写实践报告或心得体会对实践效果进行考核。

项目 3

参加专业见习

方案

通过观摩与所学专业密切相关的各种社会实践活动，使学生获得专业方面的感性知识，培养专业兴趣，为进一步学习专业理论奠定基础；了解专业发展的现状，把握科技发展的新

成果和大趋势，增强对专业领域未来人才素质需求的预见，形成自身成长目标的科学定位；深化对专业工作重要意义的认识，学习专业工作杰出人才的优良品德和工作方法，坚定专业信念，在从事专业工作过程中经受锻炼。

时间

结合专业见习进行。

地点

选择与所学专业关系密切的部门、场所等。

流程

(1) 了解专业方面的相关知识，从规则、程序、安全等多方面做好准备。

(2) 与专业教师协调配合，共同参与布置和指导。

(3) 组织学生兴趣小组、科学研究团队等，有明确的目的、充实的内容、有效的形式，针对不同学习要求，有区别地计划安排。

(4) 在条件允许的情况下，可尝试让学生参与实际操作。

(5) 由学生进行自我总结和效果评价，组织座谈交流，以达到由感性成果向理性认识的飞跃。

第三章　人类社会及其发展规律

一、知识提要

学习和把握历史唯物主义的基本原理，着重了解社会存在和社会意识的辩证关系、社会基本矛盾运动规律、社会发展的动力和人民群众是历史的创造者等观点，提高运用历史唯物主义正确认识历史和现实、正确认识社会发展规律的自觉性和能力。

二、重点搜索

重点 1：物质生产及生产方式是社会历史发展的决定力量

社会存在是指社会的物质生活条件，是社会生活的物质方面，它包括人们物质生活资料的生产方式、地理环境和人口因素。

在社会物质生活条件中，物质生产及生产方式是社会历史发展的决定力量。生产方式是生产力与生产关系的统一。物质生产及生产方式之所以是社会历史发展的决定力量，是因为：第一，物质生产及其生产方式是人类社会赖以存在和发展的物质基础，是人类其他一切活动的首要前提。第二，物质生产及其生产方式决定着社会的结构、性质和面貌，制约着整个社会生活、政治生活和精神生活。第三，物质生产及生产方式的变化发展决定整个社会历史的变化发展，决定社会形态从低向高的更替和发展。

这一原理说明，人类社会发展的历史，首先是物质生产的发展史，是生产方式的发展史，因而首先是物质资料生产者的历史。探讨研究社会历史发展的规律，不应当到人们的头脑中、到社会的思想和观点中去寻找，而应当首先到经济生产领域去寻找。从这一原理出发，历史唯物主义坚定地认为，人民群众是历史的创造者；所谓“英雄史观”，是非科学的历史唯心主义观点。同时，依据这一原理，马克思主义政党才能够制定出正确的路线、方针、政策及战略和策略。

重点 2：社会存在与社会意识的辩证关系

社会存在与社会意识的关系问题，是社会历史观的基本问题。它是回答和解决所有社会历史问题的出发点，是一切有关社会历史学说和理论的基石；能否在实践基础上正确解答社会存在决定社会意识的问题，是划分历史唯物主义和历史唯心主义的标准。

社会存在与社会意识是辩证统一的关系。社会存在决定社会意识，社会意识是对社会存在的反映，并反作用于社会存在。

首先，社会存在决定社会意识。第一，社会存在是社会意识内容的客观来源，社会意识是社会物质生活过程及其条件的主观反映。从本质的和最终的意义上说,"意识在任何时候都只能是被意识到了的存在"。第二,社会意识最切近的来源是人类的物质实践,实践的能动性决定了意识反映的能动性。所以,社会意识根源于社会存在,实质是指对以实践为基础的现实世界的反映。第三,社会存在的变化发展决定了社会意识的变化发展。随着社会存在的发展,社会意识也必然相应地或迟或早地发生变化。

其次,社会意识反作用于社会存在。社会意识具有相对独立性。这主要是指社会意识在反映社会存在的同时,还有自己特有的发展形式和发展规律。社会意识的相对独立性突出地表现为,社会意识对社会存在的反作用。社会意识相对独立性的主要表现:第一,社会意识与社会存在发展的不平衡性。第二,社会意识各种形式之间相互影响、相互作用且各有其历史继承性。第三,社会意识对社会存在具有能动的反作用,是社会意识相对独立性的最突出表现。

应当强调指出的是,首先,任何社会意识都不会凭空出现,只能是适应一定社会物质生活发展的要求而产生的,因而它必然具有满足这些需求的功能和作用,能够转化为物质力量并作用于社会存在、影响历史的发展。社会意识反作用的性质,取决于它是否符合社会存在发展的基本趋势,决定于它赖以产生并为之服务的经济基础的历史地位。进步性质的社会意识,为适应生产力发展的社会经济关系服务,推动社会历史发展;落后性质的社会意识维护不适应生产力发展的落后经济关系,阻碍社会历史的进步和发展。其次,社会意识对社会存在的反作用,是通过指导人们的实践活动实现的。因为思想本身并不能实现什么,要实现思想就要诉诸实践。而实践的主体从来都是人民群众。这就说明,一种社会意识发挥作用的程度及范围大小、时间长短,同它实际掌握群众的深度和广度是密切联系在一起的。掌握群众越多,往往发挥作用就越大,反之亦然。最后,在人类社会发展中,要正确而充分发挥社会意识的作用,还有赖于社会文化建设特别是先进文化的建设。在当代中国,加强文化建设,发挥先进文化的能动作用,就必须坚持社会主义先进文化前进方向,兴起社会主义文化建设新高潮,激发全民族文化创造活力,提高国家文化软实力,努力发展中国特色社会主义文化事业。

重点 3:生产力与生产关系矛盾运动的规律

生产力是人类在生产实践中形成的改造和影响自然并使之适合社会需要的物质力量。它是人们解决社会同自然矛盾的实际能力。生产关系是人们在物质生产过程中形成的不以人的意志为转移的经济关系。生产力和生产关系是社会生产不可分割的两个方面,它们之间的相互作用展开为一个过程,表现为两者的矛盾运动。这种矛盾运动中的内在的本质的必然的联系,即是生产关系一定要适合生产力状况的规律,亦即生产力与生产关系的矛盾运动规律。

从内容方面上看,这一规律概括了生产力和生产关系相互作用的辩证关系。第一,生产力状况决定生产关系的产生及其性质,决定它产生后变化发展的方向和形式。首先,历史上的各种生产关系都是适应一定的生产力发展需要而产生的。有什么样的生产力,就会产生什么样的生产关系。马克思说:"手推磨产生的封建社会,蒸汽机产生的是工业资本家的社会。"(《马克思恩格斯选集》第一卷,人民出版社,1995 年,第 142 页)可见,生产力状况是生产关系形成的客观前提和物质基础。其次，生产力的发展决定生产关系的变革及其方向和形式。生产关系是生产力发展需要的产物，只有当它为生产力提供足够的发展空间时才能够存在。随着生产力的发展，原本适合生产力状况的生产关系便由新变旧，走向自己的反面。“为了不致失掉文明的果实，人们在他们的交往[commerce]方式不再适合于既得的生产力时，就不得不改变他们继承下来的一切社会形式。”(《马克思恩格斯选集》第四卷，人民出版社，1995 年，第 533 页)即变革生产关系以适应生产力的发展。第二，生产关系反作用于生产力，当生产关系适合生产力发展状况时，对生产力的发展起促进作用，反之将起到阻碍作用。当然，在现实中生产关系对生产力反作用的实际过程和情形是十分复杂的。一种新生产关系，总体上基本适合生产力发展，但并不排除某些环节或方面不适合生产力状况而阻碍其发展；一种旧生产关系，总体上基本不适合生产力发展，但不能排除生产关系某些环节或方面的调整和改革，从而暂时地、局部地对生产力发展具有重要刺激作用。生产关系落后于生产力会阻碍其发展；由于人为的原因使生产关系“超越”生产力水平也会阻碍其发展。不仅如此，在一定条件下，“当着不变更生产关系，生产力就不能发展的时候，生产关系的变更就起了主要的决定作用”(《毛泽东选集》第一卷，人民出版社，1991 年，第 325—326 页)。这些都是生产关系反作用的种种表现。

从过程上看，这一规律表现为生产关系对于生产力总是从基本相适合到基本不相适合，再到基本相适合；与此相适应，生产关系也总是从相对稳定到新旧更替，再到相对稳定。生产力和生产关系的这种矛盾运动过程循环往复、不断发展，推动社会生产、进而推动整个社会走向高级阶段。

理解生产关系一定要适合生产力状况这一规律的实现过程，关键在于正确把握生产力不断发展的总趋势与生产关系的相对稳定性之间的关系。人类物质文化的需求不会停留在某一水平，而是不断发展的；人们追求生活质量的提高和社会制度特别是经济制度的合理完善，也是永恒的。这就规定了生产力发展的不可遏制的总趋势。

可见，生产力不断发展的总趋势与生产关系相对稳定性的内在关系，是生产力与生产关系矛盾的发生及其规律性运动过程的基本原因和关键环节。

重点 4：经济基础与上层建筑矛盾运动的规律

经济基础与上层建筑矛盾运动的规律，是社会发展的又一基本规律。经济基础是指由一定发展阶段的生产力所决定的生产关系的总和。上层建筑是建立在一定经济基础之上的意识形态和政治法律制度及设施、政治组织两部分构成。在整个上层建筑中，政治居主导地位，国家政权是核心。经济基础与上层建筑的矛盾运动规律，即上层建筑一定要适合经济基础状况的规律的基本含义是：经济基础状况决定上层建筑的发展方向，决定上层建筑相应的调整或改革，而不允许上层建筑长时期落后于或不适应自己的发展；上层建筑的反作用，也必须取决于和服从于经济基础的性质和客观要求，而不允许上层建筑脱离自己的发展道路和水平。

上层建筑一定要适合经济基础状况的规律，概括了经济基础与上层建筑辩证关系的基本内容。第一，经济基础决定上层建筑。首先，经济基础的需要决定上层建筑的产生，经济基础对上层建筑具有根源性。经济基础是社会的物质关系，上层建筑是社会的思想关系。

任何上层建筑的产生，都能直接或间接地从社会的经济结构中得到说明。其次，经济基础的性质决定上层建筑的性质，有什么样的经济基础就有什么样的上层建筑。阶级社会的上层建筑领域所以具有对抗的性质，正是以私有制为基础的经济关系中的对立冲突造成的。再次，经济基础的变更必然引起上层建筑的变革，并规定其变革的方向。随着经济基础的变更，“全部庞大的上层建筑也会或慢或快地发生变革。”(《马克思恩格斯选集》第二卷，人民出版社，1995 年，第 32—33 页）即使在同一社会中，当经济基础发生某种局部性质的变化，也会引起上层建筑作出相应的调整和变化。第二，上层建筑对经济基础具有反作用。上层建筑的反作用集中表现在：为自己的经济基础的形成和巩固服务，确立或维护其在社会中的统治地位。首先，统治阶级总是利用和依靠自己在政治上、思想上的统治地位，通过国家政权和意识形态的力量，排除异己势力及其思想，力图将社会特别是经济关系控制在“秩序”的范围内，维护自己经济基础的统治地位和根本利益。其次，被统治阶级也会运用自己的政治力量和思想观点反抗统治阶级的政治压迫和思想统治，试图瓦解和破坏现存经济基础。最后，上层建筑反作用的性质取决于它为之服务的经济基础的历史地位。当它为适合生产力发展要求的经济基础服务时，就成为推动社会发展的进步力量；反之，就会成为阻碍社会发展的消极力量。

上层建筑一定要适合经济基础状况的规律，是通过两者的矛盾运动过程实现的。首先，这种矛盾运动是极为复杂的。在同一性质的经济基础和上层建筑的矛盾中，上层建筑的不完善部分、没有反映经济基础要求的部分都要同经济基础发生矛盾；不同性质的经济基础与上层建筑之间的矛盾更为复杂。例如，占统治地位的经济基础同旧上层建筑的残余、未来上层建筑的萌芽之间的矛盾；新旧上层建筑之间、新旧经济基础之间的矛盾，等等；当一种社会形态处于上升发展阶段时，上层建筑一般对于经济基础是基本适合的，它们之间是局部的、非对抗性的矛盾；当一种社会形态处于没落时期，上层建筑同经济基础变革的客观要求之间的矛盾则变为对抗性的、全局性的矛盾。其次，在人类社会历史的长河中，这一规律也表现为上层建筑对经济基础总是从基本相适合到基本不相适合，再到基本相适合的过程。上层建筑和经济基础的这种矛盾运动过程，循环往复，不断发展，具有推动和促进人类社会不断走向高级阶段的重要作用。

重点 5：社会形态更替的一般规律

社会形态是同生产力发展一定阶段相适应的经济基础与上层建筑的统一体。社会形态一般包括社会的经济形态、政治形态和意识形态，是三者的历史的具体的统一。社会形态更替的一般规律可从三个方面把握。

第一，社会形态更替的统一性和多样性的辩证关系。人类社会历史运动中的原始社会、奴隶社会、封建社会、资本主义社会和共产主义社会（其第一阶段是社会主义社会）五种社会形态的一次更替，表现了社会形态更替的统一性。这种统一性的主要特征：首先，无论是何种国度的同一种社会形态，都具有共同的本质特征。其次，社会形态依此更替，标志着社会发展进步的质的飞跃，即使是残暴的奴隶制社会取代平等的原始社会，也是如此。最后，社会形态依此更替具有历史的客观必然性。用马克思的话来说，这是一个“自然历史过程”，其先后序列发展的基本趋势具有不可逆性。但这种统一性“不仅丝毫不排斥个别发展阶段在发展的形式或顺序上表现出特殊性，反而是以此为前提的”(《列宁选集》第四卷，人民出版社，1995 年，第 776 页)。因为，某些国度或民族的社会形态更替，虽然跨越了一个甚至几个社会阶段，或者某种社会形态性质和特征不够典型，但并未摆脱社会形态更替的不以人的意志为转移的客观必然性和先后序列发展的不可逆性的基本趋势。因此，一方面，多样性是以统一性为前提和基础的。正是有了五种社会形态依此更替这把“尺子”和“坐标”，才能“衡量”和确认出社会形态更替的多样性。另一方面，统一性又是以多样性为其实现形式的。“统一性”并非是一种单独存在物，而仅仅标志着各种社会形态间秩序性的内在联系及其依次更替的过程和规律。它只能存在于“多样性”之中，并通过社会形态更替的多样性的具体形式表现出来和得以实现。因此，我们在研究社会形态及其发展规律时，既要避免脱离多样性来谈统一性，对社会形态的理解流于空洞的抽象；又要避免脱离统一性来谈多样性，对社会形态的认识停留于表面现象，而要把社会形态更替的统一性和多样性辩证地统一起来。

第二，社会形态更替的必然性与人们的历史选择性的统一。社会形态更替的客观必然性，主要是指社会形态依次更替的过程和规律是客观的，其规定的基本趋势是确定不移的。但由于社会规律都是人们自己的社会行动的规律，因而规律的客观性并不排斥人们对于某种社会形态的历史选择性。这种历史选择性逻辑上包含四层关系：社会发展的客观必然性造成了能够选择的可能性空间；社会形态更替的过程也是一个合规律性与合目的性相统一的过程；人们的历史选择性，归根结底是人民群众的选择性；人民群众对于社会形态的历史选择，是通过社会革命实现的。

第三，社会形态更替的过程是前进性和曲折性的统一。社会形态更替的进步性主要是指各种社会形态依次演进的基本趋势，其内在根据在于社会基本矛盾的运动发展，其历史过程是一个辩证否定即“扬弃”的过程。但是，社会形态更替的进步性并不否认历史发展的曲折性。首先，社会形态更替、一种新社会制度取代旧社会制度，往往并不是从旧社会制度发展最完善的国家开始，而更易于在旧制度发展不很完善的地方突破。这非但不是违背社会发展规律，相反，恰恰是社会发展规律的表现。其次，在社会进步发展过程中，社会形态更替出现反复甚至倒退，是时常出现的；然而，这种暂时的反复和倒退，并不能改变历史车轮前进的总趋势。它所呈现的社会“曲折”，必将以社会的巨大进步来补偿。因此，社会形态更替的过程，从来都是前进性与曲折性相统一的过程。

三、深度阅读

《德意志意识形态》

写作背景

著作的全称为《德意志意识形态——对费尔巴哈、布·鲍威尔和施蒂纳所代表的现代德国哲学以及各式各样先知所代表的德国社会主义的批判》。由马克思、恩格斯合著于 1845—1846 年。书中第一次系统阐述了历史唯物主义的基本原理，是马克思主义哲学成熟的重要标志。马克思出生与成长的十九世纪初，正是资本主义的大发展时代。此时的西方各主要资本主义国家都已经通过各种不同的方式，或是暴力革命，或是和平政变确立了本国的资本主义制度，开始了疯狂的对外扩张。关于历史唯物主义基本原理的阐释，是为了清算马克思、恩格斯以前的哲学信仰，消除以往历史理论的两个主要缺点，坚持彻底的唯物主义。

原著节选

第一卷

第一章

费尔巴哈唯物主义观点和唯心主义观点的对立

[I]

正如德国的玄想家们所宣告的，德国在最近几年里经历了一次空前的变革。从施特劳斯开始的黑格尔体系的解体过程发展为一种席卷一切"过去的力量"的世界性骚动。在普遍的混乱中，一些强大的王国产生了，又匆匆消逝了，瞬息之间出现了许多英雄，但是马上又因为出现了更勇敢更强悍的对手而销声匿迹。这是一次革命，法国革命同它相比只不过是儿戏；这是一次世界斗争，狄亚多希的斗争在它面前简直微不足道。一些原则为另一些原则所代替，一些思想勇士为另一些思想勇士所歼灭，其速度之快是前所未闻的。在1842—1845年这三年中间，在德国进行的清洗比过去三个世纪都要彻底得多。

据说这一切都是在纯粹的思想领域中发生的。

然而，不管怎么样，我们涉及的是一个有意义的事件：绝对精神的瓦解过程。当它的生命的最后一个火星熄灭时，这个无用的残渣的各个组成部分就分解了，它们重新化合，构成新的物质。那些以哲学为业，一直以经营绝对精神为生的人们，现在都扑向这种新的化合物。每个人都不辞劳苦地兜售他所得到的那一份。竞争在所不免。起初这种竞争还相当体面，具有市民的循规蹈矩的性质。后来，当商品充斥德国市场，而在世界市场上尽管竭尽全力也无法找到销路的时候，按照通常的德国方式，生意都因搞批量的和虚假的生产，因质量降低、原料掺假、伪造商标、买空卖空、空头支票以及没有任何现实基础的信用制度而搞糟了。竞争变成了激烈的斗争，而这个斗争现在却被吹嘘和构想成一种具有世界历史意义的变革，一种产生了十分重大的结果和成就的因素。

为了正确地评价这种甚至在可敬的德国市民心中唤起怡然自得的民族感情的哲学叫卖，为了清楚地表明这整个青年黑格尔派运动的渺小卑微、地域局限性，特别是为了揭示这些英雄们的真正业绩和关于这些业绩的幻想之间的令人啼笑皆非的显著差异，就必须站在德国以外的立场上来考察一下这些喧嚣吵嚷。

一

费尔巴哈

A. 一般意识形态，特别是德意志意识形态

德国的批判，直至它最近所作的种种努力，都没有离开过哲学的基地。这个批判虽然没有研究过自己的一般哲学前提，但是它谈到的全部问题终究是在一定的哲学体系即黑格尔体系的基地上产生的。不仅是它的回答，而且连它所提出的问题本身，都包含着神秘主义。对黑格尔的这种依赖关系正好说明了为什么在这些新出现的批判家中甚至没有一个人试图对黑格尔体系进行全面的批判，尽管他们每一个人都断言自己已经超出了黑格尔哲学。他们和黑格尔的论战以及他们相互之间的论战，只局限于他们当中的每一个人都抓住黑格尔体系的某一方面，用它来反对整个体系，也反对别人所抓住的那些方面。起初他们还是抓住

纯粹的、未加伪造的黑格尔的范畴，如“实体”和“自我意识”，但是后来却用一些比较世俗的名称如“类”、“唯一者”、“人”等等，使这些范畴世俗化。

从施特劳斯到施蒂纳的整个德国哲学批判都局限于对宗教观念的批判。他们的出发点是现实的宗教和真正的神学。至于什么是宗教意识，什么是宗教观念，他们后来下的定义各有不同。其进步在于：所谓占统治地位的形而上学观念、政治观念、法律观念、道德观念以及其他观念也被归入宗教观念或神学观念的领域；还在于：政治意识、法律意识、道德意识被宣布为宗教意识或神学意识，而政治的、法律的、道德的人，总而言之，“一般人”，则被宣布为宗教的人。宗教的统治被当成了前提。一切占统治地位的关系逐渐地都被宣布为宗教的关系，继而被转化为迷信——对法的迷信，对国家的迷信等等。到处涉及的都只是教义和对教义的信仰。世界在越来越大的规模内被圣化了，直到最后可尊敬的圣麦克斯完全把它宣布为圣物，从而一劳永逸地把它葬送为止。

老年黑格尔派认为，只要把一切归入黑格尔的逻辑范畴，他们就理解了一切。青年黑格尔派则通过以宗教观念代替一切或者宣布一切都是神学上的东西来批判一切。青年黑格尔派同意老年黑格尔派的这样一个信念，即认为宗教、概念、普遍的东西统治着现存世界。不过一派认为这种统治是篡夺而加以反对，另一派则认为这种统治是合法的而加以赞扬。

既然这些青年黑格尔派认为，观念、思想、概念，总之，被他们变为某种独立东西的意识的一切产物，是人们的真正枷锁，就像老年黑格尔派把它们看作是人类社会的真正镣铐一样，那么不言而喻，青年黑格尔派只要同意识的这些幻想进行斗争就行了。既然根据青年黑格尔派的设想，人们之间的关系、他们的一切举止行为、他们受到的束缚和限制，都是他们意识的产物，那么青年黑格尔派完全合乎逻辑地向人们提出一种道德要求，要用人的、批判的或利己的意识来代替他们现在的意识，从而消除束缚他们的限制。这种改变意识的要求，就是要求用另一种方式来解释存在的东西，也就是说，借助于另外的解释来承认它。青年黑格尔派玄想家们尽管满口讲的都是所谓“震撼世界的”词句，却是最大的保守派。如果说，他们之中最年轻的人宣称只为反对“词句”而斗争，那就确切地表达了他们的活动。不过他们忘记了：他们只是用词句来反对这些词句；既然他们仅仅反对这个世界的词句，那么他们就绝对不是反对现实的现存世界。这种哲学批判所能达到的唯一结果，是从宗教史上对基督教作一些说明，而且还是片面的说明。至于他们的全部其他论断，只不过是进一步修饰他们的要求：想用这样一些微不足道的说明作出具有世界历史意义的发现。

这些哲学家没有一个想到要提出关于德国哲学和德国现实之间的联系问题，关于他们所作的批判和他们自身的物质环境之间的联系问题。

1. 一般意识形态，特别是德国哲学

a.

我们开始要谈的前提不是任意提出的，不是教条，而是一些只有在想象中才能撇开的现实前提。这是一些现实的个人，是他们的活动和他们的物质生活条件，包括他们已有的和由他们自己的活动创造出来的物质生活条件。因此，这些前提可以用纯粹经验的方法来确认。

全部人类历史的第一个前提无疑是有生命的个人的存在。因此，第一个需要确认的事实就是这些个人的肉体组织以及由此产生的个人对其他自然的关系。当然，我们在这里既不能深入研究人们自身的生理特性，也不能深入研究人们所处的各种自然条件——地质条件、山岳水文地理条件、气候条件以及其他条件。任何历史记载都应当从这些自然基础以及它们在历史进程中由于人们的活动而发生的变更出发。

可以根据意识、宗教或随便别的什么来区别人和动物。一当人开始生产自己的生活资料的时候，这一步是由他们的肉体组织所决定的，人本身就开始把自己和动物区别开来。人们生产自己的生活资料，同时间接地生产着自己的物质生活本身。

人们用以生产自己的生活资料的方式，首先取决于他们已有的和需要再生产的生活资料本身的特性。这种生产方式不应当只从它是个人肉体存在的再生产这方面加以考察。它在更大程度上是这些个人的一定的活动方式，是他们表现自己生活的一定方式、他们的一定的生活方式。个人怎样表现自己的生活，他们自己就是怎样。因此，他们是什么样的，这同他们的生产是一致的——既和他们生产什么一致，又和他们怎样生产一致。因而，个人是什么样的，这取决于他们进行生产的物质条件。

这种生产第一次是随着人口的增长而开始的。而生产本身又是以个人彼此之间的交往为前提的。这种交往的形式又是由生产决定的。

各民族之间的相互关系取决于每一个民族的生产力、分工和内部交往的发展程度。这个原理是公认的。然而不仅一个民族与其他民族的关系，而且这个民族本身的整个内部结构也取决于自己的生产以及自己内部和外部的交往的发展程度。一个民族的生产力发展的水平，最明显地表现于该民族分工的发展程度。任何新的生产力，只要它不是迄今已知的生产力单纯的量的扩大(例如，开垦土地)，都会引起分工的进一步发展。

一个民族内部的分工，首先引起工商业劳动同农业劳动的分离，从而也引起城乡的分离和城乡利益的对立。分工的进一步发展导致商业劳动同工业劳动的分离。同时，由于这些不同部门内部的分工，共同从事某种劳动的个人之间又形成不同的分工。这种种分工的相互关系取决于农业劳动、工业劳动和商业劳动的经营方式(父权制、奴隶制、等级、阶级)。在交往比较发达的条件下，同样的情况也会在各民族间的相互关系中出现。

分工发展的各个不同阶段，同时也就是所有制的各种不同形式。这就是说，分工的每一个阶段还决定个人的与劳动材料、劳动工具和劳动产品有关的相互关系。

第一种所有制形式是部落所有制。它与生产的不发达阶段相适应，当时人们靠狩猎、捕鱼、牧畜，或者最多靠耕作为生。在后一种情况下，它是以有大量未开垦的土地为前提的。在这个阶段，分工还很不发达，仅限于家庭中现有的自然形成的分工的进一步扩大。因此，社会结构只限于家庭的扩大：父权制的部落首领，他们管辖的部落成员，最后是奴隶。潜在于家庭中的奴隶制，是随着人口和需求的增长，随着战争和交易这种外部交往的扩大而逐渐发展起来的。

第二种所有制形式是古典古代的公社所有制和国家所有制。这种所有制是由于几个部落通过契约或征服联合为一个城市而产生的。在这种所有制下仍然保存着奴隶制。除公社所有制以外，动产私有制以及后来的不动产私有制已经发展起来，但它们是作为一种反常的、从属于公社所有制的形式发展起来的。公民仅仅共同享有支配自己那些做工的奴隶的权力，因此受公社所有制形式的约束。这是积极公民的一种共同私有制，他们面对着奴隶不得不保存这种自然形成的联合方式。因此，建筑在这个基础上的整个社会结构，以及与此相联系的人民权力，随着私有制，特别是不动产私有制的发展而逐渐趋向衰落。分工已经比较发达。城乡之间的对立已经产生，后来，一些代表城市利益的国家同另一些代表乡村利益的国家之间的对立出现了。在城市内部存在着工业和海外贸易之间的对立。公民和奴隶之间的阶级关系已经充分发展。

随着私有制的发展，这里第一次出现了这样的关系，这些关系我们在考察现代私有制时还会遇见，不过规模更为巨大而已。一方面是私有财产的集中，这种集中在罗马很早就开始了(李奇尼乌斯土地法就是证明)，从内战发生以来，尤其是在王政时期，发展得非常迅速；另一方面是由此而来的平民小农向无产阶级的转化，然而，后者由于处于有产者公民和奴隶之间的中间地位，并未获得独立的发展。随着私有制的发展，这里第一次出现了这样的关系，这些关系我们在考察现代私有制时还会遇见，不过规模更为巨大而已。

第三种形式是封建的或等级的所有制。古代的起点是城市及其狭小的领域，中世纪的起点则是乡村。地旷人稀，居住分散，而征服者也没有使人口大量增加，——这种情况决定了起点有这样的变化。因此，与希腊和罗马相反，封建制度的发展是在一个宽广得多的、由罗马的征服以及起初就同征服联系在一起的农业的普及所准备好了的地域中开始的。趋于衰落的罗马帝国的最后几个世纪和蛮族对它的征服本身，使得生产力遭到了极大的破坏；农业衰落了，工业由于缺乏销路而一蹶不振，商业停滞或被迫中断，城乡居民减少了。这些情况以及受其制约的进行征服的组织方式，在日耳曼人的军事制度的影响下，发展了封建所有制。这种所有制像部落所有制和公社所有制一样，也是以一种共同体为基础的。但是作为直接进行生产的阶级而与这种共同体对立的，已经不是与古典古代的共同体相对立的奴隶，而是小农奴。随着封建制度的充分发展，也产生了与城市对立的现象。土地占有的等级结构以及与此相联系的武装扈从制度使贵族掌握了支配农奴的权力。这种封建结构同古典古代的公社所有制一样，是一种联合，其目的在于对付被统治的生产者阶级；只是联合的形式和对于直接生产者的关系有所不同，因为出现了不同的生产条件。

在城市中与这种土地占有的封建结构相适应的是同业公会所有制，即手工业的封建组织。在这里财产主要在于个人的劳动。联合起来反对成群搭伙的掠夺成性的贵族的必要性，在实业家同时又是商人的时期对公共商场的需要，流入当时繁华城市的逃亡农奴的竞争的加剧，全国的封建结构，——所有这一切产生了行会；个别手工业者逐渐积蓄起少量资本，而且在人口不断增长的情况下他们的人数没有什么变动，这就使得帮工制度和学徒制度发展起来，而这种制度在城市里产生了一种和农村等级制相似的等级制。

这样，封建时代的所有制的主要形式，一方面是土地所有制和束缚于土地所有制的农奴劳动，另一方面是拥有少量资本并支配着帮工劳动的自身劳动。这两种所有制的结构都是由狭隘的生产关系——小规模的粗陋的土地耕作和手工业式的工业——决定的。在封建制度的繁荣时代，分工是很少的。每一个国家都存在着城乡之间的对立；等级结构固然表现得非常鲜明，但是除了在乡村里有王公、贵族、僧侣和农民的划分，在城市里有师傅、帮工、学徒以及后来的平民短工的划分之外，就再没有什么大的分工了。在农业中，分工因土地的小块耕作而受到阻碍，与这种耕作方式同时产生的还有农民自己的家庭工业；在工业中，各业手工业内部根本没有实行分工，而各业手工业之间的分工也是非常少的。在比较老的城市中，工业和商业早就分工了；而在比较新的城市中，只是在后来当这些城市彼此发生了关系的时候，这样的分工才发展起来。

比较广大的地区联合为封建王国，无论对于土地贵族或城市来说，都是一种需要。因此，统治阶级的组织即贵族的组织到处都在君主的领导之下。

由此可见，事情是这样的：以一定的方式进行生产活动的一定的个人，发生一定的社会关系和政治关系。经验的观察在任何情况下都应当根据经验来揭示社会结构和政治结构同生产的联系，而不应当带有任何神秘和思辨的色彩。社会结构和国家总是从一定的个人的生活过程中产生的。但是，这里所说的个人不是他们自己或别人想象中的那种个人，而是现实中的个人，也就是说，这些个人是从事活动的，进行物质生产的，因而是在一定的物质的、不受他们任意支配的界限、前提和条件下活动着的。

思想、观念、意识的生产最初是直接与人们的物质活动，与人们的物质交往，与现实生活的语言交织在一起的。人们的想象、思维、精神交往在这里还是人们物质行动的直接产物。表现在某一民族的政治、法律、道德、宗教、形而上学等的语言中的精神生产也是这样。人们是自己的观念、思想等等的生产者，但这里所说的人们是现实的、从事活动的人们，他们受自己的生产力和与之相适应的交往的一定发展——直到交往的最遥远的形态——所制约。意识在任何时候都只能是被意识到了的存在，而人们的存在就是他们的现实生活过程。如果在全部意识形态中，人们和他们的关系就像在照相机中一样是倒立呈像的，那么这种现象也是从人们生活的历史过程中产生的，正如物体在视网膜上的倒影是直接从人们生活的生理过程中产生的一样。

德国哲学从天国降到人间；和它完全相反，这里我们是从人间升到天国。这就是说，我们不是从人们所说的、所设想的、所想象的东西出发，也不是从口头说的、思考出来的、设想出来的、想象出来的人出发，去理解有血有肉的人。我们的出发点是从事实际活动的人，而且从他们的现实生活过程中还可以描绘出这一生活过程在意识形态上的反射和反响的发展。甚至人们头脑中的模糊幻象也是他们的可以通过经验来确认的、与物质前提相联系的物质生活过程的必然升华物。因此，道德、宗教、形而上学和其他意识形态，以及与它们相适应的意识形式便不再保留独立性的外观了。它们没有历史，没有发展，而发展着自己的物质生产和物质交往的人们，在改变自己的这个现实的同时也改变着自己的思维和思维的产物。不是意识决定生活，而是生活决定意识。前一种考察方法从意识出发，把意识看作是有生命的个人。后一种符合现实生活的考察方法则从现实的、有生命的个人本身出发，把意识仅仅看作是他们的意识。

这种考察方法不是没有前提的。它从现实的前提出发，它一刻也不离开这种前提。它的前提是人，但不是处在某种虚幻的离群索居和固定不变状态中的人，而是处在现实的、可以通过经验观察到的、在一定条件下进行的发展过程中的人。只要描绘出这个能动的生活过程，历史就不再像那些本身还是抽象的经验论者所认为的那样，是一些僵死的事实的汇集，也不再像唯心主义者所认为的那样，是想象的主体的想象活动。

在思辨终止的地方，在现实生活面前，正是描述人们实践活动和实际发展过程的真正的实证科学开始的地方。关于意识的空话将终止，它们一定会被真正的知识所代替。对现实的描述会使独立的哲学失去生存环境，能够取而代之的充其量不过是从对人类历史发展的考察中抽象出来的最一般的结果的概括。这些抽象本身离开了现实的历史就没有任何价值。它们只能对整理历史资料提供某些方便，指出历史资料的各个层次的顺序。但是这些抽象与哲学不同，它们绝不提供可以适用于各个历史时代的药方或公式。相反，只是在人们着手考察和整理资料——不管是有关过去时代的还是有关当代的资料——的时候，在实际阐述资料的时候，困难才开始出现。这些困难的排除受到种种前提的制约，这些前提在这里是根本不可能提供出来的，而只能从对每个时代的个人的现实生活过程和活动的研究中产生。这里我们只举出几个我们用来与意识形态相对照的抽象，并用历史的例子来加以说明。

原著解析

首先，在《德意志意识形态》中，马克思和恩格斯最坚决地捍卫了唯物主义哲学，并多次说明，一切离开这个基础的倾向都是极端错误的。在欧洲全部近代史中，特别是18世纪末叶，在同一切中世纪神学思想，同农奴制和农奴制思想展开决战的法国，唯物主义成了唯一彻底的科学，它忠于一切自然科学学说，仇视迷信、伪善行为，揭露与批判为宗教辩护或支持宗教的各种唯心主义哲学。

其次，马克思和恩格斯并没有停止在18世纪的唯物主义上，而是加深和发展了唯物主义哲学，把它对自然界的认识推广到对人类社会的认识。即从历史发展的出发点与现实基础、社会生活的本质、社会生存和发展的决定因素、社会革命的物质因素等方面，彻底发挥了唯物主义。从而揭示出产生人们历史活动的思想动机的物质原因，指出了社会关系体系发展的客观规律性和物质根源，说明了人民群众推动历史发展、社会革命的决定作用。除此之外，马克思和恩格斯还继承了德国古典哲学的成果，特别是利用黑格尔体系中的辩证法，构建了最完备最深刻的关于发展的学说，这种学说认为反映永恒发展的物质的人类知识是相对的，并实现了与唯物主义的完美衔接。

最后，马克思和恩格斯在《德意志意识形态》中第一次系统阐述了历史唯物主义的基本原理，如社会存在决定社会意识、生产方式在社会生活中起决定作用、生产关系必须适合生产力的发展等。由这一理论得出，由于生产力的发展，如何从一种社会结构中发展出另一种更高级的结构。从而揭示了社会发展的基本动力，结束了过去在历史观和政治观方面占支配地位的混乱性和随意性。历史唯物主义理论的提出标志着马克思主义哲学的成熟，对马克思主义基本原理的规定有着非常重要的作用。

四、案例解析

案例 1

关于唯物历史观

材料1：自古以来，人们就对自己的来源问题发生兴趣，并且提出了种种答案。开头，人们对于人类怎样起源，找不到一点线索，就只能凭臆测。古代，人们由于生产力很低，知识很少，对于许多自然现象不能理解，也没有能力控制。这就自然地产生了一种所谓“神”的概念。他们认为这种“神”有超过人的力量。于是，在人类起源这个问题上，也就从“神”那里去找答案。这样就产生了“神造说”。

我国就有女娲氏抟土造人的原始神话。说是古代有一个名叫女娲的女神，她因为独自一个人，感觉寂寞，就用黄泥照着自己的形象捏成若干小人，用气向泥小人一吹，这些小人就活了。他们都叫女娲妈妈。后来女娲叫男人和女人结成婚姻，繁殖后代。这样，就出现了人类。战国时期，道家哲学的代表人物庄子提出人是由马变来的。庄子相信生物是可变的，人是由其他生物变来的。庄子说："青宁生程，程生马，马生人。"青宁据说是竹根虫，程据说就是貘，也有人认为是豹。

在西方，《圣经》里关于神创造人有两种不同的说法。第一种说法的大意是：上帝用了6天的工夫创造出天地万物。第6天，在创造了一切生物以后，上帝又照着自己的形象创造出人来。第二种说法的大意是：上帝最初用尘土创造出男人，名叫亚当，让他生活在名叫伊甸的乐园里。不久，上帝发觉亚当一个人在那里生活得不快活。为了解决他的苦闷，上帝就创造出飞禽和走兽，创造出生物世界。接着，上帝又使亚当熟睡。上帝从亚当的身体里取下一根肋骨，用那根肋骨创造了一个女人，名叫夏娃，为亚当的伴侣。现代的人就都是亚当和夏娃的子孙。

材料2：大约35亿年前，地球上出现了生命。大约在4.5亿年前，一种原始的无脊椎动物开始在地球上出现，这就是现已灭绝的三叶虫。三叶虫的身体结构已相当精巧和完善。大约2亿年前，不知何种原因使三叶虫全部灭绝，取而代之的是在淡水溪流的泥底里出现的甲胄鱼。它们披盔挂甲，是最原始的脊椎动物。早期的生命都是在海水中成长的，大约在4亿年前，生物才从海洋中走出来，陆续登上陆地。最先是裸棵等一类的低等植物在陆地上扎下了根。这些植物高约40厘米，茎上长满带刺的小叶。种种迹象表明，它们应当是海藻一类植物的后代。接着是动物，在鱼类时代的某个时期出现了能呼吸空气的有鼻孔的鱼类，包括肺鱼的一族和总鳍类的一支。这些有鼻孔的鱼类设法爬上了陆地，成为原始的两栖动物。这些动物在陆地上的生存非常艰难，它们在比水的浮力大好几倍的地球引力下挣扎着呼吸几口新鲜空气，然后再回到水中。几千万年以后，古代的许多两栖动物都灭绝了，只在地球的温带留下了它们的后裔，主要是青蛙、蛤蟒和珠贝之类的动物。这时，随着自然进化，一些两栖动物可以体内受精。它们产下的卵的外面包有一层皮质硬壳，不受干旱和来自陆地的各种危险的影响，并且它们还可以离开水生殖。这些两栖动物最后进化成为爬行动物。从此，爬行类动物出现并逐渐开始在陆地上繁衍。大约6 000万年前，恐龙从地球上神秘地消失。……科学家们在美国的怀俄明州发现了生活在5 800万年前的古狐猴化石。它们的一些后代演变成现代猿，如大猩猩、长臂猿及黑猩猩。另有少数的古狐猴从树上跳下来到地面搜寻食物，并慢慢地站立起来，发现和学会了使用火。它们慢慢地向人类演变，把生命之旅带进了人类文明的新纪元。在距今250万年前，人类的祖先出现，拉开了人类历史的序幕。1859年，英国生物学家达尔提出了著名的"生物进化论"。在其著名的《物种起源》一书中，达尔文指出：生命只有一个祖先，因为生命都起源于一个原始细胞的开端；生物是从简单到复杂、从低级到高级逐步发展而来的，生物在进化中不断地进行着生存斗争，进行着自然选择；人类也起源于"某些原始细胞"，后来逐渐进化，变成了鱼、两栖动物、哺乳动物，再经过进化才变成了类人猿和今天的人类。

材料3：人类在生产劳动中不断进化发展，才开始有了人类社会。在原始社会，因为生产力水平十分低下，产品没有剩余，没有私有财产，人类也没有私有观念。人们只有共同劳动，共同消费，才能维持生存。从农业革命起，社会产品有了剩余，这就为私有制的产生创造了条件。氏族内部的首长和家族长利用自己对公共财产的管理和分配权，或利用对外交换产品的方便，把一些集体的财富据为己有。游牧部落中的畜群最早变为私有财产，产生私有经济。第二次社会大分工后，出现了直接以交换为目的的商品生产。原先以物换物时，人们没有价值的观念，没有要求被交换的物品在价值上应相等。随着生产的发展和日趋专门化，交换的东西越来越多，交换不仅仅局限于双方，有时还涉及第三方、第四方，为了使交换的各方都能获得需要的物品，出现了等价交换物。最初的等价交换物，是在某一地区内大家公认的牲畜或某种物品，如金属、贝壳、盐等。后来有了货币。接着出现了一个不从事生产而只从事产品交换的阶级——商人。商品生产和商人的活动加速了私有制的发展。随着私有制的出现，阶级也产生了。为了生产出更多的剩余产品，减轻自己的劳动，人们要求吸收新的劳动力。人们不再把战争中的俘虏杀死，而是把他们变成奴隶。起初，奴隶只是生产劳动中的助手，是集体的财产，待遇和主人也不是相差很大。随着劳动生产率的增长，人的劳动力价值的提高，奴隶劳动在生产中的地位上升，主人对奴隶的剥削和奴役也愈益加重，奴隶被成批赶到田野和工场去劳动。奴隶制成为社会制度的一个本质的组成部分。私有制的产生和发展，使氏族内出现财产分化，产生了富人和穷人的差别。有的家族利用传统的优越地位，占有较好的土地或较多的牲畜、奴隶，成为氏族的“名门”、“望族”。这些富有家族往往掌握氏族、部落内部的权力，形成氏族贵族。这样，在氏族社会中，不仅存在自由人和奴隶的差别，还出现富人和穷人的区别。

（资料来源：方宗熙. 古猿怎样变成人[M]. 北京：中国青年出版社，1990.）

案例点评

历史观问题是哲学的重要问题。材料 1 是在神学历史观下论述的人类起源与人类社会发展问题。神学历史观认为，神的意志是全部社会历史的决定力量，人类社会从起源到发展一切都出自神的安排。例如，“上帝造人说”和“女娲造人说”。与历史唯物主义不同，“神学历史观”是从神灵崇拜来解释人类社会的一切，认为历史是神的意志的体现，人类社会的起源、变化都是在神意支配之下发生的。神学历史观在历史上曾经具有很大的影响，即使在今天其影响仍然存在。

材料 2、材料 3 是在唯物历史观下来认识人类起源与人类社会发展问题。材料 2 是科学家通过大量的实证考察、分析与证明得出的人类起源与进化的科学结论，说明人类是从最简单、最原始的生命形式发展而来，人类是自然界长期发展的产物，从而为历史唯物主义的产生提供了科学依据。同时，科学家本身的科学活动就是在人类起源与进化问题上坚持了唯物主义。材料 3 中的历史学家指出，原始社会生产力低下，所以没有私有财产，也不会产生私有观念。生产力水平的提高为私有制的产生创造了条件。随着私有制的产生，阶级也产生了，于是出现了奴隶制。显然，历史学家们用生产力的发展来解释私有制、阶级、奴隶制的产生，这是唯物史观的体现。

案例 2

关于社会发展动力

材料 1：在古罗马，到处都有大规模使用奴隶劳动的大庄园，奴隶被称为“会说话的工具”。奴隶主为了取乐，建造巨大的角斗场，强迫奴隶成对角斗，手握利剑、匕首相互拼杀。一场角斗戏下来，场上留下的是一具具奴隶的尸体。奴隶主的残暴统治，使得奴隶一再发动武装起义。公元前 73 年，爆发了世界古代史上最大的一次奴隶起义——斯巴达克斯起义。斯巴达(Sparta，公元前 7 世纪末—公元 396 年)古代希腊的重要城邦，史称拉凯达伊蒙，位于伯罗奔尼撒半岛南部的拉科尼亚。斯巴达克斯是巴尔干半岛东北部的色雷斯人。罗马进兵北希腊时，斯巴达克斯在一次战斗中被罗马人俘虏，卖为角斗士奴隶，送到卡普亚城一所角斗士学校接受角斗士训练。在角斗士学校，斯巴达克斯向他的伙伴们说：“宁为自由战死在沙场，不为贵族老爷们取乐而死于角斗场。”角斗士们在斯巴达克斯的鼓动下，夺取武器武装自己。许多逃亡奴隶和农民纷纷前来投奔，起义队伍很快就由 70 余名角斗士发展成为约 1 万人。经过多次战斗的胜利，公元前 72 年年初，斯巴达克斯军队已增加到 6 万人。他将部队开向阿普利亚和路卡尼亚，在那里人数达到 12 万。斯巴达克斯按照罗马军队的形式对起义部队进行了改编，组织训练，制造武器，并制定了严格的兵营和行军生活规章，不久就控制了整个坎佩尼亚平原。起义规模的不断扩大震惊了罗马元老院，派遣以执政官楞图鲁斯和盖里乌斯为首的两支军队讨伐斯巴达克斯。这时，起义军内部产生了分歧。3 万人的队伍脱离了主力部队，在伽尔伽努斯山下(阿普利亚北部)被罗马军队击溃，2 万人战死。斯巴达克斯率军接应后继续北上。公元前 72 年，斯巴达克斯的军队在齐扎尔平斯高卢省(北意大利)的摩提那会战中，击溃了卡西乌斯总督的军队。罗马统治集团惊慌失措，宣布国家进入紧急状态，最后选大奴隶主克拉苏斯统率大军，镇压起义军。公元前 72 年秋，斯巴达克斯的军队在意大利布鲁提亚半岛(今卡拉布里亚)集结，但渡过墨西拿海峡的计划未能实现。这时，克拉苏斯在起义军兵营后方构筑工事，切断了起义军撤回意大利的后路。在突击中，斯巴达克斯的军队损失了约 2/3。不久，斯巴达克斯的军队很快得到补充(达 7 万人)，于公元前 71 年春试图以突袭的方式占领意大利南部的主要港口——布林底西，乘船渡海驶向希腊，进而到色雷斯(今保加利亚、土耳其的欧洲部分)。罗马元老院分别从西班牙和色雷斯将庞培的大军和路库鲁斯的部队调来增援克拉苏斯。为了不让罗马军队会合，斯巴达克斯快速将部队开向北方，决定对克拉苏斯的军队发起总决战。在阿普里亚省南部，斯巴达克斯军队以少对多，在罗马军队的疯狂围攻下，6 万名起义者战死，斯巴达克斯也壮烈牺牲。6 000 名俘虏被罗马人钉死在从罗马城到加普亚一路的十字架上。但是，一些分散的起义队伍在意大利许多地区仍然坚持战斗达 10 年之久。轰轰烈烈的斯巴达克斯起义虽然最终归于失败，但它沉重地打击了奴隶主统治阶级，加剧了罗马奴隶制的危机，促使罗马政权由共和制向帝制过渡。更重要的是，斯巴达克斯起义极大地动摇了罗马奴隶制基础。奴隶主被迫对剥削奴隶和经营田产的方式作出某些改变，并开始改变控制奴隶的方法和对奴隶的态度。他们尽量收买不同种族的奴隶，避免把同族的奴隶集中使用，提防他们联合在一起。奴隶主开始把土地分成小块，交给奴隶耕种，奴隶可以分享一部分收成，奴隶就在这样的方式下开始演化为"隶农"，同时被释放的奴隶数目也渐渐增多。这种情况到公元 1 世纪后就更为普遍。斯巴达克斯起义对奴隶解放与自由运动是一次巨大推动，在人民群众争取社会解放的斗争史上留下了不可磨灭的印迹。

材料 2："Nether land"的意思是"低洼的土地"，指位于欧洲大陆北部偏东的北海沿岸地区和莱茵河、马斯河、柴尔德河下游的冲积地带和北海沿岸一带地势低洼的地区。这一地区包括现在的荷兰、比利时、卢森堡和法国的一部分。尼德兰在中世纪初期是法兰克王国的一部分，法兰克王国分裂之后它分属于德意志和法兰西。16 世纪时，通过婚姻和继承关系，这个地区又归属于西班牙王室。16 世纪的尼德兰是欧洲经济最繁荣和人口最稠密的地区，封建制度解体并且资本主义因素迅速发展。在它的 17 个省区中，北部的荷兰省、西兰省和南部的佛兰德斯省、布拉奔省工商业最发达。与同时期欧洲其他国家相比，尼德兰都市化的程度最高。它拥有相当数量的城镇，荷兰省人口的半数是城市居民，佛兰德斯省和布拉奔省的城市居民也占 33%～40%。毛织和麻织业是尼德兰中世纪以来传统的手工行业，莱顿和纳尔登等城是北部重要的纺织中心。除纺织业外，北部还以造船、航海和捕鱼业著称。南部这时兴起的制糖、制皂、印刷和冶金业也达到了较高的水平。手工工场制在各行业中广泛发展，逐渐取代行会作坊的生产，以毛纺织业最为突出。阿姆斯特丹、密德尔堡、符利辛根、发隆西纳和蒙斯等都出现了集中形式的呢绒手工工场，洪得斯霍特城的工场规模尤其大，大大提高了生产率。此外，还有分散和混合形式的手工工场。其他行业如捕鱼业也按资本主义方式经营，商人和企业主集资组织大捕鱼公司，建造船只，雇用水手和渔夫为他们工作，仅阿姆斯特丹一地，每年就驶出渔船上千艘，获得了巨额利润。在农村，南北经济发达的省份土地关系发生了深刻变化，农奴制早已废除。在北部的荷兰省和西兰省，大部分耕地已转入富商和大资产阶级的手中，他们或者直接经营农场、牧场，或者以短期租佃的方式将土地分租给为数众多的自由农耕种，收取货币地租。有的封建主也采取新方式经营土地，成为新贵族。这些省区农业商品化的程度较高，已出现了商品农业区，生产大量的粮食、亚麻、茜草染料和畜产品以供应城市的需要，牲畜、奶油和干酪等还供出口。南部的佛兰德斯省和布拉奔省，封建关系已被各种半资本主义的租佃关系所取代，也出现了一些资本主义农场。不过，南部有相当部分地区经济发展比较落后，封建主仍然掌握着大部分土地，与土地所有权相联系的种种封建特权还保留着，农民没有完全摆脱封建依附关系。在边远地区，封建农奴制还很牢固。16 世纪的西班牙是一个资本主义不发展的国家，封建统治十分牢固。西班牙对尼德兰严密控制，实行专制统治。西班牙的尼德兰总督拥有最高行政、司法、财政权力，任意破坏尼德兰各省区和城市的特权，无休止地横征暴敛，还设立宗教裁判所，残酷迫害新教徒。西班牙的经济掠夺扼杀了尼德兰的资本主义工商业，并使大批群众破产。西班牙的尼德兰总督所推行的专制暴政带有民族压迫的性质，它压抑了资产阶级的发展，劳动群众也深受其害。西班牙在经济上还推行了使尼德兰遭受致命打击的措施：1557 年的西班牙国家破产令颁布后，禁止尼德兰商人进入美洲殖民地经商；1560 年宣布提高西班牙羊毛的进口税额。结果造成尼德兰信贷系统混乱，银行破产，商业萎缩，呢绒手工工场倒闭，繁荣的尼德兰顿时陷入经济萧条的局面。这一切严重触犯了资产阶级和部分贵族的利益，工人面临失业挨饿，农民的生活也暗无天日。尼德兰的社会矛盾达到了激化状态，到处都酝酿着反抗情绪。1566 年 8 月 11 日，大规模的起义首先在佛兰德斯的一些工业城市发生，以天主教会作为主要打击目标。起义来势迅猛，几周内就波及布拉奔省、荷兰省、西兰省、弗里斯兰省等12个省区。后来，由于贵族和资产阶级退出运动，起义失败。西班牙军队进入尼德兰，采用残暴的手段对付群众，整个尼德兰变成屠场，大约8 000人被处死。为使金钱不断流入西班牙，1571年西班牙任命的新总督阿尔伐颁布新的课税令。新税令的实施使尼德兰的经济面临全面崩溃，西班牙的血腥统治和掠夺政策迫使10万商人、农民和手工业者逃亡国外。尼德兰资产阶级分子多次攻打西班牙军队，结果都失败了。当贵族逃亡国外的时候，工人、农民、手工业者和一部分革命的资产阶级分子，展开了武装斗争，反抗西班牙的残暴统治。尼德兰南方的农民和平民进入佛兰德斯森林，组成森林游击队，袭击西班牙军队。北方的渔民、水手和码头工则组成称作"海上乞丐"的游击队，在沿海一带袭击西班牙的船队和据点，使西班牙在尼德兰南北方的统治都受到牵制。1572年4月1日，海上游击队攻占了西兰省的布里尔城，这成为北方各省普遍起义的信号。荷兰省和西兰省各城市大都爆发了起义，荷兰省和西兰省首先从西班牙的统治下解放出来。尼德兰资产阶级迅速建立军队，领导起义群众，建立城市政权。1572年7月，尼德兰召开各省代表大会，讨论成立联合政权的问题。到1573年年底，北方事实上已脱离西班牙成为一个独立的国家。北方的胜利推动了南方的斗争，1576年9月4日，布鲁塞尔城首先爆发起义。尼德兰资产阶级军队在城内平民的支持下，攻占了国务委员会大厦，西班牙在尼德兰南方的统治被推翻。接着，尼德兰南方同北方达成协议，宣布恢复尼德兰的统一和各城市原有的特权。这个协定称为"根特协定"。1578年，尼德兰南方的贵族与西班牙势力勾结，南方城市革命政权先后被逐个击破。1585年，安特卫普城陷落，尼德兰南方的革命最后失败，西班牙政府重新掌握了南方的政权。尼德兰资产阶级革命在南方节节失败的同时，在北方却完全胜利。1579年1月23日，北方各省代表在乌特勒支城集会结盟，宣告永不分裂，史称"乌特勒支同盟"。1581年7月26日，尼德兰的奥兰治亲王在海牙召集联合省代表大会，宣布废黜腓力二世，正式脱离西班牙，成立独立的尼德兰联省共和国，简称荷兰共和国。1609年4月，西班牙同荷兰签订为期12年的休战协定，事实上承认荷兰共和国独立。1648年，在《威斯特伐利亚和约》中，荷兰共和国正式得到国际承认。尼德兰革命是以反对西班牙专制统治的民族独立运动为表现形式的资产阶级革命，是人类历史上第一次成功的资产阶级革命。它推翻了代表封建势力的西班牙政权和天主教会在尼德兰的统治，沉重地打击了欧洲的封建势力，在欧洲建立了第一个资产阶级共和国，为资本主义的发展开辟了道路，促进了尼德兰资本主义经济和生产力的发展。

（资料来源：米辰峰．世界古代史[M]．北京：中国人民大学出版社，2001．
李红庆．世界近现代史[M]．北京：高等教育出版社，1999．）

案例点评

材料1叙述了世界古代史上最大的一次奴隶起义，使得古罗马奴隶制开始发生一些有利于奴隶的变化。奴隶起义是阶级斗争的重要表现形式，斯巴达克斯起义说明阶级斗争是阶级社会发展的直接动力。材料2的尼德兰革命是西方最早的资产阶级革命。尼德兰是当时西欧资本主义最发达的地区之一，而统治尼德兰的西班牙则是西欧封建势力的主要堡垒之一，两者之间存在着根本矛盾。这样，在尼德兰就出现了资本主义与封建主义、资产阶级与封建统治者之间的矛盾。随着尼德兰资本主义的发展，这些矛盾越来越激化，最终导致革命的爆发。在革命中，尼德兰资产阶级领导下层人民与西班牙封建统治者进行了激烈的武装斗争，最终推翻了西班牙的封建统治，建立了资产阶级共和国，促进了尼德兰资本主义的发展。材料2充分说明，生产力决定着社会的发展方向，社会基本矛盾运动推动着社会发展，它们的矛盾运动导致阶级矛盾激化，并通过阶级斗争和社会革命的方式表现出来，社会革命是历史发展的火车头。

案例3

关于人民群众创造历史

材料1：金字塔是古代埃及法老的陵墓，被列为古代七大奇观之首。相传，古埃及第三王朝之前，无论是王公大臣还是老百姓死后，都被葬入一种用泥砖建成的长方形的坟墓，古代埃及人叫它“马斯塔巴”。后来，有个聪明的年轻人叫伊姆荷太普，在给埃及法老左塞王设计坟墓时，发明了一种新的建筑方法。他用山上采下的呈方形的石块来代替泥砖，并不断修改修建陵墓的设计方案，最终建成一个6级的梯形金字塔——这就是我们现在所看到的金字塔的雏形。埃及金字塔中，最大的一座是古王国第四王朝(约前2613—前2498年)法老胡夫的金字塔。胡夫大金字塔原高146.5米，四边各长230米。整个塔身由230多万块石头叠成，平均每块石头重达2.5吨。每块石头全经细工磨平，石块之间没有施泥灰之类的黏着物，完全靠着石块本身的重量紧紧压在一起，以致连一片小刀都插不进去。胡夫大金字塔至今已历时近5 000年，塔基还十分牢固，其外形并没有发生明显倾斜，棱角的线条仍然清晰可见。胡夫大金字塔不仅外观雄伟，而且塔内结构复杂，有甬道、石阶、墓室和附属庙堂，墓室的四壁还饰有雕刻绘画等艺术珍品。另外，在大金字塔身的北侧离地面13米高处有一个用4块巨石砌成的三角形出入口。这个三角形用得很巧妙，因为如果不用三角形而用四边形，那么100多米高的金字塔本身的巨大压力将会把这个出入口压塌，而用三角形就能使那巨大的压力均匀地分散开。在4 000多年前对力学原理有这样的理解和运用，能有这样的构造，确实是十分了不起的。那么，金字塔是如何建造的呢？以胡夫金字塔为例。胡夫金字塔是用上百万块巨石垒起来的，每块石头平均有2吨多重，最大的有100多吨重。这些巨石是从尼罗河东岸开采出来，既无吊车装卸，也无轮车运送。根据希罗多德的记载，建造胡夫金字塔的石头是从“阿拉伯山”开采来的。不过我们现在知道，石头多半是本地开采的，修饰其表面的石灰石，是从河东的图拉开采运来。在那时开采石头并不容易，因为当时人们并没有炸药，也无钢钎。当时埃及人是用铜或青铜的凿子在岩石上打上眼，然后插进木楔，灌上水，当木楔子被水泡胀时，岩石便被胀裂。这在4 000多年前却是很了不起的技术。将石头从采石场运往金字塔工地也极为困难。古代埃及人是将石头装在雪橇上，用人和牲畜拉。为此需要宽阔而平坦的道路，据说修建运输石料的路和金字塔的地下墓室就用了10年的时间。在建造胡夫金字塔时，胡夫强迫所有的埃及人为他工作。他们被分成10万人的大群来工作，每一大群人要劳动3个月。这些劳动者中有奴隶，但也有许多普通的农民和手工业者。古埃及奴隶借助畜力和滚木把巨石运到建筑地点，然后又将场地四周天然的沙土堆成斜坡，把巨石沿着斜坡拉上金字塔。就这样，堆一层坡，砌一层石，逐渐加高金字塔。建造胡夫金字塔花了整整30年的时间。此外还有“外星人帮助说”和一位叫戴维·杜维斯的法国化学家的“混凝土浇筑说”。关于金字塔的建造，直到今天仍然是一个没有完满答案的谜。但无论如何，修建金字塔一定是集中了古代埃及人的所有聪明才智，因为它需要解决的难题肯定是很多的。所以我们才说金字塔是古代埃及人民智慧的结晶，是古代埃及文明的象征，充分显示了古代埃及劳动人民的聪明才智、精湛的艺术技巧和高超的建筑才能。

材料2：淮海战役是中国人民解放军历史上一次重要的战役。由于它用兵多，战区广，时间长，规模大，所以战役中的粮食和物资消耗大大超过一般的战役。以粮食为例，战役发起时，每天需要供给原粮300万斤，随着战役的进展，参战部队和民工的每天吃粮，增加到400万斤之多。这么多的粮食，都是由后方人民节衣缩食、踊跃支援的。因为，淮海地区是敌人长期掠夺和连年水害的灾荒地区，群众生活贫苦，粮食负担力薄弱，战地一般不征粮，主要向后方人民筹集粮食。粮食筹集后，再由民工从山东、江苏、安徽、河南、河北等遥远的地区运送到前线，中间要经过多次转运，通过多种运输方式，使用多种运输工具，才能运到目的地。淮海战役发起前后，在华东地区共建立了7条运输干线。为了科学地组织和安排民力，以适应支援大规模战争的需要，保证粮食和物资及时从后方运往前线，华东支前委员会下专门设立了民站部，各地区、各县、各区也都设立了民站领导机关，负责组织管理民站的工作。在华中，是在华中支前司令部的民力动员部下设立民站科。在这些干线上，每30华里设一个民站，民站与民站之间设一个茶水站。淮海战役期间，华东地区共设立197个民站。这些民站在支援前线工作中发挥了重大作用。它负责过往民工的吃饭和住宿，以及粮草的补给、伤员的治疗、工具的修理等一切具体问题，解决民工行军中的各种困难。通过民站，将几百万名民工、几十万辆小车，调理得有头有绪，该来的来，该去的去，该休息的休息，该吃饭的吃饭，谁把粮送来，又是谁来接替，都安排得秩序井然。在运送粮弹的过程中，民工们历尽艰辛，英雄辈出。例如民工们运送山东鲁中南一分区的粮食到前线部队，先要用小车运到泰安，再由火车运到兖州，再用小车运到济宁，再用船运到韩庄，再由火车运到徐州，再用汽车运到肖县，从肖县用小车送到随军粮站，最后用小挑送到前线部队，中间要经过8次转运手续，经过无数个民站，才将分散在泰安附近的粮食送到前线部队。山东莒沂县民工用400辆小车运送11万斤白面上前线，路过新区时一时筹集不到吃粮，干部让民工们吃车上的白面，民工们一致拒绝。他们宁可自己挨饿，却丝毫未动车上的白面。宿迁县大兴区一个907辆小车的运粮队，冒着风雪，踏着淤泥、薄冰，走完了400里风雪淤泥路，圆满地将粮食送到了目的地。河南民工窦方志，带领238个民工，连续4次，冒着冰雪往返400里，用肩膀把2.1万斤面粉扛到前线。后方广大人民，就是以这种顽强的革命精神，将战役所需的大批粮弹、物资送到前方阵地。仅粮食一项，用小车装运，每车装200斤，把这些小车排成行，可以排成从南京到北京距离的5倍。淮海战役期间，后方人民用这种落后的运输工具，克服了无数困难，将300多万吨弹药物资、5.7亿斤粮食、150万斤油盐、86万斤猪肉，及时运到了前方，满足了战争的需要，直到战争结束时，我军前线还存有1.4亿斤粮食。1949年9月，中原野战军(此时已改为第二野战军)在关于围歼黄维兵团作战中的支援前线与后勤工作总结中，高度评价了人民支前运动。总结中说：这次作战中的物资供应，是达到较完满之要求的，无论在粮食弹药的接济还是医术救济诸方面，都未感到意外的特殊困难，这是此次作战胜利的有力保障，没有这种保障，要想取得这次完满的胜利，是不能想象的。

（资料来源：米辰峰. 世界古代史[M]. 北京：中国人民大学出版社，2001.）

案例点评

本案例中，材料1介绍了著名的金字塔。作为古代文明中的精华，其建造之精巧即使在科学技术如此发达的今天也令人叹为观止，它们的修建显示了古代劳动人民的智慧，说明了社会物质财富的真正创造者是人民群众。材料2通过"淮海战役中的人民群众"大量的事例和数据，说明了广大人民群众对于革命战争的支持和贡献。从这些数据和事例中我们可以看出人民群众对于战争的巨大影响。可以说，没有广大人民群众的支持和贡献，就不会有革命战争的胜利。相反，国民党军队在淮海战役中的失败，不仅仅是军事上的失误所致，在很大程度上也是由于得不到人民群众的支持。

五、实践项目

项目1

读　书　会

方案

根据教材《马克思主义基本原理概论》第三章的教学重点与难点，本次原著选读将推荐马克思与恩格斯合著的《德意志意识形态》，学生可节选其中一段、一部分展开阅读，并写出读书笔记或读书心得，阅后纳入平时成绩。

时间

教学第十一周(或双休日)。

地点

阶梯教室。

流程

(1) 指导教师结合马克思主义基本原理的相关理论和教学目的，布置读书章节及思考题。例如，著作是如何阐述历史唯物主义基本原理的？其基本内容是什么？社会基本矛盾对于社会发展具有什么样的作用？

(2) 将学生分成若干读书小组，分解任务，确定小组负责人。

(3) 小组负责人带领学生按问题或读书内容进行研读，写读书笔记。

(4) 召开读书座谈会，每个小组至少选出3名同学陈述读书成果，分享读书心得。

评价：根据学生表现计入平时成绩。

项目2

社　会　调　查

方案

本章我们学习了马克思主义的科学实践观，同学们不仅要理解其理论的基本内容与基本内涵，还要领会其精髓，最重要的是，要尝试着运用我们学习该理论的某些心得来指导我们的学习生活。目前同学们获取知识的最主要渠道就是课堂与书本，我们可以结合本专业中到某一理论，选一个题目来进行社会调查，可以独立进行，也可以自行编组集体进行。调查后，说明一下，现实中的该知识点是一个什么样的具体情况，与自己的理解有何偏差，与书本中的理论有多大差距；总结一下，你对该知识理论有何深入的或者不同的认识；思考一下，实践对于学生获取知识与课堂理论学习相比有何不同。调查过程中，要求学生做好调查数据的记录，并最终形成报告。

时间

五一假期或暑假。

地点

在自己家居住地附近选择两个或两个以上的城市或乡镇，要求这两个地方须以不同的产业定位而著称，如黑龙江省地界的鹤岗市(煤城)、大庆市(石油城)、伊春市(林都)、依安县(农业县)等。

流程

(1) 指导教师结合马克思主义基本原理的相关理论和教学目的，布置考察题目——寻找"物质生产及生产方式是社会历史发展的决定力量的原理"的现实论据，制定考察提纲及考察内容：根据物质生产及生产方式是社会历史发展的决定力量的原理，假期选择到几个地方做实地考察，来实际论证和认识这一原理的科学性。第一，物质生产及其生产方式是人类社会赖以存在和发展的物质基础，是人类其他一切活动的首要前提。第二，物质生产及其生产方式决定着社会的结构、性质和面貌，制约着整个社会生活、政治生活和精神生活。第三，物质生产及生产方式的变化发展决定整个社会历史的变化发展，决定社会形态从低向高的更替和发展。

(2) 按地域划分考察小组，分解考察任务，选举小组负责人。

(3) 撰写调查报告。调查论据需有具体数据支持，依据论据得出结论，结论与考察目标是否一致或者得出相反的结论。

(4) 电话监控或实地监控学生考察日程及考察效果。

(5) 提交调查报告，组织专家评选优秀报告。

评价：召开考察成果总结会，表彰优秀报告及优秀考察团队，计入平时成绩。

项目3

实 事 评 论

方案

结合本章节学到的马克思主义的基本理论、方法和观点，如辩证唯物主义的观点或者马克思主义科学实践观的视角，对历史实事或当前国内外实政、社会热点问题作出评论与分析，题目自拟。

时间

利用学生团活、业余社团时间或者实践教学专题时间。

地点

大学生活动中心或各院会议室、活动中心等。

流程

(1) 确定评论主题——"'人肉搜索'利大于弊(或弊大于利)"科学技术的两重性的认识;选择班级,布置活动任务。

(2) 提出活动原则及活动要求。

(3) 指导学生如何做辩论准备工作。

(4) 聘请任课教师、辅导员、团领导做评委,开始组织活动。

(5) 做好活动的宣传和总结工作。

评价

奖励优胜学生团队,计入平时成绩。

项目 4

课程小论文

方案

题目由学生自行拟定;内容上对学习本课感悟与心得予以总结;字数在 1 500 左右。阅后可纳入平时成绩。

题目

小议精英人物对于社会发展所起的作用——关于自我价值实现的思考。

第四章　资本主义的形成及其本质

一、知识提要

运用马克思主义辩证唯物主义和历史唯物主义基本原理，对资本主义生产方式产生的历史必然性进行深入分析，认识私有制商品经济的基本矛盾和一般规律，从资本主义生产剩余价值的绝对规律中把握资本主义生产方式的本质，认识资本主义政治制度和意识形态的实质，正确评价资本主义的历史地位。

马克思主义的劳动价值论揭示了商品经济的本质及其运动的一般规律。建立在商品经济充分发展基础上的资本主义，其生产方式的本质和运动规律都是以剩余价值的生产为核心，剩余价值理论阐明了资本主义生产方式产生、发展和灭亡的历史必然性，为科学社会主义理论奠定了坚实的基础。资本主义的政治法律制度和意识形态，受资本主义经济基础决定并反映资本主义经济基础的本质特征，在其具有历史意义的同时，也必然存在着自身无法克服的局限性，资本主义由发展到灭亡并最终被社会主义所取代是历史的固有趋势。

二、重点搜索

重点 1：知识、信息、科技、管理等在价值形成和价值创造中的作用

对知识、信息、科技和管理等要素在价值形成过程中的作用的认识，存在着不同的观点。

一种观点认为，对价值形成和价值创造要进行合理区分，因为这些因素对价值的作用是在价值形成和价值创造两个不同的层次上发挥着不同形式的作用的。在价值的形成过程中，知识、信息、科技的作用是以提高劳动对象和劳动手段的效率来发挥的；在价值创造过程中，劳动者在掌握和运用新知识、新技能的前提下，必将大大提高劳动效率，提高管理和服务水平，因而使单位商品中的劳动成本得以降低。

另一种观点则认为，科技和管理劳动本身就是价值创造的主体。随着经济的发展，科技和管理水平在价值创造过程中的作用越来越明显地表现出来，往往是含有科学技术知识越多的劳动越能创造更多的价值。随着生产的发展，社会化程度越来越高，分工协作也越来越发达，尽管有脑力劳动与体力劳动的分工，但参与总体劳动的不同职能的劳动都直接或间接地成为生产劳动的一部分。正如马克思所说的那样：有的人多用手工作，有的人多用脑工作，有的人当经理、工程师、工艺师等，有的人当监工，有的人当直接的体力劳动者或者做十分简单的粗工，于是劳动能力越来越多的职能被列在生产工人的概念下；随着劳动过程本身的协作性质的发展，生产劳动和它的承担者（即生产工人）的概念也就必然扩大。马克思所说的总体工人包括在生产现场直接操纵和管理自动化装置的工人，也包括不在现场的工程

技术人员和管理人员，他们都直接或间接地作用于劳动对象，都成为生产劳动者。在现代社会的自动化生产中，主要以体力劳动形式参与生产的工人比重大为减少，而以脑力劳动为主的科技人员和管理人员的比重则大为提高，复杂劳动所占的比重大大地取代了简单劳动，并且比简单劳动创造出更大的价值。然而，科技人员劳动所创造的价值不能等同于科技本身创造的价值，科技人员的劳动是一种活劳动的形式，科学技术作为人类劳动的成果是一种物化劳动的形式。由此说明，商品的新增价值只能由活劳动所创造，物化劳动形式的科学技术本身是不能够创造新价值的。

科学技术作为先进生产力的集中体现和主要标志，在转化为现实的生产力时，分别作用于生产力中的物的因素和人的因素：物的因素包括劳动资料和劳动对象，人的因素包括工人、管理人员、科技人员。在因科学技术发展进步而不断增加的商品价值中，不是科学技术本身创造出新价值，而是掌握和运用着科学技术的劳动者的活劳动创造价值。

重点 2：正确认识生产自动化条件下剩余价值的生产

雇用工人的劳动是分为两部分的，一部分为必要劳动，生产出劳动力的价值，用以补偿资本家支付给工人的工资；另一部分为剩余劳动，生产出剩余价值，为资本家无偿占有。所以，剩余价值就是由雇用工人创造的，超出劳动力之外的被资本家无偿占有的那部分价值。它是由雇用工人的剩余劳动凝结而成，体现了在资本主义生产资料私人占有制基础上的资本家与雇用工人之间的剥削与被剥削关系。

随着第三次科技革命的展开，主要资本主义国家的工业生产迈向社会化大生产的自动化阶段，电子计算机、数控机床等自动化装置普遍用于生产过程中，使生产的效率和水平达到前所未有的新高度，使人的体力和脑力越来越从繁重的劳动中解放出来。其主要表现为：工业机器人被广泛地应用在许多生产过程中，替代了工人艰辛的劳动；程序控制手段用于操纵机器，使从设计到制造的全过程中工人的体力和脑力都得到大量的节省；自动化生产线广泛使用，直接进行操作的工人数量大大减少，甚至出现了少数的所谓“无人工厂”。对此，一些资产阶级经济学家提出科学技术“成为独立的剩余价值源泉”的说法，认为马克思主义剩余价值学说已经不再适应于现代资本主义了。这种论调是错误和有害的。生产的自动化意味着生产剩余价值所使用的生产手段更加先进了，但无论是机器人、自动化生产线还是“无人工厂”，在资本主义条件下，它们的本质依然是物化劳动或不变资本的实物形式，它们的价值在工人生产它们的时候形成，在利用它们参与其他产品的生产时，只是把原有的价值转移到新产品中去，而不会创造新价值，更不会创造剩余价值。在生产自动化程度很高的情况下，直接从事生产劳动的工人相对减少，而从事科研、技术、设计和管理劳动的人员日益增加，“总体工人”中的脑力劳动的比重不断增加，劳动的复杂程度提高，劳动强度也以新的形式体现出来，从而构成生产力水平很高的新型劳动，在其他条件不变的情况下，这种劳动会创造出更多的价值和剩余价值。

总之，资本主义国家的生产自动化是人类社会科学技术进步的结晶，它的普遍采用使劳动生产率得到大幅度提高，使资本家获得比过去更多的剩余价值。资本主义条件下的生产自动化是资本家获得高额剩余价值的手段，而雇用工人的剩余劳动才是这种剩余价值的唯一源泉。

重点3：资本主义的历史进步性和历史局限性

不容否定，资本主义政治制度的形成和发展在人类社会历史的发展进程中曾经起过重要的进步作用。具体表现在：第一，资本主义的政治制度作为一种新型的上层建筑，在战胜封建社会自给自足的小生产的生产方式，保护、促进和完善资本主义的生产方式方面有着重要的作用，推动了社会生产力的大幅度发展，促进了人类社会的进步。第二，资本主义新型政治制度使人们摆脱了封建专制主义条件下的分封割据状态、等级压迫制度和人身依附关系，使人民群众享受到比封建专制主义条件下更多的社会政治自由和平等权利。人们的社会活动获得了有利的条件和广阔的空间，因而大大促进了人类的发展，促进了人类的进步。第三，资本主义的政治制度在历史发展进程中积累了丰富的政治统治和社会管理经验，对于带动社会全面进步同样具有积极的作用。

但是，以历史唯物主义的观点对资本主义进行辩证分析，就会发现其具有历史进步性的同时，也存在着自身无法克服的历史局限性。例如：资本主义民主是建立在资本主义私有制基础上的，是以维护资产阶级的阶级利益为前提的，是以保证资产阶级对人民群众的阶级统治为目的的；资本主义民主虽然给予民众一定的政治权利，但其根本目的是为了缓解阶级矛盾，消除被剥削阶级对剥削者的不满和反抗，因而它是有限的，是服务于资产阶级专政的民主，具有极大的欺骗性。再以资本主义国家的政党制为例，在表面上，资本主义的两党制或多党制允许工人阶级及其政党参与国家政治生活，甚至在工人阶级政党力量比较强大的国家还会出现工人阶级政党与资产阶级政党联合执政的情况，但是工人阶级政党参政的程度必然是受国家政权的资本主义性质制约，根本不可能出现由于工人阶级政党的参政从而改变资本主义国家的性质，使国家政权能够真正维护工人阶级利益的现象。因此从本质上说，资本主义国家的多党制仍然是资产阶级选择代表自身利益的国家管理者实现其内部利益平衡的政治机制。

对资本主义政治制度的认识应该坚持辩证批判的态度和方法。在长期的资产阶级政治统治过程中，积累了很多积极有效的统治经验，在其政治制度中会具有一些符合政治统治和社会管理一般规律的内容，我们对此完全可以加以借鉴和利用。但是，由于资本主义政治制度本质上是为资产阶级的根本利益服务的，是资产阶级进行社会统治和阶级压迫的政治工具，因此在它的政治制度建设与实施及各种理论、观点、立场、方法等方面，都必然带有深刻的资产阶级的阶级印记和阶级偏见，我们对此要进行深入的分析和批判。

三、深度阅读

《英国工人阶级状况》

写作背景

《英国工人阶级状况》是恩格斯写于1844年9月—1845年3月，在1845年5月在莱比锡出版的一部早期的重要著作。它是恩格斯在深入、细致实地调查的基础上进行科学研究的产物，“是世界社会主义文献中的优秀著作之一”。

该书的写作以英国当时的社会状况，特别是工人阶级的悲惨境遇为背景。英国是一个资本主义产生比较早的国家，18 世纪 60 年代开始发生产业革命，随后社会经济关系和阶级结构有了重大变化，形成了一个在总人口中占很大比重的强大的工人阶级。工人阶级以自己的辛勤劳动创造了巨额社会财富，但他们却一无所有，世世代代地靠出卖劳动力为生，生活日益贫困，经常受到失业、饥饿、死亡的威胁。由于这种低下的社会地位和恶劣的经济状况越来越难以忍受，工人以各种形式进行的反抗逐渐兴起，从盗窃和毁掉资本家的财产，发展到有组织的罢工、暴动及其他政治斗争。

工人阶级的悲惨处境及其抗争，引起了社会各阶层的广泛注意，为了解决这一全国性的社会问题，英国议会曾辩论和通过了各种提案，但无论是救济和改善的方法，还是迫害和镇压的手段，都无济于事。一些先进的思想家则较深刻地认识到了资本主义制度的某些弊端，提出了种种改良措施。但他们不是依靠无产阶级革命运动，而是幻想通过说服资产者和统治者，来实现自己的理想社会。与此同时，法国、德国等国家也出现了强大的工人运动和各种社会主义、共产主义思潮。当时，马克思和恩格斯已经成为坚定的唯物主义者和共产主义者，并着手创立科学社会主义。他们认为，社会主义不是某些善良的人的主观臆造，而是历史发展的必然结果，要通过以科学理论为指导的无产阶级革命运动来实现。因此，必须全面考察工人阶级的社会地位，总结其斗争经验，使他们真正认识到自己的历史使命，并为本阶级的彻底解放而自觉斗争。正是基于这种认识和目的，恩格斯写了《英国工人阶级状况》这部光辉著作。

《英国工人阶级状况》是建立在“根据亲身观察和可靠材料”基础之上的，本文从史料的角度来对它进行分析，实地调查和亲身观察是写作的源泉。恩格斯为了写作《英国工人阶级的状况》曾用 21 个月的时间对英国工人阶级的工作和生活状况进行观察、调查。恩格斯以必要的可靠材料来补充自己的观察，把档案材料也作为重要的第一手材料。恩格斯大量征引政治经济理论著作及对它们的评论资料，引用古典文献资料，通过运用这些材料来帮助他进行周密的论证。这些材料是为恩格斯创作的实践性、理论性、科学性服务的。

《英国工人阶级状况》一书通过对英国这一当时资本主义发展的典型形态的分析，初步揭示了资本主义的本质及其内在的深刻矛盾，论述了阶级冲突的经济根源和无产阶级产生、发展的历史过程，生动地描绘了英国工人难以忍受的生活状况和劳动条件，指出无产阶级的这种地位必然促使它去争取自身的最终解放。在这部著作中，恩格斯依据大量材料，极其严厉地控诉了资本主义和资产阶级，雄辩地证明了“无产阶级不只是一个受苦的阶级”，而且由于“它所处的那种低贱的经济地位，无可遏止地推动它前进，迫使它去争取本身的最终解放”。同时指出：“工人阶级的政治运动必然会使人认识到，除了社会主义，他们没有别的出路。”而“社会主义只有成为工人阶级的政治斗争的目的时，才会成为一种力量”。此书虽然还存在德国古典哲学的痕迹，但它所论及的无产阶级革命和社会主义等新思想、新观点，为科学社会主义奠定了坚实的基础。列宁认为这部著作是社会主义文献中最优秀的著作之一。

原著节选

我在二十个月的时间内有机会亲身观察到的曼彻斯特各工人区就是如此。如果把我们在这些地方游历的结果概括一下，我们应当说，曼彻斯特及其郊区的 35 万工人几乎全都是住在恶劣、潮湿而肮脏的小宅子里，而这些小宅子所在的街道又多半是极其糟糕极不清洁的，建造时一点也没有考虑到空气是否流通，所考虑的只是业主的巨额利润。总之，在曼彻斯特的工人小宅子里，既不可能保持清洁，也不可能有什么设备，因而也就谈不上家庭乐趣；在这些住宅里，只有那些日益退化的、在肉体上已经堕落的、失去人性的、在智力上和道德上已经沦为禽兽的人才会感到舒适而有乐趣。并不是我一个人这样说；我们已经看到凯博士也做了同样的描述。我再引证一个自由党人，厂主们所公认、所推崇的权威，一切独立的工人运动的死敌西尼耳先生的话来做补充。他说：

"当我参观爱尔兰城、安柯茨和小爱尔兰工厂工人的住宅时，使我感到惊奇的只是在这样的住宅里竟能保持一个勉强过得去的健康水平。这些城市——就面积的大小和人口的数目来说，这都是些道地的城市——在建造的时候，除了从事投机的业主的直接利益，就什么也没有考虑到。木作老板和建筑公司老板合买（亦即租若干年）若干地皮，在那上面盖上所谓的房子。在一个地方，我们看到一整条街都是沿着弯弯曲曲的沟建造起来的，因为这样一来，不用另外花钱挖土就可以得到较深的地下室，而这种地下室并不是用来做储藏室或仓库，而是用来给人住的。这条街上没有一所房子逃过霍乱的肆虐。这些郊区的街道通常都是没有铺砌过的，街心是一堆一堆的粪便，一摊一摊的死水；房屋是背靠背地建筑起来的，两所房屋共用一堵后墙，没有通风和排水的设备，整家整家的人都挤在地下室或阁楼的一个角落里。"

我在前面已经谈到曼彻斯特闹霍乱时卫生警察所表现的那种异乎寻常的积极性。当这种流行病到来的时候，城市中的资产阶级全都惊慌起来。他们忽然想起了穷人的那些不卫生的住宅，而且一想到每一个贫民窟都会成为传染病的大本营，瘟疫会从那里向四面八方传播，会侵入有产阶级的住宅，就吓得发起抖来。于是立刻委派了一个卫生委员会来调查这些区域，并且要它就这些区域的情况向市参议会做确切的报告。作为该委员会委员之一并特地调查了每一个警政区（第十一区除外）的凯博士从委员会的报告中摘出了几段。总共检查了6951所房子——当然只是在曼彻斯特本城，索尔福及其他郊区都不在内；其中2565所急需在内部加以粉刷，960所没有及时地做过必要的修理，939所没有足够的污水沟，1435所是潮湿的，452所通风不良，2221所没有厕所。在经过调查的687条街道中，248条没有铺砌，53条只是部分地铺砌过，112条通风不良，352条街道上都有死水洼、成堆的脏东西、废弃物等等。——不用说，要在霍乱到来以前把这些奥吉亚斯的牛圈打扫干净，那简直是不可能的。所以，人们只打扫了几个最坏的角落就算了，其余的仍然保持原状。自然，那些清扫过的地方过一两个月就又变得和从前一样脏了，小爱尔兰就是一个例子。至于这些房屋内部的情形，该委员会所报道的，和我们所听到的伦敦、爱丁堡及其他城市的情形是一样的。

"往往是整家的爱尔兰人挤在一张床上睡觉；往往是一堆肮脏的麦秸和一条用旧麻袋做成的被单就当做全家共用的被褥。这种家庭里的每一个成员都由于贫穷、迟钝和放荡而堕落下去。调查人员常常在一幢只有两间屋子的房子里发现两家人；一间是大家睡觉的，另一间用做公共的饭厅和厨房；常常甚至是几家人住在一间潮湿的地下室里，在这种乌烟瘴气的空气里挤着12～16个人。除了诸如此类的传染病来源，还要加上在屋子里养猪以及其他脏得令人作呕的事情。"

……英格兰人或英爱混血人居然想出办法来缝补这样的衣服，而且他们在这方面的技巧确实是惊人的：他们毫不费力地把呢子补丁或麻布补丁补在粗布上，或是把粗布补在呢子和麻布上，但是不久以前才迁来的真正的爱尔兰人却几乎从来不缝补他们的衣服，除非是万不得已即当它有破成几块的危险的时候才缝补一下。衬衣的破布通常总是从上衣或裤子上的窟窿里拖到外面来。正如托马斯·卡莱尔所说的，爱尔兰人穿的是“一身破烂的衣服，这种衣服脱下和穿上都十分困难，只有在节日或特别隆重的场合才这样做”。

爱尔兰人还带来了英格兰从前所没有的赤脚走路的习惯。现在，在一切工厂城市里都可以看到很多人，特别是妇女和小孩赤着脚走来走去，这种习惯在最贫穷的英格兰人中间也逐渐流行起来了。

饮食状况也和衣着一样，工人所得到的都是有产阶级认为太坏的东西。在英国的大城市里，各种最好的东西都可以买到，但是价钱很高；而工人必须用他那不多的几文钱来养家，他们是花不起这样多的钱的。……他们收买次货，而且正因为是次货，所以才能够卖得这样便宜。最贫穷的工人为了用不多的钱买必需的食品，哪怕是买质量很差的食品，也还不得不采取一种特殊的办法：因为星期六晚上十二点钟所有的商店都要关门，而星期日又完全停市，所以在十点到十二点的时候商店就把那些不能保存到星期一的货物以想象不到的贱价出卖。但是，这些到晚上十点钟还没有卖出去的东西，十分之九到星期日早晨就不能吃了，而最贫穷的阶级星期日的餐桌正是用这些东西点缀起来的。工人们买到的肉常常是不能吃的，但是既然买来了，也就只好把它吃掉。……——但是，英国工人不仅在物品的质的方面受骗，而且在量的方面受骗的也是他们。

……

最后，我们用不多的几句话把本章中所叙述的事实再概括地说一说。大城市里住的主要是工人，资产者和工人的比例至多是一比二，常常是一比三，有些地方是一比四。这些工人根本没有什么财产，全靠工资过活，工资几乎总是只够勉强糊口。这个一盘散沙的社会根本不关心他们，让他们自己去养家活口，但是又不给他们能够长期维持正常生活的手段。因此，每一个工人，即使是最好的工人，也总有可能失业，因而就有可能饿死，确实也有许多人饿死了。工人住宅到处都规划得不好，建筑得不好，保养得不好，通风也不好，潮湿而对健康有害。住户住得拥挤不堪，在大多数场合下是一间屋子至少住一整家人。至于屋子里有多少家具，那就随贫穷的程度不同而有所不同，最穷的连最必需的家具都没有。工人的衣服一般也是很糟糕的，在很多情况下只是一些破衣褴衫。食物一般都很坏，往往是几乎不能入口的，在许多场合下，至少是有时候，在量方面也不足，而在最坏的情况下就会饿死人。——这样，大城市里工人阶级的状况就表现为一个逐渐下降的阶梯：最好的情况是生活暂时还过得去，靠紧张的工作而挣得的工资也比较多，住的房子也不错，饮食一般还不算坏——说这一切是好的，过得去的，自然是从工人的眼光来看；最坏的情况是极端的贫困，直到无家可归和饿死的地步；但是一般说来，是更多地接近于最坏的情况，而不是接近于最好的情况。同时，并不是某一类工人就固定在这个阶梯的某一级上，不能说这一类工人生活得好，那一类生活得坏，更不能说过去是这样，现在是这样，将来也还是这样。不，就算有些地方是这样，就算某些工作部门大体上优越于其他工作部门，但是每一个部门里工人的状况仍然是极不稳定的，每一个工人都有可能通过这一整个阶梯，从相对的舒适转到极端的贫困，甚而至于饿死；几乎每一个英国无产者都能滔滔不绝地叙述他一生所遭受的不幸。

……

使工人道德沦丧的另一个根源就是他们的劳动的强制性。如果说自愿的生产活动是我们所知道的最高的享受，那末强制劳动就是一种最残酷最带侮辱性的痛苦。还有什么能比必须从早到晚整天地做那种自己讨厌的事情更可怕呢！工人愈是感到自己是人，他就愈是痛恨自己的工作，因为他感觉到这种工作是被迫的，对他自己说来是没有目的的。他为什么工作呢？是由于喜欢创造吗？是由于本能吗？决不是这样！他是为了钱，为了和工作本身毫无关系的东西而工作。他工作，因为他不得不工作，而且他要一连工作多少个钟头，单调得令人厌烦；如果他还保有些微人的感情的话，仅仅这一点就足以在最初几个星期内使他感到工作是一种痛苦。分工更把强制劳动所具有的使人动物化的这种作用增强了好多倍。在大多数的劳动部门里，工人的活动都被局限在琐碎的纯机械性的操作上，一分钟又一分钟固定不变地重复着，年年都是如此。如果一个人从童年起就每天有十二小时或十二小时以上从事于制针头或锉齿轮，再加上像英国无产者这样的生活条件，那么，当他活到三十岁的时候，也就很难保留下多少人的感情和能力了。这种情形在使用机器和蒸气动力以后也没有改变。工人的劳动减轻了，肌肉不需要紧张了，工作本身成了一些琐碎的事情，但同时也单调到了极点。这种工作不让工人有精神活动的余地，并且要他付出这样大的注意力，使他除了把工作做好，别的什么东西也不能想。这种强制劳动剥夺了工人除吃饭和睡觉所最必需的时间以外的一切时间，使他没有一点空闲去呼吸些新鲜空气或欣赏一下大自然的美，更不用说什么精神活动了，这种工作怎么能不使人沦为牲口呢？这样，工人还是必须在两条道路中选择一条：或者屈服于命运，做一个“好工人”，“忠实地”维护资产者的利益（如果这样做，他就势必要变成牲口），或者起来反抗，尽一切力量捍卫自己的人类尊严，而这只有在反抗资产阶级的斗争中才能做到。

原著解析

《英国工人阶级状况》着重阐明了以下几个问题。

第一，对工人阶级孕育、形成史的阐明。在“导言”中，恩格斯开宗明义地指出：“英国工人阶级的历史是从18世纪后半期，从蒸汽机和棉花加工机的发明开始的。”他首先介绍了使用机器之前纺纱织布在工人家中进行的情况，接着指出，珍妮纺纱机的诞生根本改变了这种状况，织工逐渐抛弃了自己的农业而专门织布，他们光靠工资生活。没有丝毫财产，甚至连虚假的财产也没有，这样，他们就变成了无产者。由此不仅引起了工业无产阶级的出现，而且也促进了农业无产阶级的产生。随后，“导言”用很大篇幅概述了近60年来英国工业的发展史，并说明了英国工人阶级伴随产业革命而形成的过程：机器代替手工工具，工厂代替作坊，中等阶级中的劳动分子变成工人无产者，从前的大商人变成了厂主，排挤了小资产阶级，并把居民间的一切差别化为工人和资本家之间的对立。这时工人阶级第一次真正成为居民中的一个稳定的阶级。

第二，对英国工人阶级极端恶劣的生活、工作状况的描述。这部著作的正文部分，详细、逼真地展现了英国工人阶级生活、工作中的悲惨情景。恩格斯首先就生活方面作了介绍。他指出：由于工业的发展，英国形成了许多大城市。这里是工人阶级最集中的地区，也最为明显地表现了他们的生活状况。在这里，“一小撮强者即资本家握有一切，而大批弱者即穷人却只能勉强活命”。“一方面是不近人情的冷淡和铁石心肠的利己主义，另一方面是无法形容的贫穷”。富人握有强有力的武器——资本,不断向穷人发起进攻,而穷人只能徒手战斗,孤立无援,承受着由贫穷所产生的饥饿、疾病和死亡。书中还具体反映了英国工人衣食住等方面的遭遇。英国工人阶级在精神生活方面更是极端匮乏,他们一切智力的、精神的和道德的发展都被忽视,生活毫无保障,挣一天吃一天的日子,对道德所起的破坏作用比贫穷还要厉害得多,酗酒、纵欲和犯罪盛行,工作方面,机器的采用不但使许多工人失业,而且因更多地使用童工、女工而大量排挤了成年男工。由于缺乏必要的安全设备,工业城市中,“除了许多畸形者,还可以看到大批的残废者”。书中还尖锐地揭示了工人受到非人待遇的社会根源,指出:正是英国社会把工人置于这种境地。“社会知道这种状况对工人的健康和生命是怎样有害,可是一点也不设法来改善,社会知道它所建立的制度会引起怎样的后果,因而它的行为不单纯是杀人,而且是谋杀。”

第三,对工人阶级反对资本主义制度斗争的详尽分析。这部著作没有停留于对资本主义和资产阶级的控诉,它明确地宣告了无产阶级的地位必然会推动其为求得自身解放而去推翻资本主义制度。书中在揭示了工人阶级反对资产阶级的斗争的经济根源之后较详细地分析了斗争形式的发展过程与必然结局。并指出,工人最早、最原始的反抗形式是犯罪。“但是工人很快就发觉这样做是没有什么好处的。罪犯只能个人单枪匹马地以盗窃来反对现存的社会制度;社会却能以全部权力来猛袭一个人并以占绝对优势的力量压倒他。”随着人口的集中,工人“开始感觉到自己是一个整体,是一个阶级;他们已经意识到,……联合在一起就是一种力量”。于是开始进行集体战斗,用暴力捣毁机器和工厂,“但是这种反抗形式也是孤立的,它局限于个别地区,并且只是针对着现存制度的一个方面。……工人们必须找出一种新的反抗形式”。它就是工会,工人借助它组织群众性的罢工,为提高工资而斗争,还配置了基金会,用金钱帮助失业工人。这种形式对工人有巨大的教育和鼓励作用,并“在很大的程度上加强了工人对有产阶级的仇恨和愤怒”。但此种形式也有局限性,即无力把工人从雇用奴隶制下解放出来。而只有工人阶级独立的政治运动才能实现这个伟大目标。书中说明,英国工人阶级反对资本主义制度斗争的最高形式是“宪章主义”运动,在宪章主义旗帜下,起来反对资产阶级的是整个工人阶级,他们向资产阶级保护自己经济利益的围墙——政权和法律进攻,因此已经将以前的经济斗争转变为政治斗争。但是由于宪章主义者目标狭隘和缺乏理论指导,这一斗争失败了。因此需要实现宪章运动和社会主义的结合。恩格斯在书中充满信心地宣告,工人运动除了社会主义以外,再没有其他出路,而社会主义只有当成为工人阶级政治斗争的目标时,才变成一种力量,“工人阶级才会真正成为英国的统治者”。从而点明了这部著作的主要思想。

第四,对现代社会两大对抗阶级斗争前景的预示。书中在详尽和深入剖析了英国资本主义社会的尖锐阶级对立之后,高度赞扬了英国无产阶级,阐明了其崇高的历史地位;严厉地批判了英国资产阶级,描述了其必然灭亡的历史命运。最后,恩格斯写道:“随着小资产阶级的不断破产,随着资本迅速地向少数人的手里集中,无产阶级的人数将按照几何级数增加起来,使整个民族,除少数百万富翁外,很快都成为无产阶级。”随着阶级分化的日益尖锐,反抗的精神日益深入工人的心中,个别的游击式的小冲突在扩展成较大的战斗和示威,因此“革命是不可避免的,要从既成的形势中找到和平的出路已经太晚了”,“即使资产阶级中有一部分人转到无产阶级方面来,即使资产阶级的习气普遍地改好了,也都无济于事”。因为整个社会矛盾发展的必然性不可逆转，整个资产阶级的本性也不可改变。

尽管该书是马克思主义尚未正式产生之前的一部早期著作，还有某些不成熟之处。但瑕不掩瑜，恩格斯的这部伟大著作是有着重要的理论与实践意义的。其理论意义，就是通过对英国社会状况、产业革命、阶级矛盾的详细分析，阐发了生产力推动历史发展，工业革命产生无产阶级，资本主义运动所衍生的阶级矛盾必然导致无产阶级革命和资本主义制度走向崩溃等思想，为唯物史观和科学社会主义的创立作出了贡献，大大推动了社会主义从空想到科学的发展。此外该书为马克思创立科学的政治经济学，完成巨著《资本论》，提供了许多观点和材料，对无产阶级政治经济学的创立也起了巨大的作用。从实践意义看，这部著作全面、深刻地揭示了无产阶级所处的低贱的社会地位和他们为彻底改变这种地位而斗争的必然性，在当时对提高无产阶级觉悟和推动国际共产主义运动，发挥了巨大的历史作用，成为国际无产阶级开展革命斗争的有力的思想武器。

四、案例解析

案例 1

1929 年经济大危机的黑色风暴

1929 年 10 月 29 日上午，美国纽约证券交易所大厅内外，你挤我拥，一片嘈杂混乱。脑满肠肥的富商大贾一个个脸色阴沉，忧心忡忡。当时钟的指针走到 10 时整，交易所正式开盘的铃声响了起来，得到的是一个令人恐怖的信息：股票暴跌！于是，人们纷纷往外抛售，开盘半小时内，便有 300 万股股票抛出来，收盘时，竟超过 1 600 多万股。股票价格一落千丈，创美国历史上的最高记录。这就是 20 世纪 30 年代资本主义世界经济大危机到来的信号。股票市场是个晴雨表，资本主义经济状况乃至政治气候的变化，首先从这里灵敏地反映出来。纽约股票市场的崩溃宣告了一场席卷整个资本主义世界的经济危机的到来。这是迄今为止资本主义发展史上最严重、最深刻、涉及范围最广、持续时间最长的一次经济危机。危机的发生，是长期积累的结果。

第一次世界大战后，各资本主义国家为了弥补战时的严重损耗和受到国外市场剧烈竞争的刺激，进行了大量固定资本更新，广泛采用新技术，使经济得到了恢复和发展。到 20 世纪下半叶，资本主义世界各国的工业生产几乎都超过了战前的水平。当时，美国是最“繁荣”的资本主义国家。它利用大战中膨胀起来的财力、物力，大规模地扩大生产，工业扶摇直上，成为资本主义世界的巨头。1913—1929 年美国工业生产共增加了 72.5%，生产总量超过了整个欧洲，在世界贸易中所占的份额由 11.1%上升到 14%，对外投资也由 1919 年的 70 亿美元，增加到 1929 年的 172 亿美元，还把全世界黄金储备的一半掌握在手中。

在这狂热的年代中，资产阶级大肆鼓吹“永久繁荣”的梦话。美国总统胡佛在 1929 年 4 月就职演说中高唱消灭贫困，说他会使美国工人每家锅里都有一只鸡，每间车房都有一辆汽车。

然而，繁荣的背后潜伏着矛盾和危机。企业的集中和新技术的采用不可避免地排挤了相当一部分受雇工人。企业经常开工不足。农业在整个20年代处于慢性危机之中，许多小农相继破产，相当一部分雇农成为多余劳动力。同时，社会财富越来越集中在少数人手中。1929年只占美国人口5%的富翁的个人收入却占了美国全部个人收入的1/3。美国百万富翁达到4万人，八大财团的资产更大得惊人。这就使得经济的运转严重地依赖于这些少数富人的个人消费及投资，国内市场大大缩小，消费品供过于求。

有的资本家面对大量积压的产品，曾吹嘘说："只要有几个好推销员，什么都卖得出去。"然而，这不过是痴人说梦而已。因为正是资本主义制度本身把它的经济推向危机的深渊：资本家为了保障自身的利益，物价是不能降的，于是销售量下降了。销售量一减，只好用解雇工人的办法来降低商品的成本。这个工业部门的工人失业了，哪里有钱去买别的工业部门的产品呢？这样，销售额越下降，被解雇的工人就越多，引起购买力的全面萎缩，结果是：产业工人穷了下来，连累农民也穷；而农民的穷，又回头加深了产业工人的穷。美国一位议员在国会作证时说的话，把这种恶性循环的现象说得清清楚楚："谁也没有钱买对方的东西。在同一时间、同一国家里，既是生产过剩，又是消费不足。"

一味追求利润的资本家不顾后果地继续盲目扩大生产，加上交易所的投机活动愈演愈烈，一场灾难就势不可免。1929年10月，纽约证券市场发生股票价格猛跌，宣告破产。由于美国的生产和消费占资本主义世界生产与消费的一半，所以就不能不使危机的影响范围大大扩展，使危机空前尖锐。于是，首先从美国刮起的经济危机的飓风，猛烈地袭击了整个资本主义世界。

这次危机使整个资本主义世界工业生产下降了40%，倒退了20年，回到20世纪初，甚至19世纪末的水平。其中煤产量减少30.6%，生铁减少64.8%，钢减少62.4%，棉花减少26.7%。估计损失达2500亿美元，比第一次世界大战的直接战费还要多700亿美元。美国和德国受到的打击更为严重，美国破产的企业超过14万家，德国6万家。美国重工业的关键钢铁公司，1932年的开工率只达19.1%。美国机车公司，在20年代平均每年售出600台机车，可是1932年这一整年只卖了一台。

1933年，资本主义世界贸易总额减至242亿美元，比1929年减少1/3，即退回到1919年水平以下。其中德国下降了76%，美国下降了70%。即使扣除物价下跌因素，资本主义国际贸易实物量也缩减了1/4以上。资本主义国际贸易这种大幅度的缩减，是前所未见的。

危机袭击资本主义的一切部门，信贷货币危机、农业危机和工业危机同时迸发、相互交织。这是20世纪30年代大危机的一个特点，也是这次危机比历次危机更深的一个原因。1929年10月纽约证券交易所的崩溃，是美国信用货币危机的信号。信用货币危机使大批银行倒闭，整个信贷制度濒于崩溃。英国承受不住打击，于1931年首先宣布放弃金本位制，实行英镑贬值。接着，其他很多国家也相继放弃了金本位制，资本主义货币体系四分五裂，逐渐形成了若干区域性的货币区，如英镑区、美元区、法郎区等，彼此对抗。信用货币体系的混乱，加深了大危机所造成的动荡。

在工业危机的同时，还普遍爆发了农业危机。农产品大量"过剩"，价格急剧跌落。在世界市场上，小麦批发价下跌70%，大豆、棉花、黄麻、羊毛、咖啡等跌价50%以上。由于农产品价格的跌落大大超过了工业品价格的跌落，农民对工业品的购买力进一步降低了。这样，工业危机加深了农业危机，而农业危机又使工业危机更加尖锐起来。

20世纪30年代的经济危机造成了严重的破坏，给资本主义国家，特别是殖民地、半殖民地的广大劳动人民带来了无穷的灾难。

时至今日，西方资产阶级提起这次“雪崩”式的大冲击，依然谈虎色变。

（资料来源：http://www.duk.cn/ladyread-99217.html.）

案例点评

1929年经济大危机的危害程度之深、持续时间之久、影响范围之广及政治干预之多，在当代历史中属罕见现象。直到现在，西方学界、业界和政界还在进行不断争论，寻求对股市崩盘和大萧条的合理解读。围绕这次大规模经济危机成因的解释，形成了今天众多流派的宏观经济理论，相互论争的焦点包括政府不适当的财政货币政策、新技术带来的冲击、投机行为的盛行及社会分配不公、道德沦丧等。在20世纪30年代的美国，经济发展的重要特征就是推行大规模的标准化生产，这种追求效率方式的直接结果是快速增加产量，但对这些产品的需求却不如生产的速度，消费的增长远远赶不上供给的增长。社会生产规模的不断扩大，势必形成短期内的经济腾飞，带来对未来经济的非理性预期，股市泡沫持续膨胀，在资产的价值无法承受资产的价格时，银行倒闭、工厂关门、工人失业等噩梦来袭，大萧条开始了。

1929年经济危机爆发的根本原因同样是资本主义制度的基本矛盾，即社会化大生产和生产资料私人占有之间的矛盾。在资本主义社会，经历了两次工业革命之后，生产力飞速发展，社会分工也越来越细，这就要求各个生产部门必须密切协同、步调一致，进而形成社会化大生产。但在资本主义社会，由于生产资料归私人所有，少数垄断资本家占有大部分生产资料，他们为追求利润，不断地扩大再生产，这就势必打破平衡，引发恶性竞争，激化社会生产各个部门之间的矛盾，进而导致经济危机。

经济危机发生的直接原因是什么呢？

第一，生产与消费之间的矛盾，广大劳动人民的日益相对贫困，是导致供需矛盾扩大的主要原因。美国在20世纪20年代社会经济虽有较大发展，但资本家为了攫取高额利润，千方百计降低工人的工资，使广大劳动人民的收入增长水平远远赶不上经济发展水平，这就限制了社会实际消费能力的增长，造成市场的相对狭小。因此，产品并非出现了绝对过剩，而是由于劳动人民的日益相对贫困而无力购买，出现了相对过剩。这是导致供需矛盾扩大的主要原因。

第二，分期付款和银行信贷刺激了市场的虚假繁荣。20世纪20年代后半期，美国市场日益盛行分期付款，以此来刺激消费，造成市场的虚假繁荣。这种繁荣不是社会实际消费能力的增长，而是一种提前消费的形式。用一句时髦话来说，就是所谓“花明天的钱，办今天的事”。但随之而来的很可能是消费的疲软。而资本家为眼前利润所驱使，盲目扩大生产，使得生产和销售的矛盾日益尖锐。2008年因美国次贷危机引发的全球金融危机，同样是金融业严重缺乏监管，引诱人们通过借贷超前消费、入市投机造成的。

第三，过度的股票投机活动。当时美国的股票投机活动非常猖獗，不但有职业投机者，一些普通的美国人也参与股票的投机，把它作为致富的捷径。人们不但把自己的积蓄全部投入，甚至向银行贷款购买股票，结果造成这一时期股票价格被大幅度哄抬，发展到令人难以相信的高度，股票以其账面价值的3～20倍的价格卖出，这大大增加了金融市场的不稳定性，为货币和信贷系统的崩溃准备了条件。股票市场的这种投机活动恰好掩盖了生产和销售之间本已存在的尖锐矛盾，使矛盾最后激化，直接导致了经济危机的爆发。

第四，贫富差距过大，市场相对狭小。

1929 年经济危机具有如下明显特征。

第一，范围特别广。由于美国是当时资本主义世界头号经济大国，又是最大的债权国，美国经济同其他资本主义国家和世界市场有着非常密切的联系。危机很快从美国蔓延到德、日、英、法等主要资本主义国家，席卷了整个资本主义世界。资本主义国家为了转嫁危机，又使危机波及殖民地、半殖民地和不发达国家，所涉及的地域范围空前广阔。另外从经济范围看，危机期间信贷货币危机、工业危机与农业危机同时迸发、相互交织。

第二，持续时间特别长。从 1929 到 1933 年，达 4 年之久。

第三，破坏性特别大。危机期间资本主义世界的工业生产下降 1/3 以上，国际贸易额减少 2/3，失业人数更是高达 3 000 万以上，甚至在危机过后也不见经济的复苏。主要资本主义国家由此一蹶不振。

20 世纪 30 年代的大危机给世界造成的损失和带来的影响发人深省，给当今的世界经济发展留下了深刻的教训。

首先，它告诉人们，繁荣和危机总是密切相关、同时并存的。各国在发展经济时，不仅要关注目前的直接效益，更要着眼未来，要确保经济的持续发展。要清醒看到经济发展中可能存在的潜在危机，防患于未然至关重要。

其次，在经济发展过程中，各国政府、不同制度的国家要适应经济的不断发展，及时调整内部机制和政策，并不断协调好国际关系，为经济的持续发展营造一个良好的国内、国际环境。

最后，经济和金融危机一旦发生，各国政府和各国组织应承担起各自的国际责任和义务，从而有效地遏制危机，防止危机的恶化、扩展和延续。各国政府和国际组织要从根本上摒弃以邻为壑的自保政策和转嫁手段，在区域经济集团化和全球经济一体化趋势加强的当今世界，国际合作尤显重要。

案例 2

从蒙牛看资本运营

伴随着中国乳制品行业快速发展，在 1999 年才成立的蒙牛，抓住机遇也赢得了快速成长。据统计，在 2003—2004 年蒙牛液态奶连续两年保持全国销量第一，2004 年蒙牛冰淇淋夺得全国销量第一。2005 年蒙牛获液态奶销量全球冠军，冰淇淋销量全国冠军。特别是在 IDF 世界乳业大会上，蒙牛特仑苏牛奶获得 IDF 全球新产品开发大奖。IDF 大会主席吉姆・贝格表示，IDF 大奖是全球乳业至高无上的荣誉，蒙牛特仑苏的获奖，对于整个中国乳业都具有非常重大的意义，它极大地提升了中国在全球乳业中的地位。作为后起之秀，蒙牛终于使得中国乳业在国际乳制品舞台上扬眉吐气。蒙牛能够快速发展，究其原因，除天时、地利、人和等因素之外，借助现代化企业扩张的手段——资本运营，并对其加以科学管理则是蒙牛迅速在市场上赢得竞争优势，不断快速成长壮大的关键。

一、蒙牛的资本运营及其特点

所谓资本运营，是由企业资本重新组合而构成的一种经营活动。它是为达到企业经营目标而有效利用资本市场的一种手段,通过生产要素的合理流动和最佳组合,以较少的投入或不需要增量投入,即可实现企业的持续发展。

资本运营的主要类型有产权资本运营和金融资本运营。产权资本运营是通过收购或出让产权而进行的资本运营。主要形式是企业重组、兼并与收购、企业租赁等。产权资本运营的对象是产权,通过产权交易可以使企业资本实现集中或分散,从而优化资本结构,增强竞争优势。金融资本运营就是指以金融资本(包括股票、债券等有价证券)为对象在资本市场上进行的一系列资本运营活动。企业从事金融资本运营的目的不是取得自己所投资的公司的控制权,它只是对金融资本的买卖活动进行适时的操作,通过一定的方法和技巧,使自身资本快速、大量升值。

相对于民营企业的一般经营管理来说,资本运营是一种全新的理念。它具有以下几个主要特征。

(1) 人力资本是资本运营的关键。民营企业要实现资本的有效运营,必须十分重视人力资本在资本运营中关键的作用。企业的一切经营活动都是靠人来管理的,人是企业中最重要的关键性资本,同时也是最容易被忽视的资本要素。因此,民营企业的资本运营必须确立"人本思想",不断挖掘人的创造力,通过人的创造来实现资本增值。

(2) 产权运营是资本运营的中心。民营企业资本运营必须强调产权是企业的一项重要战略资产。产权具有两种形态,即实物形态和价值形态。民营企业的资本运营是一种价值形态的运营。资本运营的重心是用较少的投入成本创造较多的产权收益。民营企业必须全面考虑所有投入要素的价值,充分利用、挖掘各种要素的潜能,同时给予产权流动速度以足够的重视。民营企业的资本运营也是一种结构优化的运营。产权结构优化包括产权的产业结构优化、产权风险结构优化、产权分配结构优化等。产权结构优化,能够促进民营企业资本运营的良性循环,适应企业外部环境的变化并进而取得产权的最优效益。在结构优化的过程中,除了重视增量产权的合理配置外,更重视对存量产权的盘活。

(3) 资本运营风险较高,且具有较大程度不可控性。民营企业资本运营必须非常注重运营风险问题。因为资本运营本身就是高风险的企业活动,运营中稍有不当,便有可能导致极为严重的后果。民营企业资本运营中的金融风险尤其值得重视。

(4) 资本运营的开放性较强。民营企业资本运营是一种开放性的运营。民营企业资本运营不但需要关注企业自有产权,还应十分重视社会资源的运营。在传统民营企业经营方式下,企业只关注自有产权,忽视社会资源,忽视利用社会资源为企业自身发展服务。而在激烈的市场竞争中,民营企业资本运营必须充分利用社会资源,而社会资源不仅包括国内的社会资源,还包括国际上的社会资源,民营企业要重视充分利用国际分工,挖掘国家化的资源优势。

企业要发展不外乎采取两种主要途径:一是内部扩张,通过内部资本积累,不断投资新的项目和业务,走内涵式发展道路;二是外部扩张,通过兼并、收购、联合、重组等手段,把已有的企业或业务合并起来,迅速扩大经营规模。民营企业进行资本运营,把产业资本和金融资本较好地结合起来,企业规模就可呈几何级数增长。

二、蒙牛的资本运营实践

早在 2002 年,中国乳业市场的竞争已达白热化程度,乳业巨头伊利在 2002 年成功增发

5 000 万股 A 股，募集资金 8.25 亿元，拟建立全亚洲最大的乳品生产基地。光明乳业在同年 8 月上市 A 股市场，募集资金 9.5 亿元，并以此着手资产并购，大量建立生产基地。新希望集团宣布进入乳业，以闪电战速度收购十多个乳品企业，迅速壮大乳品生产能力。

面对乳品业巨头的“圈地运动”，2002 年 12 月，蒙牛在呼和浩特市与摩根士丹利华鑫基金管理有限公司（以下简称“摩根士丹利”）、鼎晖投资基金管理公司（以下简称“鼎晖投资”）、英联投资有限公司举行了入股签字仪式，摩根士丹利等 3 家公司一次性向蒙牛投资 2 600 多万美元，3 家机构共持有蒙牛乳业 32%的股份。此次注资是内蒙古民间一次性引进外资数额最大的项目，也是国内乳业获得海外投资的单笔最大额。国际资本对中国乳业市场如此大规模的资金投入还是第一次。鼎晖投资执行总裁说，大家都说中国人口众多、市场空间大，但真正与这么多人口挂钩的消费品不是特别多，汽车、房地产都是有钱阶层的消费品，而真正称得上是老百姓的长期日用消费品的为数不多，牛奶算是其中的一个。对于此次选择蒙牛，摩根士丹利的代表也表示，摩根士丹利在众多的乳业企业中之所以选择蒙牛是因为其超常规的发展速度。

正是中国乳业市场广阔的发展空间和蒙牛几十倍的增长率吸引了国际投资者。摩根士丹利等 3 家投资股东不仅在资本上支持蒙牛发展，而且在管理等多方面与蒙牛合作。摩根士丹利、鼎晖投资、英联投资公司已经有 3 名工作人员入选公司董事会，并帮助蒙牛建设管理薪酬考核委员会、审计委员会等法人治理部门。

在选择投资商时，蒙牛挑选的是战略伙伴，这些战略投资伙伴不是做产品经营的，他们的资金总有一天要从企业中退出。而像达能和光明这样的投资者蒙牛不会选择，因为他们同样是做市场、做产品的企业。正因为如此，蒙牛选择了摩根士丹利等国际知名的投资机构作为战略伙伴，希望通过这些国际投资者的加盟，帮助蒙牛扩展国际市场。国际财团的注资就是蒙牛准备上市、走向世界的第一步。

三、资本运营基本原则的蒙牛实践

民营企业资本运营并没有统一的固定模式，但资本运营的基本原则需要遵循，蒙牛在乳业市场激烈的竞争中能获得优势，其中关键的原因之一就是在打造资本竞争优势时，认真地遵循了资本营运原则。

1）资本运营系统优化原则

企业中的各种产权构成了一个完整的产权结构和产权运行系统。资本运营的系统优化原则要求资本运营必须做到产权运动的协调性、产权调整的创新性、产权规模的经济性、产权流动的快速性、产权风险的合理性。资本运营系统优化的思想应贯穿于产权运行系统的每一环节，以使其整体功能得到最优发挥。

蒙牛集团有效利用摩根士丹利等 3 家国际资本赢得发展的关键，就是在产权结构、产权运行系统的设置中严格按资本运营系统优化原则行事。蒙牛在决定通过引进国际资本、优化产权结构时，面对的最大的产权结构认知上的挑战，即蒙牛会不会因此失去对企业的控制权。新产权结构的设立和运行，究竟是由资本说话算数、股权说话算数，还是经营者说话算数？对此，蒙牛认为从蒙牛的成长来看任何一个投资者进入都想控股，而蒙牛的原则是不能让国际资本超过 1/3，这样有利于协调各方关系。因此蒙牛在选择国际资本进入总量的认定上慎之又慎，因为国际资本投入总量的增加，就意味着蒙牛的产权减少。

蒙牛通过与摩根士丹利等3家国际资本谈判,最终将投资的金额从最初的5亿元谈到4亿元,再谈到3亿元,最后确定到2.16亿元。目前摩根士丹利等3家国际公司拥有蒙牛32%的相对控股权,但这32%的股权是3家分,最大的一家也没有超过20%的股权。虽然牛根生的持股比例经过3次融资后降到了2.99%,而蒙牛董事会中方成员的股份加总却远远大于任何一家国际公司。引入国际资本,蒙牛不但不会因此失去对企业的控制权,还会因产权结构的优化,更好地帮助蒙牛在国际市场上赢得发展。

2）运营资本快速流动原则

尽量避免产权闲置,提高产权的流动速度,是资本运营的客观要求。因为等量资本周转一次带来一次资本收益,周转越快,资本总收益越高。提高资本周转速度的办法很多,如增加新增投资或对于已投产项目通过各种方法将其部分转化为货币资本等。

蒙牛在激烈的市场竞争中能获得快速的增长,其奥秘是借助"虚拟联合"实现了运营资本快速流动。蒙牛的做法是在制造环节不断收缩的同时,在产业链的其他环节却进一步延伸,通过多形式社会资本的引入实现运营资本的快速流动。据统计到2004年年底,参与蒙牛原料、产品运输的运货车、奶罐车、冷藏车有3000多辆,为公司收购原奶的2600多个奶站及配套设施,以及员工宿舍,合计总价值达20多亿元,几乎没有一处是蒙牛自己掏钱做的,均由社会投资完成。

3）资本运营综合效益原则

民营企业进行资本运营不但要重视当前效益,还要重视长期效益。不但要追求经济效益,还要关注社会效益。与综合效益原则密切相关的一个原则是成本最优原则。获得国际资本的入驻后,在当时蒙牛虽不再为缺少资金而发愁,但蒙牛要想在国内、国际乳业市场上获得长远发展,还必须坚持资本运营综合效益原则。蒙牛经过对乳业内外环境的认真分析对比,最终决定通过上市筹集资金、规范管理为蒙牛成长为国际一流的乳业集团提供重要的制度保证。在上市前蒙牛又接受了世界上投资实力最强、背景最亮的美国、英国、中国香港投资者作为自己的合作伙伴。2004年6月,蒙牛在中国香港成功上市。蒙牛是第一家在中国香港上市的内地乳制品企业,共募集国际资本13.74亿港币,约合人民币14.56亿元。这意味着,蒙牛从此将用全球股民的钱,办中国农民的事(养牛—增收),办中国市民的事(喝奶—健康)。

4）风险收益均衡原则

资本运营风险表现为实际资本收益与预期资本收益的偏差,收益与风险往往成正相关关系。民营企业的资本运营必须同时考虑收益和风险两个因素,适时捕捉有风险的机遇,进行资本的风险组合,以获得最佳经营结果。蒙牛上市时正是香港股市最低迷的时期。蒙牛冒着巨大的风险挂牌上市,结果重振了中国香港的首次发行市场,并创造了中国香港股市多项纪录。

四、蒙牛的"虚拟联合"战略

企业联盟有利于联盟内合作伙伴充分利用有限的企业资源和现有的优势高效率地发展。企业战略联盟可采取直接投资、相互开放市场或签订市场销售协定(如代理制)、研发及技术交流、知识技术设计或专利的许可、合资合作经营、虚拟网络联合等多种多样的形式。

蒙牛刚成立时,奶源已被大企业瓜分殆尽。为了尽快投入生产运营,公司管理层跳出

“先建工厂，后建市场”的窠臼，创造性地提出“先建市场，后建工厂”的战略。于是“虚拟联合”的思想产生了。通过为合作方出人才、出标准、出技术、出品牌，蒙牛运作了国内8个困难企业，盘活了7.8亿元资产，实现了双赢：一方的资产得以激活，另一方的品牌得以确立。通过经济杠杆的调控，蒙牛整合了大量的社会资源，把传统的“体内循环”变成“体外循环”，把传统的“企业办社会”变作“社会变企业”。经济界人士说，如果不是“先建市场，后建工厂”，蒙牛产品的问世至少要晚一年；如果不用经济杠杆撬动社会资金，蒙牛的发展速度至少减一半；如果不引入国际资本，蒙牛的国际化至少要晚几年。

为了进一步谋求企业间彼此取长补短的合作，以及资源互补所带来的优势，企业战略联盟的形成成为必然趋势。蒙牛在多个领域与多家企业（团体）结成联盟，成功地实现双赢，其中更是不乏经典之作——蒙牛与湖南卫视结成的联盟。

2004年，湖南卫视推出“超级女生”节目，业绩平平，反响甚微，但是蒙牛独具匠心看准这个时机，在2005年与湖南卫视共同合作，重新包装这个节目，并将其冠名为“蒙牛酸酸乳超级女生”。一夜之间“超女”红透半边天，并在全国掀起一阵选秀风。战略联盟的结成为双方都带来了巨大的收益。蒙牛酸酸乳的销量由2004年的7亿元增长到2005年的25亿元，增长率达257%，一跃成为中国乳饮料第一品牌。

（资料来源：王溥，高琼.从蒙牛看资本运营[J].企业管理，2007，(9).）

案例点评

蒙牛资本运营给企业带来的启示如下。

随着政策、体制甚至企业的各类资源环境都在发生质的变化，民营企业也面临着扩张、竞争等方面的诸多问题，在这种情况下，企业不得不重新定位，制定新的经营策略和运作方式，资本运营也因此日益引起企业的重视并逐渐成为经营核心。

市场经济要求资源和要素实现最佳组合，而资本是市场上最活跃的要素之一。资本运营是企业继生产经营、商品经营之后，所拥有的重要的经营资源，通过资本更大范围的流动，实现内外部资源的优化配置，提升企业竞争力的经营活动，这是我国民营企业发展中必须把握的一个关键性的课题。

(1) 高度重视资本运营在民营企业中的作用。一般来说，民营企业都是从产业经营起步的，这是立足市场的前提和必要条件。但发展到一定阶段后，这种单一的产业经营将会束缚企业自身的进一步发展，要寻求更广阔的发展空间，资本经营就成为必经之路。通过这种方式可以使企业资源融入更大范围的资源之中，进行优化重组，实行跨行业、跨地区、跨所有制的资本运营，充分发挥资源的最佳运营效益，实现企业规模效益的提高。从一定意义讲，民营企业实现从产业经营到资本经营的结合，是创业期之后进一步发展的深化和飞跃。

(2) 弄清民营企业进行资本运营的关键。资本运营应该为企业整体战略服务。民营企业的核心竞争力在于其灵活的体制和创新能力，而并非资本运营的能力，因此企业不能像“投资控股”型企业那样，先取得目标公司的控制权，然后再去整合企业或相关产业，谋取回报。应当围绕企业已有的产品和企业将来发展的方向，有意识地选择目标公司。换句话说，民营企业是为了发展企业核心竞争力而进行资本运营，而不是为了资本运营而提高企业的竞争力。因此，应从企业的实力出发进行资本运营。成功的资本运营必须以成功的产品运作为基础，没有成功的产品运作是不可能达到长远效果的，如果离开产品运作而大搞资本运营，会使企业陷入危险。蒙牛资本运营成功的关键是其以蒙牛产品的品牌科学的运作为基石。

(3) 必须认识企业文化在资本整合中的作用。资本运营本身不是目的，而是为了使企业更快、更好地发展，使资本更快、更好地增值。因此民营企业在收购、兼并、重组之后的整合，是决定资本运营效果的关键。而整合的效果又往往取决于并购双方的企业文化能否兼容。蒙牛的成功就在于其文化的兼容性和产权拥有各方对其核心价值观的认同、维护和忠实地执行。

(4) 不断发现并培养专业人才。从我国民营企业的实际情况来看，许多民营企业并不缺乏资本运营的意识，阻碍民营企业发展的关键因素是人才缺乏，尤其是专业技术人才和中高级管理人才的稀缺，成为民营企业发展中最致命的瓶颈。在原始积累阶段，我国的民营企业主要重视物质资本包括资金、技术等的积累，关心的重点也在于物质效益，而不在于人，导致其发展到一定阶段后，人力资本素质低下成为制约企业进一步发展的瓶颈。对我国民营企业来说，如何引入智力资本，完成产权制度改造，确保资本运营的成功，是一个需要进一步深入研究和进一步实践的重要问题。为保证资本运营的生命力，蒙牛一直以来都十分重视战略性的人力资源管理，重视企业员工的教育、培养和选拔；重视在全球招聘职业经理人员、建立与国际接轨的人才管理制度等为蒙牛的快速成长提供了重要的保障。

五、实践项目

项目 1

企 业 调 查

方案

引导学生深入到企业生产过程中，观察了解企业的生产经营情况，把经济学原理与企业实际结合起来，一方面通过观察了解到的具体事例验证所学知识，另一方面在亲身实践中发现新情况、新问题，增进对各种经济现象的认识和了解。具体调查项目有：企业所属类别与对社会的贡献形式、员工的素质水平与基本要求、员工教育培训状况、企业的规章制度及执行情况、企业成本的内容、控制成本的措施、生产资源的配置方式、企业面临的市场环境、产品销售方向、应对市场价格波动的措施、生产的技术水平与特点、资金的循环周转情况、固定资本折旧情况、生产项目的优势及局限、环境保护的相应措施和效果、企业信息化程度等。

时间

第十教学周开始，结合第四章教学内容进行。

地点

学生自行选择相应的企业。

流程

(1) 协助学生拟定企业调查的具体任务，明确实践与认识要达到的目标。

(2) 可以进行全面的调查也可以进行个别项目的调查。

(3) 以学生个人或小组的形式,可与学生勤工俭学活动相结合。
(4) 不可影响企业正常生产经营,注意安全。
(5) 调查内容有详细的记录。
(6) 以调查报告的形式总结实践成果,据此对实践教学效果进行考评。

项目 2

新科学技术成果在生产中的应用情况调查

方案

引导学生深入到工农业生产过程中,调查了解新科学技术成果在生产中的应用情况,包括技术类型和所处层次、提高劳动生产率的效果、在同类企业中所处的地位、员工对新技术的理解和运用情况、员工的操作熟练程度、教育普及措施和手段、研发和成果转化效果、资金的投入规模和效益、生产资源的利用效果、简单劳动与复杂劳动在创造价值中的差异、企业对新技术的需求及面临的困难、科学技术负面效应的应对措施等,形成对科学技术重要意义的更为深刻的认识,以此激励学生创新愿望、启迪创新思维。

时间

第十教学周。

地点

各实践教学基地或学生自行联系相应生产单位。

流程

(1) 理工学科各专业学生更适合此项实践活动内容。
(2) 组织部分学生进行实地调查,回校后座谈讨论调查结果。
(3) 请生产单位相关人员进行专题介绍,达到全面系统地认识和了解。
(4) 在互动交流中提出合理化建议,参与科学技术的推广与改进。
(5) 写出实践体会,着重阐述对科学技术重要意义的认识。

第五章　资本主义发展的历史进程

一、知识提要

学习和掌握资本主义从自由竞争发展到垄断阶段后出现的特征，了解和认识垄断资本主义发展进程中的国家垄断资本主义对资本主义发展的深刻影响和垄断资本统治的海外扩张，认识经济全球化在当代资本主义发展进程中的重要意义。了解第二次世界大战结束以来，发达资本主义国家在经济、政治与社会等各个方面发生的深刻变化，客观、准确地认识资本主义的实质。在科学分析当代资本主义新变化的原因的基础上，认识到资本主义的新变化是资本主义生产关系为了适应生产社会化自我调节的结果。深刻理解资本主义被社会主义代替的历史必然性，客观地认识资本主义制度的历史地位。坚定资本主义必然灭亡，社会主义必然胜利的信念。

二、重点搜索

重点 1：从自由竞争资本主义到垄断资本主义

（1）关于垄断的形成。垄断的形成是资本主义长期发展的必然产物。首先，从时间上看，19 世纪 70 年代以前，资本主义处于自由竞争阶段。从 19 世纪 70 年代开始，自由竞争资本主义逐步向垄断资本主义过渡，19 世纪末 20 世纪初，垄断代替自由竞争并占据统治地位，垄断资本主义得以形成。其次，从组织形式上看，垄断是通过一定的垄断组织形式实现的。最简单的、初级的垄断组织形式是短期价格协定。这种垄断组织稳定性是比较差的，一旦市场情况发生变化，便会自行解体。常见的垄断组织有卡特尔、辛迪加、托拉斯和康采恩等。尽管垄断组织的形式多种多样，且不断发展变化，但是它们在本质上是一样的，即通过联合达到独占和瓜分商品生产和销售市场，操纵垄断价格，以攫取高额垄断利润。

（2）关于垄断条件下的竞争。垄断是从自由竞争中形成的，是作为自由竞争的对立面产生的。但是，垄断并不能消除竞争，反而使竞争变得更加复杂和激烈。不仅规模大、时间长、手段残酷、程度更加激烈，而且具有更大的破坏性。在竞争目的上，垄断竞争获取高额垄断利润，并不断巩固和扩大自己的垄断地位和统治权力；在竞争的手段上，垄断组织的竞争，除了采取各种形式的经济手段外，还采取非经济的手段，使竞争变得更加复杂、更加激烈；在竞争范围上，垄断时期，国际市场上的竞争越来越激烈，不仅经济领域的竞争多种多样，而且还扩大到经济领域以外进行竞争。

（3）关于金融垄断的经济和政治形式。在垄断资本主义阶段，占统治地位的资本不是工业资本而是金融资本。金融资本和金融寡头在经济领域的统治，主要是通过“参与制”实现的。“参与制”是通过掌握一定数量股票额来支配和控制企业的制度。金融寡头通过“参与制”建立对母公司、子公司、孙公司等的层层控制，并进而控制着整个国民经济。金融寡头在政治上的统治，主要是通过“个人联合”的方式实现的，基本上是两个途径：一是通过各种渠道收买决策人和高级官吏，如通过赞助选举、提供政治捐款等，影响政府制定和执行有利于垄断资本的内外政策；二是利用在其控制下的政党，派代理人或亲自出马担任政府要职，直接掌握国家机器实现政治统治。

(4) 关于垄断价格的形成和垄断利润的来源。垄断价格的形成和作用是垄断资本主义经济运行机制的本质特征，意味着垄断资本可以凭借自己的意志支配和控制资源的配置过程。垄断资本的实质在于获取垄断利润，垄断利润是垄断资本家凭借其在社会生产和流通中的垄断地位而获得的超过平均利润的高额利润。垄断利润的来源大体有以下几个方面：第一，来自对本国无产阶级和其他劳动人民剥削的加强；第二，由于垄断资本可以通过垄断高价和垄断低价来控制市场，使得它能获得一些其他企业特别是非垄断企业的利润；第三，通过加强对其他国家劳动人民的剥削和掠夺获取的国外利润；第四，通过资本主义国家政权进行有利于垄断资本的再分配，从而将劳动人民创造的国民收入的一部分变成垄断资本的收入。

(5) 垄断资本主义的发展。随着生产力和资本主义生产关系的发展，私人垄断资本主义进入了一个新的阶段，即国家垄断资本主义阶段。国家垄断资本主义是垄断资本和国家政权融合在一起的资本主义。通过这种融合，国家手中集中了一定数量的社会资本，形成了国家直接掌握的垄断资本，同时国有垄断资本又通过金融、生产、商业和财政等渠道，参与私人垄断资本的运动。它的经济意义在于利用国家政权，充分发挥国家的经济职能，对经济生活进行全面干预，以维护垄断。

重点 2：经济全球化及其后果

所谓经济全球化是指在生产不断发展、科技加速进步、社会分工和国际分工不断深化、生产的社会化和国际化程度不断提高的情况下，世界各国、各地区的经济活动越来越超出一国和地区的范围而相互联系、相互依赖的一体化过程。在自由资本主义阶段，一些主要资本主义国家的生产经营活动实际上就开始在全球范围内进行组织，这意味着经济全球化的趋势已经萌芽。正如马克思、恩格斯所说：“资产阶级，由于开拓了世界市场，使一切国家的生产和消费都成为世界性的了。”(《马克思恩格斯选集》第一卷，人民出版社，1995 年，第 276 页)到 20 世纪 80 年代后，经济全球化的进程则大大加快了。但是经济全球化是一把双刃剑，它既给各国带来了机遇，也带来了挑战。

重点 3：当代资本主义经济政治的新变化

所谓当代资本主义经济政治的新变化，就是指第二次世界大战后资本主义的经济政治新发展、新变化，尤其是指 20 世纪 80—90 年代以后的新发展、新变化。这些新变化及其影响主要表现在以下几个方面。

1) 生产资料所有制的变化

生产资料所有制的变化过程：以所有权和控制权统一于资本家自身的个体资本所有制

占主导地位的所有制形式—以私人资本联合占有生产资料的私人股份资本所有制成为占主导地位的所有制形式—法人资本所有制兴起并成为占主导地位的所有制形式。

法人资本所有制是资本主义生产资料所有制发展的新形式。法人资本所有制是法人股东化的产物。法人资本所有制有两种形式：一种是企业法人资本所有制；另一种是机构法人资本所有制。法人资本所有制主要存在于当代资本主义经济生活中居支配地位的巨型公司中。法人资本所有制在性质上是一种基于资本雇佣劳动的垄断资本集体所有制，它体现了资本剥削雇佣劳动的关系。资本主义所有制经过这些形式的变化，资本占有的社会化程度大大提高。

2）劳资关系和分配关系的变化

在资本主义条件下，在表面平等的交换关系背后，是资本对劳动具有实际的支配和控制权。但随着社会生产力的发展和工人阶级反抗力量的不断壮大，资本家及其代理人开始采取一些缓和劳资关系的激励制度，促使工人自觉地服从资本家的意志。这些制度主要有：其一，职工参与决策；其二，终身雇佣；其三，职工持股。此外，第二次世界大战后，随着经济的恢复和发展，特别是一批社会主义国家的出现、资本主义国家内部工人阶级同资产阶级之间斗争的发展，发达资本主义国家为了缓和矛盾，避免社会剧烈的冲突和动乱，建立并实施了普及化、全民化的社会福利制度，在一定程度上满足劳动者的安全和保障需求，保证劳动者维持最低生活水平，改善劳动者的社会状况。工人的名义工资和实际工资水平也都有所提高。

3）产业结构和就业结构的变化

第一产业即农业比重不断缩小；第二产业即工业由20世纪50—60年代的上升到逐渐下降，总的方向是缩减传统工业，发展新兴的尖端工业；第三产业即服务业迅猛发展。到了20世纪末期，从第二产业中崛起了新兴的以信息产业为代表的高科技产业群，并逐步成为主导性产业。与产业结构的变化相适应，就业结构也依次从第一、第二产业向第三产业和信息产业倾斜。当代发达资本主义国家产业结构与就业结构的变化表明，它们的经济结构开始向以信息产业为主导的高科技产业倾斜与过渡，即从物质经济向知识经济过渡。

4）社会阶层、阶级结构的变化

资产阶级表现为复杂化和多层次化。资本家的地位和作用已经发生很大变化；工人阶级表现为扩大化与多层次化；新中间阶层的地位与作用在扩大；其他的阶层与集团也得到了发展。

5）经济调节机制和经济危机形态的变化

在国家垄断资本主义阶段，国家对经济和生产的干预和调节成了当代资本主义经济运行的“内在机制”，规模与程度越来越高，并且可以采取多种形式和手段：国家可以把部分生产资料直接掌握在自己手里，也可以利用经济的、行政的、法律的手段，对经济生活的各个方面进行干预、管理和调节。国家已经承担起了提供财产保护、增强国家竞争力、实现经济增长和充分就业、保持经济稳定、提高社会福利水平及维护竞争秩序等重要职能。它与市场机制相辅相成，共同推动着资本主义经济的运行和发展。

6）政治制度的变化

首先，国家行政机构的权限不断加强，国家权力日益集中到政府首脑。国家主要不是依靠强力，而是通过加强意识形态领域的“领导权”，宣扬资产阶级统治的合法性、合理性和优越性来维持与巩固他们的阶级统治。另外，国家的经济职能也大大加强，国家不仅掌握经济命脉和大量的国有企业，而且还通过经济、行政、立法、金融等手段来调节经济，通过社会福利措施缩小社会差距，保持社会的稳定，以使资本主义制度得以“长治久安”。其次，政治制度出现多元化的趋势，公民权利有所扩大。再次，重视并加强法制建设。从上层建筑与法制方面来看，资产阶级通过多党的议会民主制度来保持政权的民主性与稳定性。在社会管理领域，国家法制比较完备，管理机制比较成熟。最后，改良主义政党在政治舞台上的影响日益扩大，成为战后西方资本主义国家政治生活中非常引人注目的现象。

重点4：当代资本主义新变化的原因和实质

1）当代资本主义新变化的原因

当代资本主义发生新变化的原因是多方面的，最主要的有：首先，科学技术革命和生产力的发展，是资本主义变化的根本推动力量。其次，工人阶级争取自身权利和利益斗争的作用，是推动资本主义变化的重要力量。再次，社会主义制度初步显示的优越性对资本主义产生了一定影响。最后，主张改良主义的政党对资本主义制度的改革，也对资本主义的变化发挥了重要作用。

2）当代资本主义新变化的实质

当代资本主义的新变化是客观事实，正视这些新变化，深刻分析这些变化的实质，对于我们正确认识资本主义的本质，把握资本主义发展的趋势，具有重要的意义。

首先，当代资本主义发生的变化从根本上说是人类社会发展一般规律和资本主义经济规律作用的结果。随着科技进步和生产社会化程度的不断提高，必然要求调整和变革那些不适应新发展的旧的生产关系。因此，当代资本主义新发展、新变化是人类社会发展的一部分。

其次，当代资本主义发生的变化是在资本主义制度基本框架内的变化，并不意味着资本主义生产关系的根本性质发生了变化。当代资本主义仍然是以生产资料私有制为基础，导致财富占有两极分化的制度基础并没有改变。尽管资本占有的社会性提高了，但资本雇佣劳动的制度依然存在并运行着，资本追逐剩余价值的本性并没有改变。资产阶级与工人阶级之间的支配与反支配、剥削与反剥削的斗争依然在进行。周期性的经济危机仍然是当代资本主义发展的基本经济特征。

重点5：资本主义的历史地位

资本主义社会，同历史上有过的一切其他社会经济制度一样，其产生、发展及最终为另一种更高级社会经济制度所代替，都是由人类社会发展的一般规律决定的，是客观的不以人的意志为转移的自然历史过程。但同此前的其他社会经济制度相比，资本主义制度空前地提高了社会生产力，则是以往任何社会所不可比拟的。资本主义显示了巨大的历史进步性。

首先，资本主义将科学技术转变为强大的生产力。其次，资本追求剩余价值的内在动力和竞争的外在压力推动了社会生产力的迅速发展。最后，资本主义的意识形态和政治制度作为上层建筑在战胜封建社会自给自足的小生产的生产方式，保护、促进和完善资本主义生产方式方面起着重要作用，从而推动了社会生产力的迅速发展，促进了社会进步。

尽管在人类社会发展的一定历史阶段，资本主义极大地促进了生产力发展，但从历史的长河看，资本主义终究要被社会主义所取代，这是历史发展的基本趋势。

重点6：资本主义为社会主义所代替的历史必然性

首先，资本主义基本矛盾"包含着现代的一切冲突的萌芽"。资本主义生产方式越是占统治地位，越是发展。"社会的生产和资本主义占有的不相容性，也必然越加鲜明地表现出来。"

其次，资本积累推动资本主义基本矛盾不断激化并最终否定资本主义自身。从资本主义积累过程来看，资本主义基本矛盾在资本积累过程中不断发展。如果说资本主义的原始积累使资本主义生产方式得以形成，那么，资本的不断积累则为否定资本主义制度自身准备了物质条件。

再次，国家垄断资本主义是资本社会化的更高形式，将成为社会主义的前奏。资本的社会化是在资本主义社会的生产力和生产关系的矛盾运动中发展的。

最后，资本主义社会存在着资产阶级和无产阶级两大阶级。随着资本主义经济的巨大发展，资产阶级由生产力的解放者变成阻碍者，资本主义在造就了社会化大生产的同时，也产生了推动和运用这一先进生产力的无产阶级。

重点7：从资本主义向社会主义过渡是一个长期的历史过程

资本主义必然为社会主义所代替，并不意味着资本主义社会将在短期内自行消亡。资本主义制度目前还能为生产力的发展提供一定的空间。它向社会主义的转变会触及资产阶级的根本利益，必然会遭到阻挠和反抗，因而资本主义向社会主义的过渡必然是一个复杂的、长期的历史过程。

首先，任何社会形态的存在都有相对稳定性，从产生到衰亡都要经过相当长的时间跨度。社会主义代替资本主义是对剥削制度的废除，不能期望在短时期内完成，而需要一个长期的过程。

其次，资本主义发展不平衡性决定了过渡的长期性。资本主义各国间经济政治的发展是不平衡的，特别是到了垄断资本主义阶段，这种垄断资本主义国家间发展的不平衡更为明显，因此，从世界范围来看，资本主义向社会主义过渡必将是一个从个别国家逐步向更多国家扩展的相当长的历史过程。

最后，当代资本主义的发展，还显示出生产关系对生产力容纳的空间，说明资本主义为社会主义所代替尚需长期的过程。

三、深度阅读

《共产党宣言》

写作背景

19世纪40年代，资本主义生产方式在欧洲主要国家已占居统治地位。产业革命在英国已经完成，资本主义大工业的发展和工厂制度的普遍建立，使资本主义社会的基本矛盾——生产社会化和生产资料私人占有之间的矛盾日益暴露出来，导致经济危机频频发生。为了深刻揭示出资本主义的历史地位和作用，以及社会主义必然取代资本主义的规律，马克思和恩格斯发表了《共产党宣言》。

原著节选

一、资产者和无产者

至今一切社会的历史都是阶级斗争的历史。

自由民和奴隶、贵族和平民、领主和农奴、行会师傅和帮工，一句话，压迫者和被压迫者，始终处于相互对立的地位，进行不断的、有时隐蔽有时公开的斗争，而每一次斗争的结局都是整个社会受到革命改造或者斗争的各阶级同归于尽。

在过去的各个历史时代，我们几乎到处都可以看到社会完全划分为各个不同的等级，看到社会地位分成多种多样的层次。在古罗马，有贵族、骑士、平民、奴隶，在中世纪，有封建主、臣仆、行会师傅、帮工、农奴，而且几乎在每一个阶级内部又有一些特殊的阶层。

从封建社会的灭亡中产生出来的现代资产阶级社会并没有消灭阶级对立。它只是用新的阶级、新的压迫条件、新的斗争形式代替了旧的。

但是，我们的时代，资产阶级时代，却有一个特点：它使阶级对立简单化了。整个社会日益分裂为两大敌对的阵营，分裂为两大相互直接对立的阶级：资产阶级和无产阶级。

从中世纪的农奴中产生了初期城市的城关市民；从这个市民等级中发展出最初的资产阶级分子。

美洲的发现、绕过非洲的航行，给新兴的资产阶级开辟了新天地。东印度和中国的市场、美洲的殖民化、对殖民地的贸易、交换手段和一般商品的增加，使商业、航海业和工业空前高涨，因而使正在崩溃的封建社会内部的革命因素迅速发展。

以前那种封建的或行会的工业经营方式已经不能满足随着新市场的出现而增加的需求了。工场手工业代替了这种经营方式。行会师傅被工业的中间等级排挤掉了；各种行业组织之间的分工随着各个作坊内部的分工的出现而消失了。

但是，市场总是在扩大，需求总是在增加。甚至工场手工业也不再能满足需要了。于是，蒸汽和机器引起了工业生产的革命。现代大工业代替了工场手工业；工业中的百万富翁，一支一支产业大军的首领，现代资产者，代替了工业的中间等级。

大工业建立了由美洲的发现所准备好的世界市场。世界市场使商业、航海业和陆路交通得到了巨大的发展。这种发展又反过来促进了工业的扩展，同时，随着工业、商业、航海业和铁路的扩展，资产阶级也在同一程度上得到发展，增加了自己的资本，把中世纪遗留下来的一切阶级排挤到后面去。

由此可见，现代资产阶级本身是一个长期发展过程的产物，是生产方式和交换方式的一系列变革的产物。

资产阶级的这种发展的每一个阶段，都伴随着相应的政治上的进展。它在封建主统治下是被压迫的等级，在公社里是武装的和自治的团体，在一些地方组成独立的城市共和国，在另一些地方组成君主国中的纳税的第三等级；后来，在工场手工业时期，它是等级君主国或专制君主国中同贵族抗衡的势力，而且是大君主国的主要基础；最后，从大工业和世界市场建立的时候起，它在现代的代议制国家里夺得了独占的政治统治。现代的国家政权不过是管理整个资产阶级的共同事务的委员会罢了。

资产阶级在历史上曾经起过非常革命的作用。

资产阶级在它已经取得了统治的地方把一切封建的、宗法的和田园诗般的关系都破坏了。它无情地斩断了把人们束缚于天然尊长的形形色色的封建羁绊，它使人和人之间除了赤裸裸的利害关系，除了冷酷无情的“现金交易”，就再也没有任何别的联系了。它把宗教虔诚、骑士热忱、小市民伤感这些情感的神圣发作，淹没在利己主义打算的冰水之中。它把人的尊严变成了交换价值，用一种没有良心的贸易自由代替了无数特许的和自力挣得的自由。总而言之，它用公开的、无耻的、直接的、露骨的剥削代替了由宗教幻想和政治幻想掩盖着的剥削。

资产阶级抹去了一切向来受人尊崇和令人敬畏的职业的神圣光环。它把医生、律师、教士、诗人和学者变成了它出钱招雇的雇佣劳动者。

资产阶级撕下了罩在家庭关系上的温情脉脉的面纱，把这种关系变成了纯粹的金钱关系。

资产阶级揭示了，在中世纪深受反动派称许的那种人力的野蛮使用，是以极端怠惰作为相应补充的。它第一个证明了，人的活动能够取得什么样的成就。它创造了完全不同于埃及金字塔、罗马水道和哥特式教堂的奇迹；它完成了完全不同于民族大迁徙和十字军征讨的远征。

资产阶级除非对生产工具，从而对生产关系，从而对全部社会关系不断地进行革命，否则就不能生存下去。反之，原封不动地保持旧的生产方式，却是过去的一切工业阶级生存的首要条件。生产的不断变革，一切社会状况不停的动荡，永远的不安定和变动，这就是资产阶级时代不同于过去一切时代的地方。一切固定的僵化的关系以及与之相适应的素被尊崇的观念和见解都被消除了，一切新形成的关系等不到固定下来就陈旧了。一切等级的和固定的东西都烟消云散了，一切神圣的东西都被亵渎了。人们终于不得不用冷静的眼光来看他们的生活地位、他们的相互关系。

不断扩大产品销路的需要，驱使资产阶级奔走于全球各地。它必须到处落户，到处开发，到处建立联系。

资产阶级，由于开拓了世界市场，使一切国家的生产和消费都成为世界性的了。使反动派大为惋惜的是，资产阶级挖掉了工业脚下的民族基础。古老的民族工业被消灭了，并且每天都还在被消灭。它们被新的工业排挤掉了，新的工业的建立已经成为一切文明民族的生命攸关的问题；这些工业所加工的，已经不是本地的原料，而是来自极其遥远的地区的原料；它们的产品不仅供本国消费，而且同时供世界各地消费。旧的、靠本国产品来满足的需要，被新的、要靠极其遥远的国家和地带的产品来满足的需要所代替了。过去那种地方的和民族的自给自足和闭关自守状态，被各民族的各方面的互相往来和各方面的互相依赖所代替了。物质的生产是如此，精神的生产也是如此。各民族的精神产品成了公共的财产。民族的片面性和局限性日益成为不可能，于是由许多种民族的和地方的文学形成了一种世界的文学。

资产阶级，由于一切生产工具的迅速改进，由于交通的极其便利，把一切民族甚至最野蛮的民族都卷到文明中来了。它的商品的低廉价格，是它用来摧毁一切万里长城、征服野蛮人最顽强的仇外心理的重炮。它迫使一切民族——如果它们不想灭亡的话——采用资产阶级的生产方式；它迫使它们在自己那里推行所谓的文明，即变成资产者。一句话，它按照自己的面貌为自己创造出一个世界。

资产阶级使农村屈服于城市的统治。它创立了巨大的城市，使城市人口比农村人口大大增加起来，因而使很大一部分居民脱离了农村生活的愚昧状态。正像它使农村从属于城市一样，它使未开化和半开化的国家从属于文明的国家，使农民的民族从属于资产阶级的民族，使东方从属于西方。

资产阶级日甚一日地消灭生产资料、财产和人口的分散状态。它使人口密集起来，使生产资料集中起来，使财产聚集在少数人的手里。由此必然产生的结果就是政治的集中。各自独立的、几乎只有同盟关系的、各有不同利益、不同法律、不同政府、不同关税的各个地区，现在已经结合为一个拥有统一的政府、统一的法律、统一的民族阶级利益和统一的关税的统一的民族。

资产阶级在它的不到一百年的阶级统治中所创造的生产力，比过去一切世代创造的全部生产力还要多，还要大。自然力的征服，机器的采用，化学在工业和农业中的应用，轮船的行驶，铁路的通行，电报的使用，整个整个大陆的开垦，河川的通航，仿佛用法术从地下呼唤出来的大量人口，——过去哪一个世纪料想到在社会劳动里蕴藏有这样的生产力呢？

由此可见，资产阶级赖以形成的生产资料和交换手段，是在封建社会里造成的。在这些生产资料和交换手段发展的一定阶段上，封建社会的生产和交换在其中进行的关系，封建的农业和工场手工业组织，一句话，封建的所有制关系，就不再适应已经发展的生产力了。这种关系已经在阻碍生产而不是促进生产了。它变成了束缚生产的桎梏。它必须被炸毁，它已经被炸毁了。

起而代之的是自由竞争以及与自由竞争相适应的社会制度和政治制度、资产阶级的经济统治和政治统治。

现在，我们眼前又进行着类似的运动。资产阶级的生产关系和交换关系，资产阶级的所有制关系，这个曾经仿佛用法术创造了如此庞大的生产资料和交换手段的现代资产阶级社会，现在象一个魔法师一样不能再支配自己用法术呼唤出来的魔鬼了。几十年来的工业和商业的历史，只不过是现代生产力反抗现代生产关系、反抗作为资产阶级及其统治的存在条件的所有制关系的历史。只要指出在周期性的重复中越来越危及整个资产阶级社会生存的商业危机就够了。在商业危机期间，总是不仅有很大一部分制成的产品被毁灭掉，而且有很大一部分已经造成的生产力被毁灭掉。在危机期间，发生一种在过去一切时代看来都好像是荒唐现象的社会瘟疫，即生产过剩的瘟疫。社会突然发现自己回到了一时的野蛮状态；仿佛是一次饥荒、一场普遍的毁灭性战争，使社会失去了全部生活资料；仿佛是工业和商业全被毁灭了，——这是什么缘故呢？因为社会上文明过度，生活资料太多，工业和商业太发达。社会所拥有的生产力已经不能再促进资产阶级文明和资产阶级所有制关系的发展；相反，生产力已经强大到这种关系所不能适应的地步，它已经受到这种关系的阻碍；而它一着手克服这种障碍，就使整个资产阶级社会陷入混乱，就使资产阶级所有制的存在受到威胁。资产阶级的关系已经太狭窄了，再容纳不了它本身所造成的财富了。——资产阶级用什么办法来克服这种危机呢？一方面不得不消灭大量生产力，另一方面夺取新的市场，更加彻底地利用旧的市场。这究竟是怎样的一种办法呢？这不过是资产阶级准备更全面更猛烈的危机的办法，不过是使防止危机的手段越来越少的办法。

资产阶级用来推翻封建制度的武器，现在却对准资产阶级自己了。

但是，资产阶级不仅锻造了置自身于死地的武器；它还产生了将要运用这种武器的人——现代的工人，即无产者。

随着资产阶级即资本的发展，无产阶级即现代工人阶级也在同一程度上得到发展；现代的工人只有当他们找到工作的时候才能生存，而且只有当他们的劳动增殖资本的时候才能找到工作。这些不得不把自己零星出卖的工人，像其他任何货物一样，也是一种商品，所以他们同样地受到竞争的一切变化、市场的一切波动的影响。

由于推广机器和分工，无产者的劳动已经失去了任何独立的性质，因而对工人也失去了任何吸引力。工人变成了机器的单纯的附属品，要求他做的只是极其简单、极其单调和极容易学会的操作。因此，花在工人身上的费用，几乎只限于维持工人生活和延续工人后代所必需的生活资料。但是，商品的价格，从而劳动的价格，是同它的生产费用相等的。因此，劳动越使人感到厌恶，工资也就越减少。不仅如此，机器越推广，分工越细致，劳动量也就越增加，这或者是由于工作时间的延长，或者是由于在一定时间内所要求的劳动的增加，机器运转的加速，等等。

现代工业已经把家长式的师傅的小作坊变成了工业资本家的大工厂。挤在工厂里的工人群众就像士兵一样被组织起来。他们是产业军的普通士兵，受着各级军士和军官的层层监视。他们不仅仅是资产阶级的、资产阶级国家的奴隶，他们每日每时都受机器、受监工、首先是受各个经营工厂的资产者本人的奴役。这种专制制度越是公开地把营利宣布为自己的最终目的，它就越是可鄙、可恨和可恶。

手的操作所要求的技巧和气力越少，换句话说，现代工业越发达，男工也就越受到女工和童工的排挤。对工人阶级来说，性别和年龄的差别再没有什么社会意义了。他们都只是劳动工具，不过因为年龄和性别的不同而需要不同的费用罢了。

当厂主对工人的剥削告一段落，工人领到了用现钱支付的工资的时候，马上就有资产阶级中的另一部分人——房东、小店主、当铺老板等等向他们扑来。以前的中间等级的下层，即小工业家、小商人和小食利者，手工业者和农民——所有这些阶级都降落到无产阶级的队伍里来了，有的是因为他们的小资本不足以经营大工业，经不起较大的资本家的竞争；有的是因为他们的手艺已经被新的生产方法弄得不值钱了。无产阶级就是这样从居民的所有阶级中得到补充的。无产阶级经历了各个不同的发展阶段。它反对资产阶级的斗争是和它的存在同时开始的。

最初是单个的工人，然后是某一工厂的工人，然后是某一地方的某一劳动部门的工人，同直接剥削他们的单个资产者作斗争。他们不仅仅攻击资产阶级的生产关系，而且攻击生产工具本身；他们毁坏那些来竞争的外国商品，捣毁机器，烧毁工厂，力图恢复已经失去的中世纪工人的地位。

在这个阶段上，工人是分散在全国各地并为竞争所分裂的群众。工人的大规模集结，还不是他们自己联合的结果，而是资产阶级联合的结果，当时资产阶级为了达到自己的政治目的必须而且暂时还能够把整个无产阶级发动起来。因此，在这个阶段上，无产者不是同自己的敌人作斗争，而是同自己的敌人的敌人作斗争，即同专制君主制的残余、地主、非工业资产者和小资产者作斗争。因此，整个历史运动都集中在资产阶级手里；在这种条件下取得的每一个胜利都是资产阶级的胜利。

但是，随着工业的发展，无产阶级不仅人数增加了，而且它结合成更大的集体，它的力量日益增长，它越来越感觉到自己的力量。机器使劳动的差别越来越小，使工资几乎到处都降到同样低的水平，因而无产阶级内部的利益、生活状况也越来越趋于一致。资产者彼此间日益加剧的竞争以及由此引起的商业危机，使工人的工资越来越不稳定；机器的日益迅速的和继续不断的改良，使工人的整个生活地位越来越没有保障；单个工人和单个资产者之间的冲突越来越具有两个阶级的冲突的性质。工人开始成立反对资产者的同盟；他们联合起来保卫自己的工资。他们甚至建立了经常性的团体，以便为可能发生的反抗准备食品。有些地方，斗争爆发为起义。

工人有时也得到胜利，但这种胜利只是暂时的。他们斗争的真正成果并不是直接取得的成功，而是工人的越来越扩大的联合。这种联合由于大工业所造成的日益发达的交通工具而得到发展，这种交通工具把各地的工人彼此联系起来。只要有了这种联系，就能把许多性质相同的地方性的斗争汇合成全国性的斗争，汇合成阶级斗争。而一切阶级斗争都是政治斗争。中世纪的市民靠乡间小道需要几百年才能达到的联合，现代的无产者利用铁路只要几年就可以达到了。

无产者组织成为阶级，从而组织成为政党这件事，不断地由于工人的自相竞争而受到破坏。但是，这种组织总是重新产生，并且一次比一次更强大，更坚固，更有力。它利用资产阶级内部的分裂，迫使他们用法律形式承认工人的个别利益。英国的十小时工作日法案就是一个例子。

旧社会内部的所有冲突在许多方面都促进了无产阶级的发展。资产阶级处于不断的斗争中：最初反对贵族；后来反对同工业进步有利害冲突的那部分资产阶级；经常反对一切外国的资产阶级。在这一切斗争中，资产阶级都不得不向无产阶级呼吁，要求无产阶级援助，这样就把无产阶级卷进了政治运动。于是，资产阶级自己就把自己的教育因素即反对自身的武器给予了无产阶级。

其次，我们已经看到，工业的进步把统治阶级的整批成员抛到无产阶级队伍里去，或者至少也使他们的生活条件受到威胁。他们也给无产阶级带来了大量的教育因素。

最后，在阶级斗争接近决战的时期，统治阶级内部的、整个旧社会内部的瓦解过程，就达到非常强烈、非常尖锐的程度，甚至使得统治阶级中的一小部分人脱离统治阶级而归附于革命的阶级，即掌握着未来的阶级。所以，正像过去贵族中有一部分人转到资产阶级方面一样，现在资产阶级中也有一部分人，特别是已经提高到从理论上认识整个历史运动这一水平的一部分资产阶级思想家，转到无产阶级方面来了。

在当前同资产阶级对立的一切阶级中，只有无产阶级是真正革命的阶级。其余的阶级都随着大工业的发展而日趋没落和灭亡，无产阶级却是大工业本身的产物。

中间等级，即小工业家、小商人、手工业者、农民，他们同资产阶级作斗争，都是为了维护他们这种中间等级的生存，以免于灭亡。所以，他们不是革命的，而是保守的。不仅如此，他们甚至是反动的，因为他们力图使历史的车轮倒转。如果说他们是革命的，那是鉴于他们行将转入无产阶级的队伍，这样，他们就不是维护他们目前的利益，而是维护他们将来的利益，他们就离开自己原来的立场，而站到无产阶级的立场上来。

流氓无产阶级是旧社会最下层中消极的腐化的部分，他们在一些地方也被无产阶级革命卷到运动里来，但是，由于他们的整个生活状况，他们更甘心于被人收买，去干反动的勾当。

在无产阶级的生活条件中，旧社会的生活条件已经被消灭了。无产者是没有财产的；他们和妻子儿女的关系同资产阶级的家庭关系再没有任何共同之处了；现代的工业劳动，现代的资本压迫，无论在英国或法国，无论在美国或德国，都是一样的，都使无产者失去了任何民族性。法律、道德、宗教在他们看来全都是资产阶级偏见，隐藏在这些偏见后面的全都是资产阶级利益。

过去一切阶级在争得统治之后，总是使整个社会服从于它们发财致富的条件，企图以此来巩固它们已经获得的生活地位。无产者只有废除自己的现存的占有方式，从而废除全部现存的占有方式，才能取得社会生产力。无产者没有什么自己的东西必须加以保护，他们必须摧毁至今保护和保障私有财产的一切。

过去的一切运动都是少数人的或者为少数人谋利益的运动。无产阶级的运动是绝大多数人的、为绝大多数人谋利益的独立的运动。无产阶级，现今社会的最下层，如果不炸毁构成官方社会的整个上层，就不能抬起头来，挺起胸来。如果不就内容而就形式来说，无产阶级反对资产阶级的斗争首先是一国范围内的斗争。每一个国家的无产阶级当然首先应该打倒本国的资产阶级。在叙述无产阶级发展的最一般的阶段的时候，我们循序探讨了现存社会内部或多或少隐蔽着的国内战争，直到这个战争爆发为公开的革命，无产阶级用暴力推翻资产阶级而建立自己的统治。

我们已经看到，至今的一切社会都是建立在压迫阶级和被压迫阶级的对立之上的。但是，为了有可能压迫一个阶级，就必须保证这个阶级至少有能够勉强维持它的奴隶般的生存的条件。农奴曾经在农奴制度下挣扎到公社成员的地位，小资产者曾经在封建专制制度的束缚下挣扎到资产者的地位。现代的工人却相反，他们并不是随着工业的进步而上升，而是越来越降到本阶级的生存条件以下。工人变成赤贫者，贫困比人口和财富增长得还要快。由此可以明显地看出，资产阶级再不能做社会的统治阶级了，再不能把自己阶级的生存条件当作支配一切的规律强加于社会了。资产阶级不能统治下去了，因为它甚至不能保证自己的奴隶维持奴隶的生活，因为它不得不让自己的奴隶落到不能养活它反而要它来养活的地步。社会再不能在它统治下生存下去了，就是说，它的生存不再同社会相容了。

资产阶级生存和统治的根本条件，是财富在私人手里的积累，是资本的形成和增殖；资本的条件是雇佣劳动。雇佣劳动完全是建立在工人的自相竞争之上的。资产阶级无意中造成而又无力抵抗的工业进步，使工人通过结社而达到的革命联合代替了他们由于竞争而造成的分散状态。于是，随着大工业的发展，资产阶级赖以生产和占有产品的基础本身也就从它的脚下被挖掉了。它首先生产的是它自身的掘墓人。资产阶级的灭亡和无产阶级的胜利是同样不可避免的。

原著解析

在“资产者和无产者”这篇文章中马克思主要阐述了三个观点：①阶级斗争是推动阶级社会发展的直接动力(第1～5段)。②考察资产阶级的产生和发展过程，揭示资本主义必然灭亡的规律(第6～28段)。③无产阶级的产生和发展及其历史使命(第29～54段)。

马克思、恩格斯运用历史唯物主义的基本观点，分析了资产阶级和无产阶级的产生，发展及其相互斗争的过程，揭示了资本主义必然灭亡和社会主义必然胜利的客观规律，阐明了无产阶级的历史使命。

四、案例解析

案例1

资本主义国家的国有企业

国有企业是国家垄断资本主义的重要形式，是国家直接参与社会再生产的重要物质基础。在国家垄断资本主义条件下，西方发达国家除了对社会经济进行宏观调控外，还发展国有经济以促进国民经济发展，为私有垄断资本创造良好的外部环境。

第二次世界大战后直至20世纪70年代末是发达资本主义国家所有制发展的新阶段。这一时期国有资本急剧扩大，国有制已成为发达资本主义国家多元所有制结构不可忽视的组成部分。下表集中反映了这一变化。

1977年主要资本主义国家国有企业在重要经济部门中的比重(%)

部门国别	邮电	无线电广播通信	电力	煤气	石油	煤炭	铁路运输	航空	钢铁	汽车	造船
英国	100	100	100	100	25	100	100	75	75	50	100
法国	100	100	100	100	—	100	100	75	75	50	—
联邦德国	100	100	75	50	25	50	100	100	—	25	25
意大利	100	100	75	100	—	—	100	100	75	25	75
比利时	100	100	25	25	—	—	100	100	50	—	—
荷兰	100	100	75	75	—	—	100	75	25	50	—
奥地利	100	100	100	100	100	100	100	100	100	100	—
西班牙	100	50	—	75	—	50	100	100	—	50	75
瑞典	100	100	50	100	—	—	100	50	—	75	75
美国	100	—	25	—	—	—	25	—	—	—	—
日本	100	100	—	—	—	—	75	75	—	—	—
加拿大	100	25	100	—	—	—	75	75	—	—	—

(资料来源：英国《经济学家》1978年12月30日.)

案例点评

(1) 各国国有企业比例较高部门首先集中在社会公共设施部门和重要的基础工业部门。

(2) 西方发达国家国有企业比例不断扩大与当时宏观经济背景有一定的关联。1973 年战后资本主义世界经历着一次最严重的周期性经济危机。私人垄断资本的发展受到较大的扼制。对此,各国政府只能通过扩大国有企业的途径加大对经济的调节力度。

(3) 资本主义国家的国有经济是国家作为“总资本家”维护全体垄断资产阶级根本利益的一种手段,并不改变资本主义私有制的性质。

案例 2

法国模式

在战后国家垄断资本主义发展高潮中,法国作为国家主导型的法国市场经济体制,国家在经济发展过程中始终发挥着重要的作用。其国家垄断资本与私人垄断资本的融合突出在两个方面:一是国有企业在国民经济中占有相当大的比重;二是计划与市场相结合进行资源配置。

法国的国有企业占有相当大的比重。这是政府长期推行国有化政策的结果。法国的国有企业持续时间很长,经历了 3 次国有化浪潮。第一次浪潮发生在 1945 年 1 月—1948 年 6 月。法国政府首先将雷诺汽车公司实行国有化,此后又将煤炭工业和铁路运输业收归国有,同时对电力工业实行国有化,控制了电力生产能力的 90%。法兰西航空公司也于 1948 年 6 月被收归国有。其间还建立了全国煤炭局、国家铁路局、国家宇航公司和法兰西电力公司等经营管理机构。此外,法国政府于 1946 年 1 月对四大银行(法兰西银行、法国兴业银行、巴黎国民贴现银行和里昂信贷银行)及 34 家保险公司等金融机构也实行了国有化。第二次浪潮出现于 20 世纪 70 年代中期到 1980 年。1978 年法国政府将受经济危机影响最重的、岌岌可危的钢铁部门的 1/3 企业收归国有,并以购买股票的方式对生产军用飞机的达索公司部分地实行了国有化。到 1980 年,法国政府已拥有 84 家国营企业集团,49 家混合经济公司,并在 800 家子公司中持有股份。国有企业固定资产已占全国固定资产总额的 20%,产值占国民生产总值的 12%,营业额占总营业额的 22%。国家掌握的存款额占全国存款总额的 59%。第三次浪潮与第二次紧密衔接。1981 年密特朗执政伊始,就通过一项国有化法案,进一步扩大国有化规模,又对 5 个大工业集团、2 家金融公司及存款 10 亿法郎以上的 36 家私人银行实行了国有化。这些工业集团和金融机构都是本部门位居前列的大垄断企业,在国内以至国际上都有较大影响,如贝西纳·犹乔纳·库尔曼公司是法国有色金属和化学工业中最大的垄断企业,在国外有近 260 家子公司,国有化资产及销售额均在 50 亿~60 亿法郎;国有化的法国巴黎荷兰金融公司,在国内外设有分支 816 个,存款总额为 85.5 亿美元。到 1982 年年底,法国国有制企业总额占全国出口额的 36%,净资产占全国净资产总额的 28%,出口总额占全国出口额的 23%。至 1990 年,国家直接控制和国家控股 50%以上的国有企业达 2 268 家,其中由国家直接控制的国有企业为 108 家。国有企业产值占国内生产总值的 18%,投资额占全国的 27.5%,出口额占 25%。

法国处理国家与国有企业之间关系的基本准则是，既要保证国家对企业的所有权和领导，又要保证企业拥有比较广泛的经营自主权。法国管理国有企业的主要方式和特点如下。

第一，国家与国有企业之间的权责划分明确。国家与国有企业之间的权责划分大体如下：①在生产、销售和库存管理方面，企业原则上拥有完全的自主权，除了国家通过计划规定某些指标和特殊的约束外，企业有权制定自己的生产、销售计划。②在财务管理方面，企业的自主权很小，国家的领导权和监督权很大。国家对企业的财务控制表现在企业投资、税制和利润分配、企业亏损补贴及价格制定方面。③在人员管理方面，国家控制不太严格，企业在人员任免、调配、培训、报酬、晋升等方面拥有自主权。

第二，国家通过三种方式行使对国有企业的领导权和监督权。其一，"计划方式"。政府通过同国有企业签订计划合同，明确双方的责任权利，这样的国有企业占一半左右。其二，"监督方式"。国家财政部的财政总监、国家审计法院及议会从不同方面对国有企业监督、评估。其三，"监护方式"。国家向企业派驻稽查员和主管部门代表对企业进行财务监督和信息披露的合理监督等。

第三，国家对国有企业实行分类管理。法国国有企业分为垄断性企业和竞争性企业两大类。垄断性国有企业指国家是企业的唯一股东或国家掌握企业51%以上的股份。竞争性国有企业是指所处的部门存在大量私人企业，国内和国际市场上有众多竞争对手。政府对这两类企业实行不同的管理方法。对于前者，政府采取直接管理和间接管理相结合的办法，控制程度较高，管理严格，企业的自主经营相对较少；对于后者，政府给予它们充分的自主权，实行自主经营，实行自主盈亏，国家仅对其实行间接管理。

国有企业在国民经济中占有如此大的比重，但法国经济从总体上说，私人企业仍占主导地位。例如1976年法国最大的500家工商业公司的控制结构表明：国家控制占12.4%，私人垄断控制占60.2%。国家通过国有企业的运行是在宏观层面为社会再生产正常进行创造了有利条件，这不仅不会削弱私人企业，反而会保护私人企业发展。譬如，国家用诸多政策保护私人厂商不受外国企业竞争的影响。此外，法国政府和大私人工商企业之间是一种密切合作的关系。法国的大私人企业通常有一个理事专门负责同政府各部门保持密切联系，了解政府的有关政策，以及政府政策对私人企业的影响。因此，较高的国有企业的比重，并不会改变国家垄断资本主义的私有制的性质。

法国市场经济并不排斥计划式。法国的经济计划是长期有效地发挥作用。计划与市场在不同领域，不同层次上的有机地结合，共同发挥调节资源配置的作用。法国政府自1948年制订了第一个5年计划起延续至今。法国政府不像其他发达国家主要依靠财政金融杠杆对市场秩序和环境进行调整，而是注重计划手段，力图建立一个包括远期规划在内的"中期协调框架"以实施对国民经济的指导和调节。

市场经济国家制订计划的目的是为了克服市场的缺点，弥补市场机制对经济调节的不足和滞后。法国政府注重计划手段，但计划的编制内容和实施都较充分地发挥了市场的作用。首先，在计划编制上，政府官员与社会伙伴反复共同协商，评估经济发展总方针，制订出反映社会各阶层利益的计划，以利于今后的实施。其次，法国计划不是无所不包的计划，主要内容如下。

第一，提出几年经济发展的战略方向和总体目标。在经济发展的不同阶段，依据不同的客观条件，国家规定了不同的发展战略和目标。在战后经济恢复时期，国家的总体目标是实现工农业装备现代化，优先发展基础产业部门。经济全面高涨和工业现代化高涨时期，政府的主要目标是实现国民经济均衡、稳定、高速增长和社会平衡。

第二，提出国民经济发展的一些重大的总量预测指标。法国经济计划以规定一定时期内宏观经济量增长指标见长。这些指标对国有企业有一定的约束力，对私人企业只提供信息，指明方向，促进宏观协调。

第三，确定优先发展部门和项目，推动部门经济的发展和结构的变化。法国计划确定了一定时期内经济部门的发展序列和重点部分，包括部门和区域开发，填补空缺，基础设施和公用事业，以及一些市场不能起调节作用的领域，如国防、教育、环境保护等，使经济和社会得以平衡发展。

第四，为实现计划目标而采取的配套设施。法国计划的实施过程有以下特点：首先，政府计划只具有指标性，而不具有指令性。计划的制订虽然经过各“社会伙伴”的讨论、协调和平衡，但计划本身却不一定能够全部实现。其次，计划以政府汇集宏观经济预测信息为基础，把预测与市场信息统一起来作为向企业提供的信息。最后，政府主要通过投资和信贷政策、信贷杠杆、税收政策、价格合同和控制债券发行等手段来间接地贯彻计划目标。

当然，法国的计划工作也存在着一些问题：首先是计划所包含的方面越来越广，制定的目标越来越多，这就导致需要广泛吸收各“社会伙伴”的意见，但又很难协调一致；其次是议会对计划制订缺乏有效干预。

（资料来源：高峰. 现代资本主义的经济关系和运行特征[M].
天津：南开大学出版社，2000.）

案例点评

（1）法国的国家主导型市场经济体制是国家与私人垄断资本融合的典型形式。较高的国有经济比重及延续不断的中长期计划是法国的市场经济实现资源配置高效的原因。

（2）法国的国家主导型市场经济特别能从以下两方面给予我们重要启示：其一，计划和市场是调节资源配置的不同方式。其二，在市场经济条件下，资本主义国家经济计划化和国有资本的形成，是政府为弥补市场失灵的主要途径。

案例 3

跨国公司

第二次世界大战后，特别是50年代后期以来，随着主要发达资本主义国家经济的发展及其对外直接投资的增加，作为国际直接投资和生产国际化的载体——跨国公司有了急剧而广泛的发展。目前，从对外直接投资的存量和流量的发展来看，跨国公司已不再是发达国家的专利，发展中国家也有跨国公司，但发达国家的投资和引资行为仍是对外直接投资的主体。

近20年来是世界跨国公司迅速发展的黄金时期。据联合国跨国公司研究中心的统计，1980年全球跨国公司仅有1.1万家，子公司9.8万家。至1997年，全球共有跨国公司5.3万家，拥有45万家国外分支机构，雇员超过7 000万人。这些跨国公司控制了世界生产的40%，贸易的50%～60%，技术贸易的60%～70%，对外直接投资的90%。1997年全球跨国公司对外直接投资的存量达3.5万亿美元，海外机构的全球销售额达9.5万亿美元，海外机构的总资产达 12.6 万亿美元，海外机构的产值达 2.1 万亿美元；其出口额达 2 万亿美元，占世界出口总额的 1/3。

1996 年，按海外资产排名的世界 100 家最大的跨国公司中，通用电气公司名列第一，海外资产达 828 亿美元，总资产 724 亿美元，海外销售额 211 亿美元，总销售额 92 亿美元，海外就业人数为 8.4 万人，总就业人数为 23.9 万人。英荷壳牌石油公司居第二，然后依次为福特汽车公司、埃克森美孚石油公司、通用汽车公司、IBM 等。这 100 家公司 1995—1996 年的海外总资产增加了 6%，达 1.8 万亿美元。

全世界前 300 家跨国公司大约控制着世界 1/4 的生产资金，有 5 万亿美元之多。一般大跨国公司的年销售额可以与大部分国家的国内生产总值相比。英荷壳牌石油公司在 50 个国家开采石油，在 34 个国家有炼油厂，在 100 多个国家的市场上销售产品，其销售额大约等于伊朗的国内生产总值。三井与通用电气法国分公司的销售额加在一起，要超过丹麦、葡萄牙、土耳其国内生产总值之和，比整个撒哈拉沙漠以南的非洲地区的生产总值还多 5 000 亿美元。

跨国公司发展迅速，使跨国并购成为直接投资的重要形式。1997 年跨国并购额为 3 420 亿美元，占当年对外直接投资总值的 58%。许多并购涉及金额巨大，其中有 58 宗的金额超过 10 亿美元。

（资料来源：陆建人．亚太经合组织与中国[M]．北京：经济管理出版社，1997.）

案例点评

（1）如何定义跨国公司的问题由来已久。最实用的定义是邓宁（Dunning）在 1993 年提出的“跨国公司就是在一个以上的国家生产（或增值）的公司”。

（2）战后各主要发达国家的跨国公司迅速而广泛地发展，有其深刻的经济和政治原因。

（3）跨国公司拥有雄厚的经济实力，垄断了最先进的技术，它的子公司和分支机构遍布于全球，其活动深入到各个经济领域。因此，它的经营活动对整个世界的生产、销售、研究与开发等各方面都产生了重大影响，从而推动了经济全球化的进程。

案例 4

亚太经济合作组织

亚太经济合作组织（Asia-Pacific Economic Cooperation，APEC）是亚太地区的一个主要经济合作组织。亚太经合组织的宗旨是实现区域内的贸易和投资自由化，加强成员间的经济技术合作，推动亚太地区的经济发展。

在亚太地区，最早倡议建立太平洋经济合作组织的是日本的鹿守之助、小岛清等一批学者。他们受到欧洲建立“欧洲经济共同体”的启发，在 20 世纪 60 年代初，提议组建“太平洋经济共同体”。当时由于条件不成熟，这个提议并没有得到实施。

到了 20 世纪 70 年代末，当时日本大平政府和澳大利亚的有关人士，又起而呼吁建立太平洋经济合作组织，并在中国、东南亚国家和大洋洲引起了回响。对亚太经济合作的议论亦从学术界扩展到商界、官方，加强区域经济合作的各种设想不断出现，成立了许多全区域与次区域的经济合作论坛机构，并开始酝酿建立全区域政府间的合作机构。

20 世纪 80 年代末由于冷战已近结束，国际形势出现了明显的缓和趋势，亚太地区经济呈现出蓬勃发展的势头,而世界经济的集团化、区域化趋势也日益加强。在这样的背景下,成立政府级的亚太经济合作组织的条件已经成熟。

1989年1月,澳大利亚总理霍克访问韩国时建议召开部长级会议,讨论加强亚太经济合作问题。经与有关国家磋商,1989年11月5—7日,澳大利亚、美国、加拿大、日本、韩国、新西兰和当时的东南亚联盟六国在澳大利亚首都堪培拉举行亚太经济合作会议首届部长级会议,宣告亚太经济合作组织的成立。首届会议提出了一些重要的目标和原则,后来成为APEC的宗旨和主要任务,主要包括:①不把亚太经济组织搞成封闭的贸易集团,而是谋求加强开放的多边贸易体制;②会议只讨论经济合作问题,不讨论政治、安全问题;③在促进多领域的经济合作同时,推进本地区的贸易自由化;④以平等、协商、渐进的方式来推进地区经济合作。

APEC的成立,是亚太区域经济合作各类设想和组织向更高层次发展的结果,是亚太国家(地区)经济在较长时期实现有活力增长的基础上相互需要进一步扩大合作关系的产物。在创始初期,APEC是一个松散的、以每年一届部长级会议为其形式的经济论坛。尽管APEC仍属论坛性的合作机构,但与会者是政府的部长级官员,他们不再仅是代表个人提意见发议论,而是代表政府的政策意向发表看法。会议通过协商形成的共识对各国政府的对外经济合作政策也将产生重大的影响。

1991年11月在韩国汉城举行的亚太经济合作组织第三届部长级会议应被看成APEC发展历程中的一块里程碑。其一是增加了亚洲地区最富有经济活力的3个成员——中国内地、中国台湾和中国香港。其二是提出APEC自身应从"论坛"发展成为一个机构化的组织。会议通过了《汉城宣言》,正式确定亚太经济合作组织的宗旨和目标是:相互依存,共同受益,坚持开放性多边贸易体制和减少区域内贸易壁垒。

1993年1月,亚太经济合作组织在新加坡成立了一个小型常设秘书处,负责该组织的日常事务性工作。1993年西雅图会议在APEC的发展历程中是一个重要的转折点。美国利用东道主的地位,首次召开了APEC领导人非正式会议,使APEC的组织结构发生了根本的变化,形成高官会、部长级会、首脑会三层次决策结构,具备了一个多边组织运行机制的基本框架。此后,领导人非正式会议每年召开一次,在各成员间轮流举行。会议发表了《经济展望声明》,号召实现本地区贸易投资自由化,实行开放的地区主义,由此揭开了亚太贸易自由化和经济技术合作的序幕。

1994年在印度尼西亚的雅加达会议上,领导人会议发表了《茂物宣言》,提出了发达经济体和发展中经济体实现贸易和投资自由化的时间表,从而使APEC的发展进入深化阶段。

1995年在日本大阪领导人会议上发表了《亚太经合组织经济领导人行动宣言》,声称APEC的三大支柱是贸易和投资自由化、贸易和投资便利化、经济技术合作,并且提出了《执行茂物宣言的大阪行动议程》,要求各经济体准备单边和集体行动计划,提交1996年的马尼拉会议审议。1996年在马尼拉召开的第8届部长级会议宣布并通过了《马尼拉行动计划》,规定从1997年1月1月开始执行。从而标志着APEC进入了贸易和投资自由化的实施阶段。1997年加拿大温哥华领导人会议上,审议了各经济体贸易自由化的优先部门选择,提出了推进服务贸易自由化问题。

APEC的成立及其加速发展,是由该地区客观的和内在的要求所驱动的,是亚太经济长期高速增长所决定的。随着APEC贸易与投资自由化的不断推进和成员间经济技术合作的深化，必将对亚太地区经济的持续增长起积极影响。亚太经济合作组织现有21个成员，成员的总人口占世界人口的45%，国内生产总值占世界的55%，贸易额占46%。这一组织在全球经济活动中也必将具有举足轻重的地位。

（资料来源：史敏，高连福．亚太经济合作与中国[M]．北京：中国物价出版社，1998．）

案例点评

（1）世界经济区域化是第二次世界大战后与经济全球化趋势平行发展的另一趋势，两者相互促进又相互制约。

（2）随着中国经济对外开放的扩大和加深，中国充分认识到推进国际化和参与区域经济合作的重要性和利益。中国是亚太地区的重要成员，亚太地区也是中国对外开放最重要的地区。一个日益开放的亚太地区，对中国经济的繁荣和发展是至关重要的。因此，中国自1991年加入APEC后，便以积极的姿态、负责的和合作的态度参与APEC的活动。

五、实践项目

项目1

参观访问约翰迪尔（佳木斯）农业机械有限公司

方案

理论学习结束后，组织学生参观访问跨国公司——约翰迪尔（佳木斯）农业机械有限公司，考察跨国公司的经营管理模式，引导学生将书本知识与社会实践相结合，培养学生运用理论解决实际问题的能力。通过参观访问，使学生深化对跨国公司的认识，理解跨国公司在世界经济发展中的作用。

时间

第十七教学周。

地点

佳木斯。

流程

（1）指导教师结合马克思主义基本原理的相关理论和教学目的，制定调研目标与提纲。

（2）召开参观访问动员会，并将学生按调研目标分成调研小组，分解任务，确定小组负责人。

（3）组织学生按任务进行实地参考访问，并记录考察过程和结果。

（4）社会实践结束后，各个调研组就所调研的内容写出调研报告。

（5）召开参观访问总结会，不同组之间、各个班级之间互相交流，并对学生的参观访问进行评价。

要求

（1）学生必须独立完成。确实需要多人合作完成，必须明确分工，由学生独立完成所分担的部分。

（2）杜绝抄袭等弄虚作假行为。

（3）按照论文和调查报告的格式要求撰写。

(4) 论文或报告文本要求统一打印、统一格式。

(5) 字数不少于2000。

评价

(1) 是否观点鲜明,有新意。

(2) 是否论据翔实,不牵强。

(3) 论证过程是否严谨完整,结构合理。

(4) 理论分析是否思路清晰,层次清楚。

(5) 语言表述是否准确流畅,文通字顺。

项目2

课堂讨论——资本主义的历史进步性

方案

讲解完当代资本主义新变化之后,布置学生根据所学原理,结合个人体会,并通过各种途径搜集资料,就"资本主义的历史进步性"准备一篇有理论观点、有事实根据的讨论稿。按照一定的顺序让学生代表依次发言,学生们集体讨论,最后教师进行总结和评价。利用这种方式,让学生参与教学过程,提高他们的学习积极性和主动性,锻炼学生们的表达能力。

时间

第十八教学周。

地点

教室。

流程

(1) 指导教师布置讨论题目及要求。

(2) 学生分组进行资料搜集和讨论稿撰写。

(3) 各组选派代表进行发言。

(4) 学生集体讨论。

(5) 教师对相关理论进行归纳,总结讨论情况并对优秀者给予奖励。

评价

评价指标	考核结果			
	优	良	中	差
组织纪律性				
沟通能力				
团队协作精神				
工作主动性				
专业理论运用情况				
讨论稿书写				
讨论表现				

第六章　社会主义社会及其发展

一、知识提要

通过本章的学习，了解社会主义从空想到科学、从理论到实践的发展过程，以及社会主义从一国发展到多国的过程；掌握马克思主义经典作家对社会主义基本特征的阐述，以及中国共产党关于社会主义基本特征的认识；认识社会主义在落后国家率先建立的原因，以及这些国家建设社会主义的艰巨性和长期性，进一步坚定社会主义信念；明确马克思主义政党在革命和建设中的地位与作用，提高坚持党的领导的自觉性。

二、重点搜索

重点 1：社会主义社会的基本特征

马克思、恩格斯在他们当时所处的时代背景下，即自由竞争资本主义时期，认为社会主义社会区别于资本主义社会的基本特征主要体现为：生产资料归全社会所有；根据社会的需要，有计划地调节生产；在对社会总产品作了各项扣除之后，对个人消费品实行按劳分配；没有商品生产，没有货币交换；没有阶级对立和阶级差别，国家开始消亡但尚未完全消亡。

资本主义社会发展到垄断阶段后，列宁研究了新的时代特点，对社会主义社会的基本特征作了新的论述：存在商品生产和商品交换；具有高度发达的生产力和比资本主义更高的劳动生产率；建立工人阶级和劳动人民的政权及其民主制度；实行全民所有制经济和集体所有制合作经济。

中国共产党在领导人民建设新中国的实践中，进一步深化了对社会主义社会的基本特征的认识：解放和发展生产力，创造高度发达的生产力和比资本主义更高的劳动生产率；建立和完善生产资料公有制，逐步消灭剥削，消除两极分化，达到共同富裕；个人消费品实行“各尽所能，按劳分配”制度；在无产阶级政党领导下，建立工人阶级和劳动人民的政权；以马克思主义为指导，大力发展社会主义文化，建设社会主义精神文明。

重点 2：马克思主义政党在社会主义革命和建设中的地位与作用

马克思主义政党是科学社会主义与工人运动相结合的产物，是由工人阶级先进分子组成的，以民主集中制为组织原则的，实现共产主义是其根本目标。为了实现这一根本目的，马克思主义政党在不同的历史时期和条件下又有近期的奋斗目标，是最高纲领和最低纲领的统一论者。

马克思主义政党代表着最广大人民的根本利益，以服务人民群众、为人民群众谋利益作为自己的根本宗旨。为了实现人民的利益，马克思主义政党不仅欢迎人民的批评和监督，而且随时进行自我批评。

马克思主义政党是社会主义革命和建设的领导核心，以马克思主义为指导进行思想领导，不断推进理论创新，形成发展指导社会主义革命和建设事业的正确理论，为社会主义国家各项事业提供精神动力和智力支持；通过政治领导保证社会主义建设的正确方向；通过党和国家的各种组织，通过把党的路线、方针、政策上升到法律的地位，实际地组织和领导国家的建设。坚持党的领导必须改善党的领导，改善党的领导必须加强马克思主义政党的先进性建设。

重点3：社会主义从空想到科学的发展

社会主义从空想到科学的发展集中阐述了社会主义如何从空想发展到科学这一核心问题。通过集中分析空想社会主义者及其思想产生和发展的历史，特别是对19世纪初期的三大空想社会主义思想家的积极成果和历史局限性的辩证分析，阐述了社会主义要从空想变为科学，必须摆脱唯心主义，把它置于现实基础之上。通过分析人类认识史上的辩证法发展的历程，证明马克思的两大发现，即唯物史观和剩余价值学说的创立，使社会主义从空想变为科学，通过分析资本主义社会所固有的基本矛盾及其发展过程，论证了资本主义必然灭亡和社会主义必然胜利的客观历史规律，同时说明社会主义代替资本主义的变革力量和途径，并且科学地预测了共产主义社会的基本特征。

重点4：社会主义在实践中发展和完善

在马克思和恩格斯的著作中，根据当时的历史条件，设想社会主义革命将在发达资本主义国家同时取得胜利。无产阶级取得政权以后，经过一段过渡时期，建立起与社会化大生产相适应的新社会制度，他们将其称为共产主义的第一阶段，而后发展为共产主义的高级阶段。

邓小平把社会主义的本质概括为“解放生产力，发展生产力，消灭剥削，消除两极分化，最终达到共同富裕”。

在社会主义实践中，特别是中国的改革开放实践中，人们关于社会主义基本特征的认识归纳出了几个方面。

经济文化相对落后的国家率先进入社会主义，是特定历史条件下的客观现实，有其深刻的内外原因，各国的社会主义建设事业，都是在不断探索中前进和发展的，人们在寻找适合本国的社会主义之路，试图把马克思主义科学社会主义的基本原理与本国具体实践更好地结合起来。这种探索必须坚持科学社会主义基本原理，如果偏离了这一原理，就会导致失败；如果不坚持社会主义发展道路的多样性，脱离本国的实际，同样也会付出沉重代价。

社会主义的发展道路是曲折的，但前途是光明的，社会主义在曲折中前进，在开拓中发展，最终将战胜资本主义、取代资本主义，这是世界历史发展的必然趋势与归宿。

三、深度阅读

《在庆祝中国共产党成立90周年大会上的讲话》

写作背景

2011年7月1日，时任中共中央总书记的胡锦涛在中国共产党建党90周年庆祝大会上作了重要讲话。讲话不仅回顾了中国发展进步的伟大历程，展望了中国发展繁荣的光明前景，而且有针对性地回答了国内外关于中国改革发展的一系列重大问题，是召开党的十八大之前最重要的一个纲领性文献。

原著节选

1921年，在马克思列宁主义同中国工人运动相结合的进程中，中国共产党应运而生。中国共产党的诞生，是近现代中国历史发展的必然产物，是中国人民在救亡图存斗争中顽强求索的必然产物。从此，中国革命有了正确前进方向，中国人民有了强大精神力量，中国命运有了光明发展前景。

90年来，我们党团结带领人民在中国这片古老的土地上，书写了人类发展史上惊天地、泣鬼神的壮丽史诗，集中体现为完成和推进了三件大事。

第一件大事，我们党紧紧依靠人民完成了新民主主义革命，实现了民族独立、人民解放。经过北伐战争、土地革命战争、抗日战争、解放战争，党和人民进行28年浴血奋战，打败日本帝国主义侵略，推翻国民党反动统治，建立了中华人民共和国。新中国的成立，使人民成为国家、社会和自己命运的主人，实现了中国从几千年封建专制制度向人民民主制度的伟大跨越，实现了中国高度统一和各民族空前团结，彻底结束了旧中国半殖民地半封建社会的历史，彻底结束了旧中国一盘散沙的局面，彻底废除了列强强加给中国的不平等条约和帝国主义在中国的一切特权。中国人从此站立起来了，中华民族发展进步从此开启了新的历史纪元。

第二件大事，我们党紧紧依靠人民完成了社会主义革命，确立了社会主义基本制度。我们创造性地实现由新民主主义到社会主义的转变，使占世界人口四分之一的东方大国进入社会主义社会，实现了中国历史上最广泛最深刻的社会变革。我们建立起独立的比较完整的工业体系和国民经济体系，积累了在中国这样一个社会生产力水平十分落后的东方大国进行社会主义建设的重要经验。

第三件大事，我们党紧紧依靠人民进行了改革开放新的伟大革命，开创、坚持、发展了中国特色社会主义。党的十一届三中全会以来，我们总结我国社会主义建设经验，同时借鉴国际经验，以巨大的政治勇气、理论勇气、实践勇气实行改革开放，经过艰辛探索，形成了党在社会主义初级阶段的基本理论、基本路线、基本纲领、基本经验，建立和完善社会主义市场经济体制，坚持全方位对外开放，推动社会主义现代化建设取得举世瞩目的伟大成就。

这三件大事，从根本上改变了中国人民和中华民族的前途命运，不可逆转地结束了近代以后中国内忧外患、积贫积弱的悲惨命运，不可逆转地开启了中华民族不断发展壮大、走向伟大复兴的历史进军，使具有5000多年文明历史的中国面貌焕然一新，中华民族伟大复兴展现出前所未有的光明前景。

90 年来，中国社会发生的变革，中国人民命运发生的变化，其广度和深度，其政治影响和社会意义，在人类发展史上都是十分罕见的。

事实充分证明，在近代以来中国社会发展进步的壮阔进程中，历史和人民选择了中国共产党，选择了马克思主义，选择了社会主义道路，选择了改革开放。

事实充分证明，中国共产党不愧为伟大、光荣、正确的马克思主义政党，不愧为领导中国人民不断开创事业发展新局面的核心力量。

同志们、朋友们！

90 年来，我们取得的一切成就，是一代一代中国共产党人同人民一道顽强拼搏、接续奋斗的结果。以毛泽东同志为核心的党的第一代中央领导集体团结带领全党全国各族人民，夺取了新民主主义革命的伟大胜利，确立了社会主义基本制度，为当代中国一切发展进步奠定了根本政治前提和制度基础。以邓小平同志为核心的党的第二代中央领导集体团结带领全党全国各族人民，开启了改革开放的伟大历程，吹响了建设中国特色社会主义的时代号角，开辟了社会主义事业发展新时期。以江泽民同志为核心的党的第三代中央领导集体团结带领全党全国各族人民，坚持改革开放、与时俱进，引领改革开放的航船沿着正确方向破浪前进，成功把中国特色社会主义伟大事业推向 21 世纪。党的十六大以来，党中央团结带领全党全国各族人民，以邓小平理论和"三个代表"重要思想为指导，深入贯彻落实科学发展观，着力推动科学发展、促进社会和谐，继续在全面建设小康社会实践中推进中国特色社会主义伟大事业。

……

同志们、朋友们！

回顾 90 年中国的发展进步，可以得出一个基本结论：办好中国的事情，关键在党。

总结 90 年的发展历程，我们党保持和发展马克思主义政党先进性的根本点是：坚持解放思想、实事求是、与时俱进，以科学态度对待马克思主义，用发展着的马克思主义指导新的实践，坚持真理、修正错误，坚定不移走自己的路，始终保持党开拓前进的精神动力；坚持为了人民、依靠人民，诚心诚意为人民谋利益，从人民群众中汲取智慧和力量，始终保持党同人民群众的血肉联系；坚持任人唯贤、广纳人才，以事业感召、培养、造就人才，不断增加新鲜血液，始终保持党的蓬勃活力；坚持党要管党、从严治党，正视并及时解决党内存在的突出问题，始终保持党的肌体健康。

全党必须清醒地看到，在世情、国情、党情发生深刻变化的新形势下，提高党的领导水平和执政水平、提高拒腐防变和抵御风险能力，加强党的执政能力建设和先进性建设，面临许多前所未有的新情况新问题新挑战，执政考验、改革开放考验、市场经济考验、外部环境考验是长期的、复杂的、严峻的。精神懈怠的危险，能力不足的危险，脱离群众的危险，消极腐败的危险，更加尖锐地摆在全党面前，落实党要管党、从严治党的任务比以往任何时候都更为繁重、更为紧迫。

我们必须从新的实际出发，坚持以科学理论指导党的建设，以改革创新精神研究和解决党的建设面临的重大理论和实际问题，着眼于全面建设小康社会、加快推进社会主义现代化，全面认识和自觉运用马克思主义执政党建设规律，全面推进党的建设新的伟大工程，不断提高党的建设科学化水平。

在新的历史条件下提高党的建设科学化水平，必须坚持解放思想、实事求是、与时俱进，大力推进马克思主义中国化时代化大众化，提高全党思想政治水平。

……

同志们、朋友们！

中国共产党自诞生之日起就勇敢担当起团结带领人民实现中华民族伟大复兴的历史使命。继续推动中华民族伟大复兴进程，必须始终坚持党的基本路线不动摇，继续解放思想，坚持改革开放，推动科学发展，促进社会和谐，在新的历史起点上把中国特色社会主义伟大事业全面推向前进。

面向未来，全党同志必须牢记，我国过去30多年的快速发展靠的是改革开放，我国未来发展也必须坚定不移依靠改革开放。新时期最鲜明的特点是改革开放。改革开放是党在新的历史条件下领导人民进行的新的伟大革命，是决定当代中国命运的关键抉择，是坚持和发展中国特色社会主义、实现中华民族伟大复兴的必由之路。只有改革开放才能发展中国、发展社会主义、发展马克思主义。当前，世情、国情、党情继续发生深刻变化，我国发展中不平衡、不协调、不可持续问题突出，制约科学发展的体制机制障碍躲不开、绕不过，必须通过深化改革加以解决。我们一定要坚定不移坚持党的十一届三中全会以来的路线方针政策，坚定信心、砥砺勇气，坚持不懈把改革创新精神贯彻到治国理政各个环节，奋力把改革开放推向前进。要坚持社会主义市场经济的改革方向，提高改革决策的科学性，增强改革措施的协调性，找准深化改革开放的突破口，明确深化改革开放的重点，不失时机地推进重要领域和关键环节改革，继续推进经济体制、政治体制、文化体制、社会体制改革创新，继续解放和发展社会生产力，继续推动我国社会主义制度自我完善和发展，坚决破除一切妨碍科学发展的思想观念和体制机制弊端，为推进中国特色社会主义事业注入强大动力。

在前进道路上，我们要继续牢牢扭住经济建设这个中心不动摇，坚定不移走科学发展道路。

……

同志们、朋友们！

环顾全球，和平、发展、合作的时代潮流没有变，但世界和平与发展面临诸多挑战。共同分享发展机遇，共同应对各种风险，推动建设持久和平、共同繁荣的和谐世界，是各国人民的共同愿望。

中国共产党和中国人民历来是促进世界和平与发展的积极力量。为人类作出应有贡献，是中国共产党和中国人民早就作出的庄严承诺。我们将坚持不懈为人类和平与发展的崇高事业作出自己的努力，争取对人类作出新的更大的贡献。

中国外交政策的宗旨是维护世界和平、促进共同发展。我们将继续坚持独立自主的和平外交政策，始终不渝走和平发展道路，始终不渝奉行互利共赢的开放战略，在和平共处五项原则的基础上同所有国家发展友好合作，维护发展中国家正当要求和共同利益，积极参与多边事务，推动国际政治经济秩序朝着更加公正合理的方向发展。我们将坚定不移实行对外开放的基本国策，完善开放型经济体系，全面提高开放型经济水平，加强同世界各国的互利合作，继续以自己的和平发展促进各国共同发展。

中国共产党将在独立自主、完全平等、相互尊重、互不干涉内部事务原则的基础上，同各国各地区政党和政治组织发展交流合作，相互学习借鉴治国理政经验，促进国家关系发展。

……

同志们、朋友们！

90年前，中国共产党只有几十个成员，国家贫穷落后，人民苦不聊生。今天，中国共产党已经拥有8 000多万党员，国家繁荣昌盛，人民幸福安康。90年来，我们党取得的所有成就都是依靠人民共同奋斗的结果，人民是真正的英雄，这一点我们永远不能忘记。

我们完全有理由为党和人民取得的一切成就而自豪，但我们没有丝毫理由因此而自满，我们决不能也决不会躺在过去的功劳簿上。

在本世纪上半叶，我们党要团结带领人民完成两个宏伟目标，这就是到中国共产党成立100年时建成惠及十几亿人口的更高水平的小康社会，到新中国成立100年时建成富强民主文明和谐的社会主义现代化国家。我们肩膀上的担子重、责任大。全党同志要牢记历史使命，永远保持谦虚、谨慎、不骄、不躁的作风，永远保持艰苦奋斗的作风，勇于变革、勇于创新，永不僵化、永不停滞，不动摇、不懈怠、不折腾，不为任何风险所惧，不被任何干扰所惑，坚定不移沿着中国特色社会主义道路奋勇前进，更加奋发有为地团结带领全国各族人民创造自己的幸福生活和中华民族的美好未来！

原著解析

讲话共分九个部分。前四个部分是历史回顾。第一部分概括了90年前党的成立对中华民族伟大复兴的意义，以及和90年来党为社会主义事业和民族复兴所作出的历史性贡献。第二部分概括了党团结带领人民完成和推进三件历史性大事。第三部分深切怀念和感谢为中华民族伟大复兴而作出贡献的老一辈革命家、革命先烈和奋斗在全国各条战线的广大人民群众、港澳台同胞和海外侨胞。第四部分阐述了党和人民必须倍加珍惜长期建设不断发展的三大历史性成就。第五部分讲党的建设问题。第六部分讲党领导的伟大事业。第七部分讲和平发展、时代潮流、独立自主和制度建设。第八部分对青年人提出期望和要求。第九部分讲党要牢记使命、奋勇前进。

胡锦涛总书记在讲话中总结了我党保持和发展马克思主义政党先进性的根本点在于“四个坚持”。其一，“坚持解放思想、实事求是、与时俱进，以科学态度对待马克思主义，用发展着的马克思主义指导新的实践，坚持真理、修正错误，坚定不移走自己的路，始终保持党开拓前进的精神动力”。这讲的是发展的观点。时代在发展，形势在变化，党的先进性的标准和条件也在不断变化之中，要用辩证唯物主义发展的观点、联系的观点、运动的观点来看待问题、分析问题和解决问题，不断提高党员干部的素质能力，勇于创新、勇于探索、勇于突破，保持思想上的先进性和行动上的先进性。其二，“坚持为了人民、依靠人民，诚心诚意为人民谋利益，从人民群众中汲取智慧和力量，始终保持党同人民群众的血肉联系”。这讲的是群众观点。我党来自人民、植根人民，理应服务人民、造福人民。基层党组织及党员干部要牢固树立全心全意为人民服务、诚心诚意为人民谋利益的意识，无论是想问题、作决策、干工作，都要把群众呼声作为第一信号，把群众利益作为第一目标，把群众满意作为第一标准，要把最广大群众的根本利益作为一切工作的出发点和落脚点，真心诚意为群众办实事、做好事、解难事，使群众在党领导的经济社会各项事业发展中持续得到更多的实惠。其三，“坚持任人唯贤、广纳人才，以事业感召、培养、造就人才，不断增加新鲜血液，始终保持党的蓬勃活力”。这讲的是人才观点。人是生产力中最活跃的因素，事业成败、唯在得人。要坚持党管人才，确保人尽其才。要坚信人人皆可成才，坚持用事业留人、用感情留人、用适当待遇留人，把本地区本单位打造成积聚人才的“洼地”、人才发展的“福地”，真正代表先进生产力的发展要求和先进文化的前进方向，更好地推动科学发展、促进社会和谐。其四，“坚持党要管党、从严治党，正视并及时解决党内存在的突出问题，始终保持党的肌体健康”。这讲的是保持党的纯洁性的观点。对于违反党纪国法的腐败分子，要按照组织规定和司法程序坚决处理。对于不合格党员，要按照党章和党内相关规定妥善处理。只有及时处置这些腐败分子和不合格党员，才可以保持党的纯洁性，才可以保持和发展党的先进性。

四、案例解析

发挥基层党组织作用促进沙市经济协调发展

近年来，沙市区扎实推进党的基层组织建设，充分发挥基层党组织作用，有力地促进了区域经济协调发展。

一、发挥“整、创、培”作用，着力发展现代服务业

转型发展，关键在于发挥优势，找准符合区情实际的发展路径、发展目标。区委、区政府积极探索实践，提出把突破性发展现代服务业作为主攻方向，注重以党建为龙头，引领、服务现代服务业发展。一是整合资源，凝聚发展现代服务业强大合力。以构建区域化党建工作格局为主线，深入开展“一主五化”主题实践活动，探索设立社区“大党委”，充分发挥社区党组织领导核心、协调各方的作用，有效整合辖区内各类资源，共同发展现代服务业，凝聚了发展的强大合力。二是创先争优，营造发展现代服务业良好环境。以创先争优活动为抓手，以“科学发展上水平，提升环境竞争力”为主题，引导广大基层党组织和党员在发展现代服务业上创先争优。窗口单位和服务行业充分发挥示范带动作用，全心服务，主动服务，“保姆式”服务，为发展现代服务业营造了优质的服务环境。三是培养人才，提供发展现代服务业人才支撑。牢固树立人才“第一资源”理念，大力实施社工人才“千百十”计划、科普知识进万家、校地合作科技共建、知名专家沙市行等活动，为发展现代服务业培育典型、输送人才。“十一五”期间，我区先后引进了沃尔玛、大润发等一批国内外知名商贸企业，北京中路核心商圈成为湖北省十大商业街区之一，沙市商贸业始终在全省地级市中心城区中保持领先优势。

二、发挥“联、立、推”作用，着力推进“一区五园”建设

“一区五园”是沙市实施“工业兴区、商贸活区”战略，实现产业集群、优化区域布局的重要举措。近年来，通过建立开发区工业园党组织，捆绑推进“一区五园”党建工作，发挥非公经济党组织“联、立、推”的作用，努力促进企业科学化管理水平，集聚了推动工业经济持续快速发展的能量。一是不断完善“党建带工建、党工共建”联动机制。健全企业党组织，以及工会、共青团、妇联等群团组织，加强企业党组织对群团工作的领导和指导，广泛开展党员示范岗、职工建言献策等活动，充分发挥了思想引领、行动示范、团结凝聚的作用。二是大力挖掘先进典型，树立标杆，促进企业提档升级。注重培植蓝特集团等一批具有时代性、代表性的

基层党建工作示范点，把典型示范作为推进企业发展的重要手段和方法，采取现场会、经验交流会等形式大力宣传典型经验。三是深入开展"推荐党员到企业就业，推荐优秀职工入党，推荐优秀党员职工进入管理层"为主要内容的"三推"活动。鼓励党员争当技术骨干，广聚党员先进性建设的巨大力量，促进了企业健康发展。目前，全区共发展非公经济组织党员610名，新建非公经济党组织47家，派驻党建指导员36名。"十一五"期间，新增规模以上工业企业77家，总数达到125家，完成工业总产值85亿元，是2005年的3.3倍，年均增长39.4%。2009年沙市区被评为"全省中小企业成长工程先进单位"，针纺服装产业集群被列入全省重点成长型产业集群。

三、发挥"拓、建、带"作用，着力发展城郊特色农业

沙市区立足城郊农业实际，把发展城郊特色农业作为农村发展现代农业的突破点、农民增收的支撑点、新农村建设的新亮点，发挥农村基层党组织"拓、建、带"的作用，努力调整现代农业发展思路，调动了广大农村党员、群众致富发展的积极性。一是以"拓"促发展。拓宽发展思路，因村制宜，实行一村一策，引导村集体转变经济发展方式，加强项目建设和产业发展，科学调整产业结构，合理分布城郊农业布局。二是以"建"促发展。完善组织设置，在产业链上建立党组织，形成"支部＋协会"、"支部＋公司"、"支部＋基地"模式，引领和推进产业发展。三是以"带"促发展。搭建创业平台，以"百姓创家业"、"党员创业致富"活动为载体，积极开展党员创业技能培训，建立"党内帮扶专项资金"，鼓励党员带头致富、带领群众致富。

目前，在农村基层党组织的"创、建、带"作用发挥下，全区已在蔬菜、水果、养殖等建立农民专业合作组织和协会党组织20多家，发展党员300多人，辐射网络农户达到5 000多家，形成了城郊特色农业集群。涌现出了"草莓大王"张方雄，"种子大王"周永宏等一批党员典型，岑河镇黄渊村绿康蔬菜专业合作社被确定为上海世博会期间的蔬菜供应商。

（资料来源：http：//hbrb.cnhubei.com/html/hbrb/20110704/hbrb1428136.html.）

案例点评

湖北沙市区发挥党员干部作用极大地促进了区域经济的协调发展，体现了新时期党员干部作用的积极性、先进性。沙市区引导广大基层党组织和党员在发展现代服务业上，在实施"工业兴区、商贸活区"战略上，在发展城郊特色农业上鼓励党员争当技术骨干，广聚党员先进性建设的巨大力量，在具有特色、扎实创业的实践中推进党的基层组织建设，为新时期党建工作开拓了新思路，进行了新尝试，并推动经济建设取得了显著的成绩。

五、实践项目

项目1

社会调研——社会主义新农村建设

方案

理论学习结束后，组织学生去本地有代表性的近郊农村进行社会调研，考察30年来的所有制及农民的生产生活变化情况，引导学生将书本知识与社会实践相结合，培养学生运用理论解决实际问题的能力和社会责任感。通过考察及后期评价过程，让学生深化对改革、对

科学发展观的认识，也对“三农”问题、对中国农村的发展方向和趋势有一个深入的理解，从而深化对社会主义社会基本特征的认识。同时，学生走出课堂，尤其是城市长大的学生真正地了解农村生活、农村建设，也可以培养他们不怕困难、奋发向上的人生观、世界观。

时间

第十七教学周。

地点

四丰乡或集贤镇。

流程

(1) 指导教师结合马克思主义基本原理的相关理论和教学目的，制定调研目标与提纲。

(2) 召开调研动员会，并将学生按调研目标分成调研小组，分解任务，确定小组负责人。

(3) 组织学生按任务进行实地考察，并记录考察过程和结果。

(4) 带队教师对学生的调研过程中的表现进行记录。

(5) 社会实践结束后，各个调研组就所调研的内容写出调研报告。

(6) 召开调研汇报会，同组之间，不同组之间，各个班级之间互相交流，并对学生的优秀调研报告进行统一评奖，颁发获奖证书。

评价

评价指标	考核结果			
	优	良	中	差
文明礼貌				
组织纪律性				
沟通能力				
团队协作精神				
调研工作主动性				
专业理论运用情况				
记录与书写				
调研报告水平				

项目 2

演讲赛——马克思主义政党与资产阶级政党的本质区别

方案

进行完有关马克思主义政党相关理论的学习后，布置学生根据所学原理，结合个人体会，并通过各种途径搜集资料，就“马克思主义政党与资产阶级政党的本质区别”准备一篇有理论观点、有事实根据的演讲稿。由教师与学生共同组成评委会进行评选、打分、点评，培养学生用马克思主义立场、观点、方法分析问题和解决问题的能力。利用这种方式，让学生参与教学过程，提高他们的学习积极性和主动性，锻炼学生们的表达能力，达到自我教育的目的，融洽师生之间、学生之间的关系。

时间

第十八教学周。

地点

大教室。

流程

指导教师布置演讲题目及要求→学生分组进行资料搜集和讲稿撰写→各组选派代表进行演讲→教师与各组学生代表共同组成评委会进行评选、打分和点评→教师对相关理论进行归纳，总结演讲情况并对优秀者给予奖励。

第七章　共产主义是人类最崇高的社会理想

一、知识提要

学习和掌握马克思主义经典作家预见未来社会的科学立场和方法；把握马克思主义经典作家关于共产主义社会基本特征的主要观点；深刻认识共产主义社会实现的历史必然性和长期性；树立和坚定共产主义远大理想，积极投身于中国特色社会主义建设事业。

二、重点搜索

重点 1：马克思主义经典作家展望未来社会的科学立场和方法

(1) 在揭示人类社会发展规律的基础上指明社会发展的方向。马克思、恩格斯站在无产阶级立场上，运用科学的方法，致力于研究人类社会特别是资本主义社会，第一次揭示了人类社会发展的一般规律和资本主义社会发展的特殊规律，从而对共产主义社会作出了科学的展望。马克思、恩格斯认为，人类社会的发展像自然界的发展一样，具有自己客观的规律，揭示这些规律，就能为正确理解过去、把握现在和展望未来提供向导。

(2) 在剖析资本主义社会旧世界中阐发未来新世界的特点。马克思、恩格斯关于未来社会的预测，是在科学地批判和解剖资本主义社会的过程中作出的。马克思、恩格斯对资本主义批判的高明之处在于，他们不是只看到资本主义社会的弊端，而是进一步揭示出弊端的根源，揭示出资本主义发展中自我否定的力量，发现资本主义的矛盾运动中孕育的新社会因素，并以此作出对未来社会特点的预见。

(3) 立足于揭示未来社会的一般特征，而不作详尽的细节描绘。当马克思、恩格斯展望未来社会时，总是只限于指出未来社会发展的方向、原则和基本特征，而把具体情形留给后来的实践去回答。恩格斯也明确表示："无论如何，共产主义社会中的人们自己会决定，是否应当为此采取某种措施，在什么时候，用什么办法，以及究竟是什么样的措施。我不认为自己有向他们提出这方面的建议和劝导的使命。那些人无论如何也会和我们一样聪明。"(《马克思恩格斯选集》第四卷，人民出版社，1995 年，第 642 页)

重点 2：马克思主义经典作家揭示的共产主义社会基本特征

(1) 物质财富极大丰富，消费资料按需分配。社会生产力高度发展，产品极大丰富，是共产主义社会实现的必要条件，又是共产主义社会本身的一个重要特征。共产主义制度的建立不仅以高度发展的生产力为基础，而且将使未来社会的生产力得到更高的发展。

(2) 社会关系高度和谐，人们精神境界极大提高。在共产主义社会，由于阶级消灭、国家消亡和“三大差别”消除，社会关系实现了高度和谐。人们的精神境界得到极大提高，集中体现在对于他人、集体和社会的态度上。高尚的精神境界表现为自觉地为他人为社会服务和奉献。到共产主义社会，人们不仅具有多方面的才能，而且也具有高度的觉悟，乐意为社会公共事业作出贡献。共产主义社会不仅社会是和谐的，而且社会与自然之间也达成了和谐。

(3) 每个人自由而全面的发展，人类从必然王国向自由王国的飞跃。在共产主义社会，人的发展是自由的发展，是建立在个体高度自由自觉基础上的发展，而不是强迫的发展。人的发展是全面的发展，不仅体力和智力得到发展，各方面的才能和工作能力得到发展，而且人的社会联系和社会交往也得到发展。整个社会是和谐的，社会发展与个人发展实现了真正的统一，社会发展不再以牺牲某些个人的发展为代价。

重点 3：实现共产主义是人类最伟大的事业

1）实现共产主义是无产阶级解放斗争的最终目标

马克思、恩格斯创立了科学的社会主义理论，深刻揭示了工人阶级作为最革命的阶级所肩负的推翻资本主义、建立共产主义新社会的伟大使命。在全世界实现共产主义，是工人阶级解放斗争的最终目标，也是马克思主义政党奋斗的最高纲领。

2）实现共产主义是全人类解放的根本体现

工人阶级的解放与全人类的解放是完全一致的。工人阶级特殊的社会地位和历史使命，决定了它只有解放全人类才能使自己最后得到彻底解放。争取共产主义社会制度的最终实现，不仅是无产阶级彻底解放的标志，而且是被压迫阶级的社会理想。随着人类历史进入资本主义社会，随着资本主义社会自身矛盾运动的发展无产阶级的发展壮大，人类追求和实现美好理想社会的使命落在了无产阶级的身上。

3）实现共产主义是历史发展规律的必然要求

共产主义理想是能够实现的理想，它与一切空想和幻想有着本质的区别。共产主义理想作为一种社会理想，是在对人类社会发展规律认识的基础上设立的社会发展目标。共产主义理想的实现不靠什么神秘的力量完全靠社会的发展和进步，靠人民群众的实践。

共产主义理想一定会实现，是以人类社会发展规律及资本主义社会的基本矛盾发展为依据的。马克思主义不仅从社会形态交替规律上对共产主义理想实现的必然性作了一般性的历史观论证，而且通过对资本主义社会的具体剖析，作了具体实证的证明。

共产主义一定要实现，共产主义一定能够实现，但必须明确，共产主义的实现是一个很长的甚至是充满曲折的历史过程。

重点 4：人类社会进步与实现共产主义

(1) 社会主义是走向共产主义的必由之路。实现共产主义不能超越社会主义发展阶段；建设中国特色社会主义是中华民族走向共产主义的必由之路。

(2) 树立共产主义的远大理想，积极投身中国特色社会主义事业。理想是指引人们奋斗方向的航标，也是推动人们前进的强大精神动力。一个社会不能没有理想，一个人也不能没有理想。共产主义理想是建立在科学基础上的社会理想，是人类最伟大的社会理想。这一伟大理想在当代中国的具体体现就是中国特色社会主义共同理想。应该在建设中国特色社会主义的实践中，坚定这一共同理想，并进一步树立共产主义远大理想。

三、深度阅读

《共产党宣言》

写作背景

19世纪40年代，资本主义生产方式在欧洲主要国家已占居统治地位。产业革命在英国已经完成，资本主义大工业的发展和工厂制度的普遍建立，使资本主义社会的基本矛盾——生产社会化和生产资料私人占有制之间的矛盾日益暴露出来，导致经济危机频频发生。为了深刻揭示出资本主义的历史地位和作用，以及社会主义必然取代资本主义的规律，马克思恩格斯发表了《共产党宣言》。

原著节选

三、社会主义的和共产主义的文献

1. 反动的社会主义

(甲)封建的社会主义(略)

(乙)小资产阶级的社会主义(略)

(丙)德国的或"真正的"社会主义

法国的社会主义和共产主义的文献是在居于统治地位的资产阶级的压迫下产生的，并且是同这种统治作斗争的文字表现，这种文献被搬到德国的时候，那里的资产阶级才刚刚开始进行反对封建专制制度的斗争。

德国的哲学家、半哲学家和美文学家，贪婪地抓住了这种文献，不过他们忘记了：在这种著作从法国搬到德国的时候，法国的生活条件却没有同时搬过去。在德国的条件下，法国的文献完全失去了直接实践的意义，而只具有纯粹文献的形式。它必然表现为关于真正的社会、关于实现人的本质的无谓思辨。这样，第一次法国革命的要求，在18世纪的德国哲学家看来，不过是一般"实践理性"的要求，而革命的法国资产阶级的意志的表现，在他们心目中就是纯粹意志、本来的意志、真正人的意志的规律。

德国著作家的唯一工作，就是把新的法国的思想同他们的旧的哲学信仰调和起来，或者毋宁说，就是从他们的哲学观点出发去掌握法国的思想。

这种掌握，就像掌握外国语一样，是通过翻译的。

大家知道，僧侣们曾经在古代异教经典的手抄本上面写上荒诞的天主教圣徒传。德国著作家对世俗的法国文献采取相反的做法。他们在法国的原著下面写上自己的哲学胡说。例如，他们在法国人对货币关系的批判下面写上"人的本质的外化"，在法国人对资产阶级国家的批判下面写上所谓"抽象普遍物的统治的扬弃"，等等。

这种在法国人的论述下面塞进自己哲学词句的做法，他们称之为"行动的哲学"、"真正的社会主义"、"德国的社会主义科学"、"社会主义的哲学论证"，等等。

法国的社会主义和共产主义的文献就这样被完全阉割了。既然这种文献在德国人手里已不再表现一个阶级反对另一个阶级的斗争，于是德国人就认为：他们克服了“法国人的片面性”，他们不代表真实的要求，而代表真理的要求，不代表无产者的利益，而代表人的本质的利益，即一般人的利益，这种人不属于任何阶级，根本不存在于现实界，而只存在于云雾弥漫的哲学幻想的太空。

这种曾经郑重其事地看待自己那一套拙劣的小学生作业并且大言不惭地加以吹嘘的德国社会主义，现在渐渐失去了它的自炫博学的天真。

德国的特别是普鲁士的资产阶级反对封建主和专制王朝的斗争，一句话，自由主义运动，越来越严重了。

于是，“真正的”社会主义就得到了一个好机会，把社会主义的要求同政治运动对立起来，用诅咒异端邪说的传统办法诅咒自由主义，诅咒代议制国家，诅咒资产阶级的竞争、资产阶级的新闻出版自由、资产阶级的法、资产阶级的自由和平等，并且向人民群众大肆宣扬，说什么在这个资产阶级运动中，人民群众非但一无所得，反而会失去一切。德国的社会主义恰好忘记了，法国的批判(德国的社会主义是这种批判的可怜的回声)是以现代的资产阶级社会以及相应的物质生活条件和相当的政治制度为前提的，而这一切前提当时在德国正是尚待争取的。

这种社会主义成了德意志各邦专制政府及其随从——僧侣、教员、容克和官僚求之不得的、吓唬来势汹汹的资产阶级的稻草人。

这种社会主义是这些政府用来镇压德国工人起义的毒辣的皮鞭和枪弹的甜蜜的补充。

既然“真正的”社会主义就这样成了这些政府对付德国资产阶级的武器，那么它也就直接代表了一种反动的利益，即德国小市民的利益。在德国，16 世纪遗留下来的、从那时起经常以不同形式重新出现的小资产阶级，是现存制度的真实的社会基础。

保存这个小资产阶级，就是保存德国的现存制度。这个阶级胆战心惊地从资产阶级的工业统治和政治统治那里等候着无可幸免的灭亡，这一方面是由于资本的积聚，另一方面是由于革命无产阶级的兴起。在它看来，“真正的”社会主义能起一箭双雕的作用。“真正的”社会主义像瘟疫一样流行起来了。

德国的社会主义者给自己的那几条干瘪的“永恒真理”披上一件用思辨的蛛丝织成的、绣满华丽辞藻的花朵和浸透甜情蜜意的甘露的外衣，这件光彩夺目的外衣只是使他们的货物在这些顾客中间增加销路罢了。

同时，德国的社会主义也越来越认识到自己的使命就是充当这种小市民的夸夸其谈的代言人。

它宣布德意志民族是模范的民族，德国小市民是模范的人。它给这些小市民的每一种丑行都加上奥秘的、高尚的、社会主义的意义，使之变成完全相反的东西。它发展到最后，就直接反对共产主义的“野蛮破坏的”倾向，并且宣布自己是不偏不倚的超乎任何阶级斗争之上的。现今在德国流行的一切所谓社会主义和共产主义的著作，除了极少数的例外，都属于这一类卑鄙龌龊的、令人委靡的文献。

2. 保守的或资产阶级的社会主义

资产阶级中的一部分人想要消除社会的弊病，以便保障资产阶级社会的生存。

这一部分人包括：经济学家、博爱主义者、人道主义者、劳动阶级状况改善派、慈善事业组织者、动物保护协会会员、戒酒协会发起人以及形形色色的小改良家。这种资产阶级的社会主义甚至被制成一些完整的体系。

我们可以举蒲鲁东的《贫困的哲学》作为例子。

社会主义的资产者愿意要现代社会的生存条件，但是不要由这些条件必然产生的斗争和危险。他们愿意要现存的社会，但是不要那些使这个社会革命化和瓦解的因素。他们愿意要资产阶级，但是不要无产阶级。在资产阶级看来，它所统治的世界自然是最美好的世界。资产阶级的社会主义把这种安慰人心的观念制成半套或整套的体系。它要求无产阶级实现它的体系，走进新的耶路撒冷，其实它不过是要求无产阶级停留在现今的社会里，但是要抛弃他们关于这个社会的可恶的观念。

这种社会主义的另一种不够系统、但是比较实际的形式，力图使工人阶级厌弃一切革命运动，硬说能给工人阶级带来好处的并不是这样或那样的政治改革，而仅仅是物质生活条件即经济关系的改变。但是，这种社会主义所理解的物质生活条件的改变，绝对不是只有通过革命的途径才能实现的资产阶级生产关系的消灭，而是一些行政上的改良，这些改良是在这种生产关系的基础上实行的，因而丝毫不会改变资本和雇佣劳动的关系，至多只能减少资产阶级的统治费用和简化它的财政管理。

资产阶级的社会主义只有在它变成纯粹的演说辞令的时候，才获得自己的适当的表现。

自由贸易！为了工人阶级的利益；保护关税！为了工人阶级的利益；单身牢房！为了工人阶级的利益。——这才是资产阶级的社会主义唯一认真说出的最后的话。

资产阶级的社会主义就是这样一个论断：资产者之为资产者，是为了工人阶级的利益。

3. 批判的空想的社会主义和共产主义

在这里，我们不谈在现代一切大革命中表达过无产阶级要求的文献（巴贝夫等人的著作）。

无产阶级在普遍激动的时代、在推翻封建社会的时期直接实现自己阶级利益的最初尝试，都不可避免地遭到了失败，这是由于当时无产阶级本身还不够发展，由于无产阶级解放的物质条件还没有具备，这些条件只是资产阶级时代的产物。随着这些早期的无产阶级运动而出现的革命文献，就其内容来说必然是反动的。这种文献倡导普遍的禁欲主义和粗陋的平均主义。

本来意义的社会主义和共产主义的体系，圣西门、傅立叶、欧文等人的体系，是在无产阶级和资产阶级之间的斗争还不发展的最初时期出现的。关于这个时期，我们在前面已经叙述过了（见《资产阶级和无产阶级》）。

诚然，这些体系的发明家看到了阶级的对立，以及占统治地位的社会本身中的瓦解因素的作用。但是，他们看不到无产阶级方面的任何历史主动性，看不到它所特有的任何政治运动。

由于阶级对立的发展是同工业的发展步调一致的，所以这些发明家也不可能看到无产阶级解放的物质条件，于是他们就去探求某种社会科学、社会规律，以便创造这些条件。

社会的活动要由他们个人的发明活动来代替，解放的历史条件要由幻想的条件来代替，无产阶级的逐步组织成为阶级要由他们特意设计出来的社会组织来代替。在他们看来，今后的世界历史不过是宣传和实施他们的社会计划。

诚然,他们也意识到,他们的计划主要是代表工人阶级这一受苦最深的阶级的利益。在他们的心目中,无产阶级只是一个受苦最深的阶级。

但是,由于阶级斗争不发展,由于他们本身的生活状况,他们就以为自己是高高超乎这种阶级对立之上的。他们要改善社会一切成员的生活状况,甚至生活最优裕的成员也包括在内。因此,他们总是不加区别地向整个社会呼吁,而且主要是向统治阶级呼吁。他们以为,人们只要理解他们的体系,就会承认这种体系是最美好的社会的最美好的计划。

因此,他们拒绝一切政治行动,特别是一切革命行动;他们想通过和平的途径达到自己的目的,并且企图通过一些小型的、当然不会成功的试验,通过示范的力量来为新的社会福音开辟道路。

这种对未来社会的幻想的描绘,是在无产阶级还很不发展、因而对本身的地位的认识还基于幻想的时候,同无产阶级对社会普遍改造的最初的本能的渴望相适应的。

但是,这些社会主义和共产主义的著作也含有批判的成分。这些著作抨击现存社会的全部基础。因此,它们提供了启发工人觉悟的极为宝贵的材料。它们关于未来社会的积极的主张,例如消灭城乡对立,消灭家庭,消灭私人营利,消灭雇佣劳动,提倡社会和谐,把国家变成纯粹的生产管理机构,——所有这些主张都只是表明要消灭阶级对立,而这种阶级对立在当时刚刚开始发展,它们所知道的只是这种对立的早期的、不明显的、不确定的形式。因此,这些主张本身还带有纯粹空想的性质。

批判的空想的社会主义和共产主义的意义,是同历史的发展成反比的。阶级斗争越发展和越具有确定的形式,这种超乎阶级斗争的幻想,这种反对阶级斗争的幻想,就越失去任何实践意义和任何理论根据。所以,虽然这些体系的创始人在许多方面是革命的,但是他们的信徒总是组成一些反动的宗派。这些信徒无视无产阶级的历史进展,还是死守着老师们的旧观点。因此,他们一贯企图削弱阶级斗争,调和对立。他们还总是梦想用试验的办法来实现自己的社会空想,创办单个的法伦斯泰尔,建立国内移民区,创立小伊加利亚,即袖珍版的新耶路撒冷,——而为了建造这一切空中楼阁,他们就不得不呼吁资产阶级发善心和慷慨解囊。他们逐渐地堕落到上述反动的或保守的社会主义者的一伙中去了,所不同的只是他们更加系统地卖弄学问,狂热地迷信自己那一套社会科学的奇功异效。

因此,他们激烈地反对工人的一切政治运动,认为这种运动只是由于盲目地不相信新福音才发生的。

在英国,有欧文主义者反对宪章派,在法国,有傅立叶主义者反对改革派。

四、共产党人对各种反对党派的态度

看过第二章之后,就可以了解共产党人同已经形成的工人政党的关系,因而也就可以了解他们同英国宪章派和北美土地改革派的关系。

共产党人为工人阶级的最近的目的和利益而斗争,但是他们在当前的运动中同时代表运动的未来。在法国,共产党人同社会主义民主党联合起来反对保守的和激进的资产阶级,但是并不因此放弃对那些从革命的传统中承袭下来的空谈和幻想采取批判态度的权利。

在瑞士,共产党人支持激进派,但是并不忽略这个政党是由互相矛盾的分子组成的,其中一部分是法国式的民主社会主义者,一部分是激进的资产者。

在波兰人中间,共产党人支持那个把土地革命当做民族解放的条件的政党,即发动过

1846 年克拉科夫起义的政党。

在德国，只要资产阶级采取革命的行动，共产党就同它一起去反对专制君主制、封建土地所有制和小市民的反动性。

但是，共产党一分钟也不忽略教育工人尽可能明确地意识到资产阶级和无产阶级的敌对的对立，以便德国工人能够立刻利用资产阶级统治所必然带来的社会的和政治的条件作为反对资产阶级的武器，以便在推翻德国的反动阶级之后立即开始反对资产阶级本身的斗争。

共产党人把自己的主要注意力集中在德国，因为德国正处在资产阶级革命的前夜，因为同 17 世纪的英国和 18 世纪的法国相比，德国将在整个欧洲文明更进步的条件下，拥有发展得多的无产阶级去实现这个变革，因而德国的资产阶级革命只能是无产阶级革命的直接序幕。

总之，共产党人到处都支持一切反对现存的社会制度和政治制度的革命运动。

在所有这些运动中，他们都特别强调所有制问题，把它作为运动的基本问题，不管这个问题当时的发展程度怎样。

最后，共产党人到处都努力争取全世界的民主政党之间的团结和协调。

共产党人不屑于隐瞒自己的观点和意图。他们公开宣布：他们的目的只有用暴力推翻全部现存的社会制度才能达到。让统治阶级在共产主义革命面前发抖吧。无产者在这个革命中失去的只是锁链。他们获得的将是整个世界。

全世界无产者，联合起来！

原著解析

《共产党宣言》第一次全面系统地阐述了科学社会主义理论，指出共产主义运动已成为不可抗拒的历史潮流。构成《共产党宣言》核心的基本原理是，每一历史时代主要的生产方式与交换方式，以及必然由此产生的社会结构，是该时代政治的和精神的历史所赖以确立的基础，并且只有从这一基础出发，历史才能得到说明。从原始社会解体以来人类社会的全部历史都是阶级斗争的历史。这个历史包括一系列发展阶段，现在已经达到这样一个阶段，即无产阶级如果不同时使整个社会摆脱任何剥削、压迫及阶级划分和阶级斗争，就不能使自己从资产阶级的剥削统治下解放出来。《共产党宣言》对社会主义的论述主要在以下几个方面。

第一，实现人的自由而全面发展是社会主义的价值目标。

《共产党宣言》以“每个人的自由发展”来界定社会主义，从根本上把社会主义同一切旧社会区别开来。《共产党宣言》发表 160 年来，现代科技和生产力的发展，展现了实现每个人自由发展的可能性，社会主义事业的曲折发展也使共产党逐步认识到了实现人的自由发展的重要性。世纪之交，我党提出的“不断推进人的全面发展”和十六大以来我党提出的“坚持以人为本，树立全面、协调、可持续的发展观”，目的都是为了人本身的发展。“以人为本”的科学发展观可以说是《共产党宣言》关于未来社会核心命题在实践中的运用和发展。

第二，实现绝大多数人利益并最终达到共同富裕是社会主义的出发点和归宿。

如果说实现每个人的自由发展是未来共产主义社会要达到的目标。那么，实现绝大多数人的利益，实现共同富裕则是共产主义的低级阶段——社会主义的出发点和归宿。

《共产党宣言》仔细分析了无产阶级的状况，明确了无产阶级的历史使命。《共产党宣言》指出，无产阶级是历史上先进生产力和生产关系的代表，是最革命、最有前途的阶级，因而无产阶级所反映的利益是全人类绝大多数人的共同利益，是人民群众的公利。《共产党宣言》明确宣布："过去的一切运动都是少数人的或者为少数人谋利益的运动。无产阶级的运动是绝大多数人的、为绝大多数人谋利益的独立的运动。"

第三，促进社会生产力的不断发展是社会主义的根本任务。

《共产党宣言》指出：在无产阶级革命取得胜利后，"无产阶级将利用自己的政治统治，一步一步地夺取资产阶级的全部资本，把一切生产工具集中在国家即组织成为统治阶级的无产阶级手里，并且尽可能快地增加生产力的总量"。"之所以如此，是因为生产力发展水平决定了人们共同富裕的程度，也决定了人能发展到什么程度，能在多大程度上取得自由。生产力的高度发展是实现人的全面而自由发展的实际前提，生产力的这种发展之所以是绝对必需的实际前提，还因为如果没有这种发展，那就只会有贫穷、极端贫困的普遍化；而在极端贫困的情况下，必须重新开始争取必需品的斗争，全部陈腐污浊的东西又要死灰复燃。"因此，社会主义的根本任务就是发展生产力，社会主义的优越性归根结底体现在它的生产力比资本主义发展的更快一些、更高一些。

第四，消灭私有制，建立生产资料公有制是实现社会主义目标的前提。

《共产党宣言》强调，任何革命都要消灭先前存在的生产资料所有制关系，因此它不是共产主义所独具的特征。共产主义的特征不是废除一般的所有制，而是废除资产阶级的所有制。马克思、恩格斯在《共产党宣言》中指出"共产党人可以把自己的理论概括为一句话：消灭私有制"。《共产党宣言》还提到"共产主义革命就是同传统的所有制关系实行最彻底的决裂"。《共产党宣言》1882 年俄文版序言也指出：《共产党宣言》的任务是"宣告现代资产阶级所有制必然灭亡"。在马克思、恩格斯看来，只有消灭资本主义私有制，才能"使整个社会永远摆脱剥削、压迫和阶级斗争"。

第五，无产阶级政党的领导和无产阶级的统治是建立社会主义的根本保证。

马克思、恩格斯在《共产党宣言》中，通过对资本主义社会各个阶级所做的科学分析，提出了无产阶级所肩负的世界革命历史使命的伟大学说。《共产党宣言》指出："在当前同资产阶级对立的一切阶级中，只有无产阶级是真正革命的阶级。其余的阶级都随着大工业的发展而日趋没落和灭亡，无产阶级却是大工业本身的产物。"也就是说，只有无产阶级才能完成埋葬资本主义制度和建设共产主义社会的历史使命。而要使无产阶级在阶级斗争的决定性关头达到足以取得胜利的程度，就必须努力建立起一个与一切地主、资产阶级政党相对立的、同一般的工人政治组织有区别的独立的和自觉的无产阶级政党。《共产党宣言》总结了工人运动的经验和教训，进一步阐明了建立无产阶级政党的必要性，指出"无产者组织成为阶级，从而组织成为政党这件事，不断地由于工人的自相竞争而受到破坏。但是，这种组织总是重新产生，并且一次比一次更强大，更坚固，更有力"。这就是说，无产阶级建立自己的政党是阶级斗争的需要。无产阶级只有在自己的政党的领导下，才能有组织、有计划地进行斗争，团结绝大多数人，并利用统治阶级各个集团之间的矛盾，以取得斗争的胜利。《共产党宣言》第一次系统地论述了无产阶级政党的性质和特点，并且为它规定了任务和策略原则。

《共产党宣言》发表160年来，直接导致了国际共产主义运动一幕幕历史剧，对人类社会发展进程产生了十分深远的影响。正如《共产党宣言》1872年德文版序言所说，“不管160年来的情况发生了多大的变化，这个《共产党宣言》中所阐述的科学社会主义的基本原则整个说来直到现在还是完全正确的。但这些原则的实际运用，随时随地都要以当时的历史条件为转移。”

四、案例解析

案例1

乌 托 邦

莫尔的名字之所以流传至今，毫无疑问要归功于他那部虚构的《乌托邦》(全名是《关于最完美的国家制度和乌托邦新岛既有益又有趣的金书》)。在这本书中，他运用对话体裁，以游记的形式，借一位虚构的航海家拉斐尔·希斯拉德之口，描述了自己理想中的最完美的社会制度。

在一个名叫乌托邦的海岛上，有54座城市均匀地分布于广阔的乡村之间。这些城市在公有制的基础上彼此密切联系，统一组织生产和消费。每个城市分成4个相同的区，居住着6 000户居民，每户居民的人口都在10～16名之间。城市所有适龄人口都要劳动，除少数被选拔专门从事科学研究者外，其余人每天工作6小时，产品交给公共仓库；由各户户主任取所需，而不必用货币或其他物品相交换。居民们按每30户一厅的规模集中用膳，最美味的食品由老年人首先食用，然后大家再平均分配。

在乡村，每户不少于40人，外加2名奴隶。这些奴隶由罪犯和自愿前来的外国人构成，从事屠宰、扫街等工作。每家农户都自给自足，没有的物品则可以到城市领取。乡村每户每年有20人返回城市，他们都是在乡村住满2年的。其空额从城市来的另20人填补。

城市之间互通有无，但是同样不需要用货币来交换。他们把大量的剩余产品运到国外，换回自己缺少的铁和大量的金银。金银的主要用途是雇用外国人为乌托邦作战。除此之外，它们就用作制造便器和惩罚罪犯的锁链了。

在理想生活如何实现的问题上，莫尔提出了非常深刻的思想，他写道：“任何地方私有制存在，所有的人凭现金价值衡量所有的事物，那么，一个国家就难以有正义和繁荣……我深信，如不彻底废除私有制，产品不可能公平分配，人类不可能获得幸福。私有制存在一天，人类中绝大一部分，也是最优秀的一部分将始终背上沉重而甩不掉的贫困灾难担子。”

(资料来源：http://www.doc88.com/p-787759103558.html.)

案例点评

本案例的教学目的和用途在于通过对空想社会主义者托马斯·莫尔的作品《乌托邦》的介绍，让学生了解其著作的重要段落，捕捉其思想构成，使学生认识其公有制思想是人类智慧的重要体现。

《乌托邦》之所以是空想，源于消灭家庭的公有制的荒谬主张、保留奴隶的落后思想、存在国王的传统方式，这种不成熟的理论正是托马斯·莫尔那个时代经济社会条件不熟的体现。

本案例结构分两部分：第一部分是对现存制度的深刻批判；第二部分是对未来社会的幸福描述。本案例的分析思路：一是托马斯·莫尔是空想社会主义的鼻祖，原因在于其作品《乌托邦》；二是在乌托邦里人人快乐，人人劳动，产品共有；三是乌托邦的理想与现实社会的罪恶，尤其是英国赤裸裸的资本原始积累；四是乌托邦毕竟是空想，这是由那个时代所决定的。

本案例使用过程中必须注意的问题：马克思指出，原始积累时期劳动者被剥夺一切生产资料的历史，是用血和火的文字载入人类编年史的。请从本案例中分析马克思的精辟概括。托马斯·莫尔之所以名传千古，在于《乌托邦》著作，更在于资本时代到来及农业社会向工业社会转型带来的巨大痛苦，促使其探索。要认真分析社会历史条件的客观背景与杰出人物的主观努力的相互呼应关系，缺一不可。

案例 2

跨越卡夫丁峡谷

马克思在 1881 年 3 月给维·伊·查苏利奇的复信草稿中说，俄国有可能跨越资本主义制度“卡夫丁峡谷”而直接迈进社会主义。

马克思之所以要关心俄国，首先与马克思的《资本论》研究有关。我们知道，马克思在写《资本论》后面各卷时，主要涉及地租理论及土地关系，这就要研究土地的原始形态，还要研究资本主义的最近发展，特别是资本主义在东方各国的发展。这就使马克思把眼光从欧洲转向了东方社会，而离欧洲最近的一个国家就是俄国。正是出于这一目的，马克思专门花了一年时间学习俄文，并达到能快速阅读的程度。

1877 年 11 月，马克思给俄国《祖国纪事》杂志编辑部写了一封信。在这封信中，马克思明确表示，《资本论》中“关于西欧资本主义起源的历史概述”不是一般发展道路的历史哲学理论，不同意把《资本论》中关于西欧资本主义历史发展必然性的论述套用到俄国，并以此判定俄国以及“一切民族”都必然先经历资本主义统治，然后才能进入社会主义社会。马克思认为，不能作这种“超历史的”抽象判断，而必须对各个民族所处的不同的历史环境进行具体的研究，然后才能弄清它们将要走什么样的道路。马克思的信在俄国引起了极大的争论。与此同时，民粹派内部正在出现怀疑和分化。当时民粹派的所有活动都屡遭挫败，“到民间去”与农民“打成一片”的成员被农民捉起来送给警察，个别人物暗杀统治者的行动只是给自己的组织带来损害，资本主义根本没有被民粹分子们的英勇行为阻遏住。这样，便有一小批头脑清醒的民粹主义者开始对自己所走道路的正确性产生了怀疑。带着这些疑问，流亡日内瓦的一些俄国革命青年，决定写信向马克思请教。信是由查苏利奇执笔写的。查苏利奇是一位勇敢的民粹主义革命家，她因不久前刺杀暴虐的沙皇官吏而蜚声国内外。查苏利奇在信中，热切地请马克思为她和她的同志们解决一些重大理论问题：“假如你能说明你对农村公社可能的命运的看法和世界各国由于历史的必然性都应经过资本主义生产各阶段的理论的看法，给我们的帮助会是多么大。”

马克思收到这封信后，感到了回答所提问题的复杂性。他既要说明俄国资本主义和农村公社的未来命运，又应当加强民粹派的革命信心，这不是一件易事。他极其认真地先后写了4份草稿，然后才在1881年3月8日慎重地压缩成一份简练的正式回信。这封信和草稿，直到1924年才发表。

这封回信的中心思想是，在《资本论》中的分析，既不包括赞成俄国农村公社有生命力的论据，也不包括反对农村公社有生命力的论据，但是，从马克思根据自己找到的原始材料所进行的专门研究中，马克思深信，这种农村公社是俄国社会新生的支点；可是要使它能发挥这种作用，首先必须肃清从各方面向它袭来的破坏性影响，然后保证它具备自由发展所必需的正常条件。归纳起来，马克思大概讲了下面几层意思：第一，农村公社在古代许多民族中都存在过。但它们在西欧随着社会的进步都消灭了，只有在俄国，它们由于各种情况的特殊凑合保留到了现时代。第二，农村公社是从更早的原始公社那里发展而来的。农村公社内部结构既有公有的因素（土地公有，定期重分），又有私有的因素（房屋、小块土地及产品私人占有）。这种固有的"二重性"使农村公社具有向公有制和私有制发展的两种可能性。究竟往哪个方向发展，要取决于它所处的历史环境。第三，俄国是在全国范围内把农村公社保存到今天的欧洲的唯一国家。农村公社的土地公有制和在此基础上农民的习惯，都有助于向公有制社会过渡，"另一方面，和控制着世界市场的西方生产同时存在，使俄国可以不通过资本主义制度的卡夫丁峡谷，而把资本主义制度的一切肯定的成就用到公社中来"。第四，在西欧和美国，资本主义制度正经历着危机，这种危机只能随着资本主义的消灭而消亡，"现代社会回复到'古代'类型的集体所有制和集体生产的最高形式而结束"。这是对俄国农村公社的一个十分有利的情况。也就是说，使农村公社的公有制得到正常发展"是符合我们时代历史发展的方向的"。第五，俄国农村公社目前正处于危险的境地。改革以来，沙皇国家使用各种手段不断地压迫公社，使它处于不正常的经济条件之下，这加速了公社内各种瓦解因素的发展。这种种破坏性影响，只要没有被强大的反作用击破，就必然会导致农村公社的灭亡。第六，由上述几点所得到的结论是："要挽救俄国公社，就必须有俄国革命。""如果革命在适当的时刻发生，如果它能把自己的一切力量集中起来以保证农村公社的自由发展，那么，农村公社就会很快地变为俄国社会复兴的因素，变为使俄国比其他还处在资本主义制度压迫下的国家优越的因素。"

无疑，马克思的这封信仍然没有给俄国的民粹派一个明确的答案。但马克思关于俄国可能跨越资本主义制度"卡夫丁峡谷"的论述，却在今天引起了世界各国论者的激烈争论。

（资料来源：http://blog.sina.com.cn/s/blog_94aaf8a4010121f0.html.）

案例点评

卡夫丁峡谷是古罗马卡夫丁城（今意大利蒙泰萨尔基奥）附近的一个峡谷。公元321年第二次萨姆尼特战争时期，萨姆尼特人在这里包围并击败了罗马军队，按照当时意大利双方交战的惯例，战败方的军队必须在由长矛交叉构成的"轭形门"下通过。这被认为是对战败者最大的羞辱。通过"卡夫丁峡谷"一语由此而来，意即遭受奇耻大辱。马克思用"卡夫丁峡谷"借喻资本主义制度，"通过资本主义卡夫丁峡谷"即遭受资本主义制度所带来的一切苦难和波折；"跨越卡夫丁峡谷"即不经过资本主义阶段，从而避免走资本主义道路所遭受的苦难和斗争。这就是马克思针对俄国问题而提出的有可能跨越资本主义"卡夫丁峡谷"著名论断的原意出处。

案例中向我们说明了马克思之所以关心俄国,首先在于为《资本论》的研究作铺垫,还有一个原因即争论双方都引用马克思的观点促使马克思有必要出来发表自己的观点。马克思认为俄国处在前资本主义的发展阶段,是欧洲反动势力的总后台。如果俄国发生革命,就会推动欧洲的社会主义革命,而欧洲社会主义革命成功,又反过来给俄国提供革命条件,俄国有可能大大缩短自己向社会主义发展的过程。马克思认为不能把西欧资本主义起源的历史发展必然性套用在俄国身上,只要俄国能吸收资本主义的积极成果,俄国的农村就可以成为俄国新生的力量。可见,"跨越"是有可能的,"跨越"也是有条件的。

马克思关于跨越资本主义的"卡夫丁峡谷"论断向我们说明了人类历史的发展是多线条的,东方问题特别是俄国存在着两种进化的可能性。如果没有西欧无产阶级的胜利和帮助,俄国的资本主义化将是不可避免的,俄国的公社无论何种形态都不可能保存下去。如果俄国不能继承资本主义的一切积极成果,尤其是社会化大生产的先进方式,而抽象地谈论社会主义实现是荒谬和愚昧无知的。因此,"谁竟然断言在一个虽然没有无产阶级然而也没有资产阶级的国家里更容易进行这种革命,那就只不过证明,他还需要学一学关于社会主义的初步知识"。可见,离开资本主义抽象谈论社会主义是不可取的,而用马克思跨越"卡夫丁峡谷"论断支撑20世纪东方国家社会主义实践的认识也是肤浅的。

本案例的教学目的和用途:本案例通过对跨越"卡夫丁峡谷"论断的介绍,使学生认识马克思的研究是全方位的,晚年他对东方社会问题进行了积极思考;让学生理解马克思"卡夫丁峡谷"理论仍然是他的世界历史理论和世界革命论的一部分;向学生说明马克思的"卡夫丁峡谷"理论是普遍原理与特殊国情相结合的理论。

本案例的结构和分析思路:第一是马克思关注俄国问题及其原因;第二是马克思针对俄国问题提出跨越"卡夫丁峡谷"的著名论断;第三是马克思"卡夫丁峡谷"的主要论点说明。

本案例使用过程中必须注意的问题:应向学生讲清楚,马克思的"卡夫丁峡谷"理论不是一个完整的、与西方社会并列的独立的社会主义理论,而是世界革命论和历史革命论的一个部分。马克思认为单独一国是不可能孤立地完成社会主义革命的全过程,落后国家一旦被卷入世界历史进程,它便自然而然地成为世界革命总链条中的一个环节。如果这个环节首先爆发革命,成为西欧发达国家无产阶级革命的导火索的话,这些国家有可能反过来受惠于发达国家无产阶级的帮助而绕过资本主义发展的"卡夫丁峡谷"。不能认为20世纪诸多社会主义国家革命是马克思跨越"卡夫丁峡谷"论断的自然延伸,两者之间没有直接的逻辑关系。当然,完全否认马克思本人存在着对落后国家如何走向社会主义问题有着自己独特的思考,也是不符合历史事实的。

五、实践项目

社会调研——佳木斯新农村建设示范村：南长发村

方案

佳木斯市郊区长发镇南长发村是位于佳木斯市东南面的一个小村庄，从 2006 年春天被市财政局重点帮建的新农村试点村开始，不到 5 年的时间，这个默默无闻的小村庄，一跃而成为全省和佳木斯市新农村建设的典型村，实现了科学式跨跃发展。通过就近参观佳木斯郊区新农村建设示范村，了解我国新农村建设情况，了解三农政策的落实情况，感受新农村农民的生活状态，让学生体会社会主义道路的正确性，坚定共产主义理想。

时间

每年春季学期 6 月下旬。

地点

佳木斯市东南南长发村。

流程

(1) 活动准备，活动前教师要事先在各班做好组织动员工作，讲清此次活动的目的和要求。要求学生写参观感受。

(2) 老师带领学生乘校车从校门口出发。

(3) 到达南长发村村委会，由村领导介绍南长发村的历史和现状，了解新农村建设取得的成果，参观农民住房和道路改善情况，参观村上学校的新教学楼、科普综合楼和 1 100 平方米的休闲广场。预计时间一个小时。

(4) 由村领导带领参观蔬菜园、日光节能温室、玉米高产科技示范区。预计时间一个小时。

(5) 观看农民秧歌队的现场表演。预计时间半小时。

(6) 中午前乘车返回。

评价

通过回收作业，教师按出勤和作业完成情况给出实践课分数。

简介

本次社会调研参考资料如下。

(1) 探索出了增加农民收入的新途径。财政局根据南长发村的地缘、资源优势，确立了发展棚室蔬菜的帮建新思路。以发展生产来推动新农村建设，决定建设南长发村蔬菜科技示范园区。目前，南长发村占地 10 万平方米的蔬菜园区已初具规模。园区内现已建成日光节能温室 7 栋，标准化大棚 73 栋及水、电、路等配套设施。仅 2009 年 1 年园区就为南长发村村民增收 20 万元以上，为村集体增收 4 万元。今年园区的建设任务完成后，园区将达到温室 12 栋、大棚 100 栋、预计承包农民每年将增收 70 万元，村集体每年增收 10 万元以上。而且园区的建设和生产，带动了南长发村和附近村的 200 多名村民常年在园区里打工，每人月收入都在 600 元左右，生产旺季时，园区里打工的农民可达 600 人，每人每天收入都在 45

元以上，实现了农村剩余劳动力的再就业，他们已成为园区里的农民工人。

(2) 打造了村民幸福生活的新环境。财政局在帮建过程中，突出“以人为本”理念，从解决村民最迫切需要解决的问题入手，极大地改善了南长发村的生产生活条件，受到了村民的广泛欢迎。多年来，南长发村深水井老化、供水紧张的问题，一直困扰着村民的生活和生产。2009 年，财政局从新农村建设资金中拿出 10 万元，为村里新打 1 眼 120 米深的人畜饮水井，同时还对“老井”的设备进行了更新改造，从而结束了南长发村多年吃水难的历史。财政局给村里购置垂榆 1 000 多棵，为村里铺设路边沟混凝土 U 形槽 3 500 米。

(3) 培育了科技致富的新农民。财政部门在帮建南长发村时，高度重视农民素质的提高，并采取了切实可行的措施。为村里购买 5 台电脑，安装了宽带，培训了 5 名信息员。去年，财政局农发办与省农科院合江所合作，在南长发村建设玉米高产科技示范区，共计 500 亩。不但能提高玉米单产，增加农民收入，特别是对于南长发村种植业结构的调整等方面都有着极为重要的带动作用。为此，财政局多次请省农科院合江所的专家到南长发村进行讲座和辅导，同时，通过村蔬菜协会的牵引和带动，提高了村民科技生产的意识和能力。还为村里创作了村歌《我的家乡南长发》，受到了村民的欢迎。

(4) 搭建了支农资金整合的新平台。在财政局的带动下，由市政府主要领导统一协调市里各帮建单位集中资金，为村里解决了仅靠农业开发一家投入解决不了的许多问题，为村民办了许多实实在在的事情。2006 年，由市财政局牵头，市直帮建的发电厂等单位共同出资，为村里新建 620 平方米的科普综合楼和 1 100 平方米的休闲广场，财政局还为硬化的道路配套了水泥路边沟，彻底地解决了村民出行难的问题。

(5) 增加了民主管理的新内涵。从新农村建设的第一天起，每一个项目的选定，都需要经过村民代表和广大村民的反复商议，每一个项目的建设过程中，都有村民理财小组成员和村民代表的监督。3 年来，虽然新农村建设涉及了很多的人和事，有些事情与群众利益关系紧密，但从来没有引起一件纠纷和上访事件，相反却促进了村里的和谐安定。

参考文献

[1] (德)马克思,恩格斯.马克思恩格斯选集:第1卷[M].北京:人民出版社,1995.

[2] (德)马克思,恩格斯.马克思恩格斯选集:第2卷[M].北京:人民出版社,1995.

[3] (德)马克思,恩格斯.马克思恩格斯选集:第4卷[M].北京:人民出版社,1995.

[4] (德)马克思,恩格斯.共产党宣言[M].北京:人民出版社,1997.

[5] (德)恩格斯.英国工人阶级状况[M].北京:人民出版社,1956.

[6] (俄)列宁.列宁选集:第4卷[M].3版.北京:人民出版社,1995.

[7] 毛泽东.毛泽东选集:第1卷[M].2版.北京:人民出版社,1991.

[8] 毛泽东.毛泽东选集:第2卷[M].2版.北京:人民出版社,1991.

[9] 毛泽东.毛泽东选集:第3卷[M].2版.北京:人民出版社,1991.

[10] 毛泽东.毛泽东文集:第8卷[M].北京:人民出版社.1999.

[11] 孙中山.三民主义[M].北京:九州出版社,2011.

[12] http://news.xinhuanet.com/politics/2011-07/01/c_121612030.htm.

[13] (英)乔治·贝克莱.人类知识原理[M].关文运,译.北京:商务印书馆,2010.

[14] 北京大学哲学系外国哲学史教研室.十六—十八世纪西欧各国哲学[M].2版.北京:商务印书馆,1975.

[15] 北京大学哲学系外国哲学史教研室.十八世纪末—十九世纪初德国哲学[M].2版.北京:商务印书馆,1975.

[16] (德)叔本华.作为意志和表象的世界[M].3版.石冲白,译.北京:商务印书馆,1997.

[17] 朱志敏."毛泽东思想概论"课教学案例解析[M].北京:高等教育出版社,2004.

[18] (美)埃德加·斯诺.西行漫记[M].北京:生活·读书·新知三联书店,1979.

[19] (美)白修德,贾安娜.中国的惊雷[M].北京:新华出版社,1988.

[20] (美)戴尔·卡耐基.林肯传[M].白马,张雷,译.杭州:浙江文艺出版社,2009.

[21] (德)埃里希·卡勒尔.德意志人[M].黄正柏,等译.北京:商务印书馆,1999.

[22] 司马迁.史记[M].北京:中华书局,1959.

[23] 方宗熙.古猿怎样变成人[M].北京:中国青年出版社,1990.

[24] 米辰峰.世界古代史[M].北京:中国人民大学出版社,2001.

[25] 李红庆.世界近现代史[M].北京:高等教育出版社,1999.

[26] 高峰.现代资本主义的经济关系和运行特征[M].天津:南开大学出版社,2000.

[27] 史敏,高连福.亚太经济合作与中国[M].北京:中国物价出版社,1998.

[28] 军械技术学院政教室.哲学趣例300题[M].石家庄:河北人民出版社,1985.

[29] 尚九玉."马克思主义哲学原理"课教学案例解析[M].北京:高等教育出版社,2004.

[30] 佚名.青霉素的由来[J].发明与创新(综合版),2007,(10).

[31] 《世界上下五千年》编委会. 世界上下五千年(彩图版)[M]. 长春:吉林人民出版社,2011.
[32] http://www.k12zy.com.
[33] http://www.duk.cn/ladyread-99217.html.
[34] 人民教育出版社课程教材研究所物理课程教材研究开发中心. 普通高中课程标准实验教科书物理2必修[M]. 北京:人民教育出版社,2011.
[35] 张茂森. 大脑的“鬼把戏”[J]. 奇闻怪事,2011,(6).
[36] http://www.jxteacher.com/jjhx/column7111/8dfb0bd8-58a6-4703-8b9d-027d31efd8f9.html.
[37] http://www.gmw.cn/01gmrb/2003-07/08/13-336404CD7284946848256D5C0083BE70.htm.
[38] http://www.chinabaike.com/article/baike/1000/2008/200805111461708.html.
[39] http://res.hersp.com/content/1691620.
[40] http://baike.baidu.com/view/3488558.htm.
[41] http://baike.baidu.com/view/543358.htm.
[42] http://jishi.xooob.com/sj/200810/347913.htm.
[43] http://www.hbjy88.com/Article/ShowArticle.asp? ArticleID=8536.
[44] 佚名. 欧文与“新和谐公社”[J]. 作文升级,2011,(9).
[45] http://www.yxedu.net/show.aspx? id=49153&cid=123.
[46] http://baike.baidu.com/view/1031628.htm.
[47] http://baike.baidu.com/view/7189.htm? fromId=275408.
[48] http://www.sina.com.cn.
[49] http://www.people.com.cn.
[50] http://www.qidian.com.
[51] http://www.zhidao.baidu.com.

后　记

本书是针对高校思想政治理论课“中国近现代史纲要”和“马克思主义基本原理概论”两门课程的实践教学而编写的辅助教材。通过多年教学经验的积累，编者共同的认识是：实践教学对提升学生理论素养、锻造学生实践能力、培养学生创新思维起到了重要的作用，但也同时感觉到实践教学作为一个与实际相联系的教学环节，在进行过程中，无论是从教学内容的安排设定，还是从路径和方法的选择实施上，都需要在宏观上做整体规划，在微观上做引导把握。因此，迫切需要一部教材作为实践教学的基准，这样才能使实践教学做到完整和走上规范化。我们的想法得到了领导的关心和支持，经过教师们一年来的辛勤工作，完成了《高校思想政治理论课实践实训教程(中国近现代史纲要、马克思主义基本原理概论)》的编写工作，我们感到很欣慰。

特别指出的是：本书在编写和出版过程中得到学校相关领导的热情关心和帮助，在此对各位领导对教学工作的高度重视和大力支持表示衷心的感谢，同时对编辑本书默默作出贡献的同仁表示深深的谢意！

编　者

2013 年 7 月